MACD指标入门与实战精解

每位股民都学得会的指标分析入门书

波段交易与趋势投资者的利器，MACD指标实战操作技巧

刘振清◎著

中国宇航出版社

·北京·

图书在版编目(CIP)数据

MACD指标入门与实战精解 / 刘振清著. -- 北京 : 中国宇航出版社, 2016.5（2025.1重印）

ISBN 978-7-5159-1098-7

Ⅰ. ①M… Ⅱ. ①刘… Ⅲ. ①股票投资－基本知识 Ⅳ. ①F830.91

中国版本图书馆CIP数据核字（2016）第071058号

责任编辑 卢　珊
责任校对 田芳卿　　装帧设计 宇星文化

出版发行	中国宇航出版社		
社址	北京市阜成路8号	邮编	100830
	(010)60286808		(010)68768548
网址	www.caphbook.com		
经销	新华书店		
发行部	(010)60286888		(010)68371900
	(010)60286887		(010)60286804(传真)
零售店	读者服务部		
	(010)68371105		
承印	三河市君旺印务有限公司		
版次	2016年5月第1版		2025年1月第11次印刷
规格	787×960	开本	1/16
印张	13.25	字数	192千字
书号	ISBN 978-7-5159-1098-7		
定价	35.00元		

本书如有印装质量问题，可与发行部联系调换

用 MACD 指标战胜市场上 80% 的对手

（代序）

股市是一个资金与股票流转的场所，有赚钱者必有亏钱者。无数历史经验证明，股市中的亏钱者永远多于赚钱者，更有“一盈二平七亏损”之说，可见在股市中赚钱是多么困难。也许正是因为赚钱难度系数较高，所以才得到了万千投资者的青睐，越来越多的人加入其中，并努力想成为其中的“佼佼者”。

为了准确把握股价运动规律，达成在股市中赚钱的目标，很多投资界前辈总结或提出了一个又一个技术分析方法和工具，MACD 指标就是其中最具代表性的一个，也是应用最为广泛的一个。

包括 MACD 指标在内的任何一种技术指标，都无法百分之百准确地识别股价的最佳买点与卖点，但如果以 MACD 指标为核心构建一套完整的交易系统，实现打败 80% 对手的目标还是有可能的。

股市中没有一个人会束手待毙，要想利用 MACD 指标打败 80% 的对手，作为投资者至少要做到以下三点。

第一，掌握 MACD 指标的盘面语言。MACD 指标各个组成部分（DIFF 快线、DEA 慢线和 MACD 柱线）在运行过程中，会随着股价的上涨、下跌发出各类信号。作为投资者，必须准确、全面地识别这些信号，并用之指导实战交易。写作本书的初衷，就是让读者掌握尽可能多的MACD盘面语言和MACD实战操作技巧。

第二，建立一套符合个人特点的MACD指标交易系统。每个投资者都有自己的性格、爱好，这些个性化特征必将作用于交易实战。当然，这些个性化的特征本身并无好坏优劣之分，关键是投资者要善加利用，尽可能地扬长避短，这样方可在市场交易中做到游刃有余。

本书后面的章节介绍了几种基于MACD指标设计的交易系统，投资者可以根据个人特点选择其中一种，并在实战中不断地加以完善，使之成为自己征战股市的“独门利器”。

第三，相信但不要迷信MACD指标。股市中有太多的变数和不确定性，任何一种技术指标的准确率都是概率问题，即使能够做到90%的准确率，也还有10%的失误可能。像2015年6月中旬的暴跌行情，机械地套用任何一种技术指标，都可能让你损失惨重。

MACD指标，说到底只是众多技术指标中的一种，它能够被广泛应用，说明它有效，但终归还是有其局限性，也有指标失灵的时候，更准确的说法是让交易无法盈利的时候。

投资者必须对市场充满敬畏之心，不要试图寻找交易捷径，而是要不断地修正和完善自己的交易系统，使之越来越准确，越来越好用。正因为如此，本书在介绍MACD指标的同时，也给出了MACD指标与股价K线、均线和其他技术分析工具组合分析的方法，力求拓宽读者的视野，增加投资成功的概率和可能。

作为一名投资者，能够熟练地应用MACD指标并做到以上三点还远远不够。在股市中交易，还需要练就更加严格的纪律约束、更成熟的心态和更敏锐的洞察力。这些东西不是任何一本书可以直接传授给大家的，而是需要大家通过不断的交易来积累和沉淀。

投资路上注定充满荆棘与坎坷，本书愿与你一路相随。

目 录 CONTENTS

第五章 MACD 指标实战操盘技巧

第六章 以 MACD 指标为核心构建交易系统

第一章

MACD 指标精髓
——MACD 指标为何如此神奇

MACD 指标英文全称是 Moving Average Convergence and Divergence，中文全称为指数平滑异同移动平均线，是由杰拉尔德·阿佩尔（Gerald Appel）在移动平均线的基础上发展出来的一种技术指标。

第一节　MACD 指标三大核心效用

在大多数炒股软件中，MACD 指标都是默认的首选指标，如图 1-1 所示。

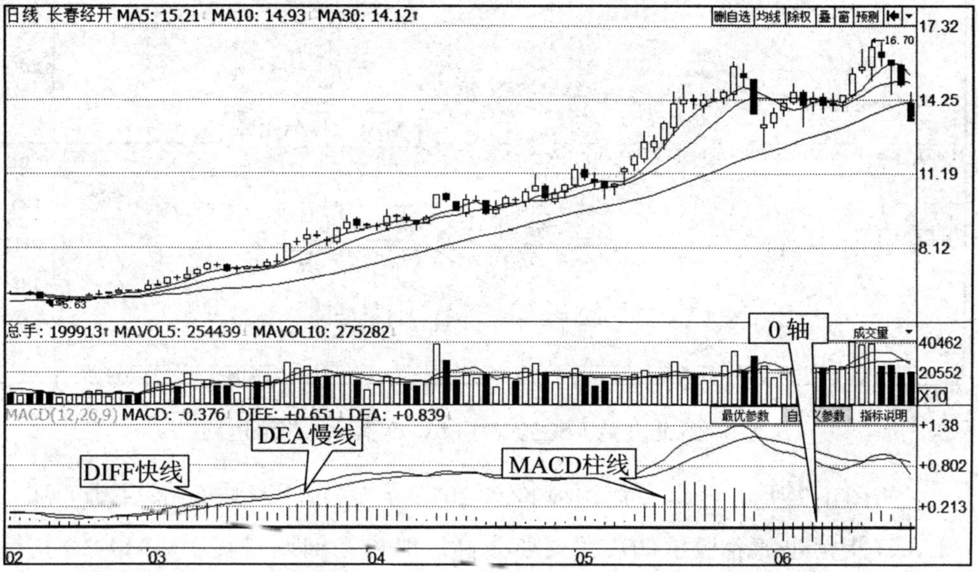

图 1–1 MACD 指标示意图

如图 1-1 所示，MACD 指标主要由 DIFF 快线、DEA 慢线、MACD 柱线、0 轴四部分构成。MACD 指标能够成为很多炒股软件默认的首选指标，可见其应用的广泛性，这也从侧面说明该指标是被历史检验过的最有效和最实用的指标之一。

在技术分析领域，MACD 有“指标之王”的美誉，其核心效用概括来讲，主要包含以下三个方面。

一、趋势识别

趋势识别是 MACD 指标最主要的一个功能。由于 MACD 指标是在均线基础上经过平滑处理得到的，因而其对股价变动的灵敏程度要低于均线，这一点又使其在判断股价整体运行趋势方面的作用得以强化，如图 1-2 所示。

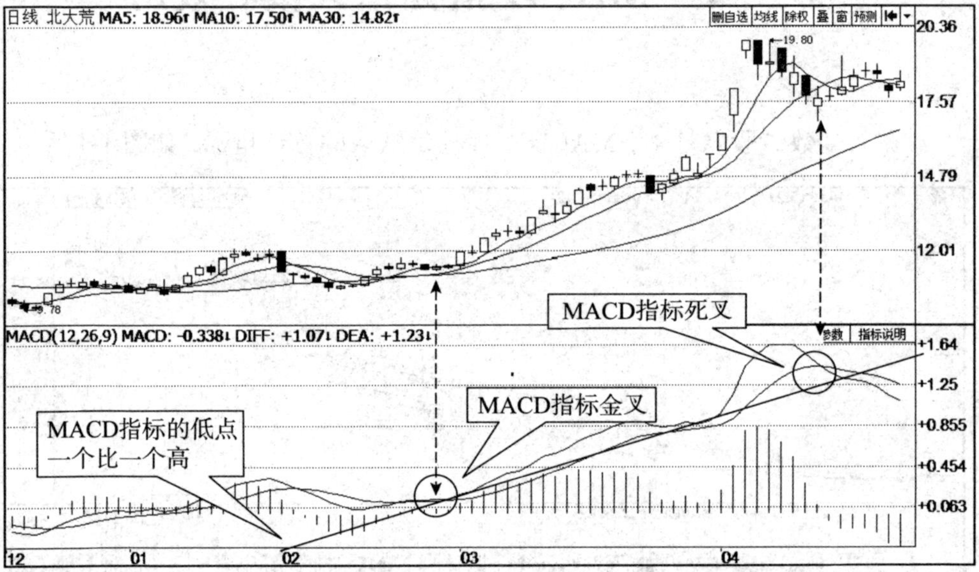

图 1–2 北大荒（600598）MACD 指标的趋势运动

如图 1-2 所示，北大荒的股价自 2015 年 2 月 11 日自底部启动上涨，MACD 指标也随着股价的震荡逐步走高。股价在回调过程中，MACD 指标回调的低点一个比一个高，且 MACD 指标的快线始终位于慢线上方，说明此时股价处于上升趋势中，投资者只需持股待涨即可。

顺势操作是所有趋势投资者的共同操作理念，因而认清股价运行所处的趋势，并准确地把握趋势，是每位投资者应该具备的关键能力。MACD 指标中两条曲线每次交叉与位置互换，MACD 指标与股价、指数的背离，都可能形成股价运行趋势的转向，即由上涨趋势转为下跌趋势，或由下跌趋势转为上涨趋势。不过这种趋势有时属于短期运行趋势的转向，有时则属于中长期运行趋势的变化。

通常情况下，出现下列情形，意味着股价处于或即将进入上涨趋势中。

第一，MACD 指标在 0 轴上方出现黄金交叉，其后 DIFF 快线一直位于 DEA 慢线上方。

第二，MACD 指标低位出现底背离，即股价连续创出新低，而 MACD 指标的低点却一个比一个高。

第三，MACD 指标的两条曲线向右上方倾斜，且 MACD 柱线越来越长，回调时低点一个比一个高。

当股价处于下跌趋势中，MACD 指标表现出来的特征与上述情形刚好相反。

二、多空力量分析

众所周知，股价的上涨或下跌是多空双方争斗的结果。多方占据主动，则股价上涨；空方占据主动，则股价下跌。任何一方都不可能一直处于强势领导地位，当一方力量衰减时，另一方就有可能趁势出击，夺取股价的主导权。

投资者如果能够准确把握多空力量的变化，就能更加准确地预测未来股价运行的趋势。MACD 指标中的 0 轴与柱线，就是一种相对来说比较有效的判断多空力量变化的工具。

如图 1-3 所示，哈药股份的股价经过一段时间的震荡调整后，于 2015 年 5 月 7 日创下 9.98 元阶段低价后开始上涨。此时 MACD 指标虽位于 0 轴上方，但柱线处于 0 轴下方，说明此时空方仍占据优势地位。此后，随着股价的震荡上升，MACD 柱线逐步缩短。2015 年 5 月 15 日，哈药股份的股价出现小幅调整，而此时 MACD 柱线由 0 轴下方升至 0 轴上方，这说明多方已经占据了优势地位，未来股价上涨的概率非常高。

MACD 指标中，0 轴是多空力量强弱的分界线。通常情况下，出现下列情形，意味着多空力量将要发生变化。

第一，MACD 柱线由绿转红（由 0 轴下方升至 0 轴上方），意味着由空方主导转为多方主导。

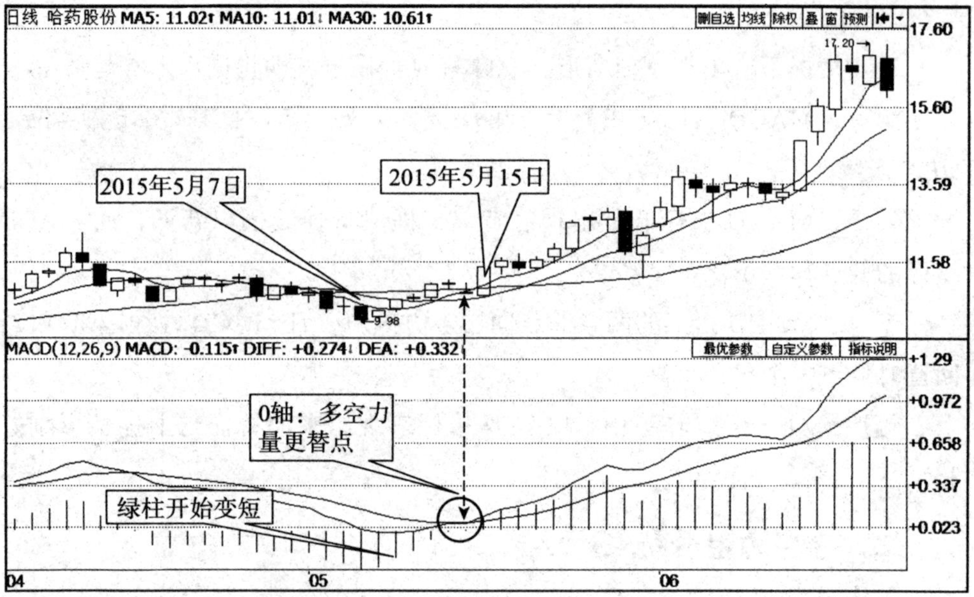

图 1–3 哈药股份（600664）的 MACD 指标多空变化

第二，MACD指标柱线在0轴下方时，柱线不再拉长，而是开始逐渐变短，这说明空方虽居于主导地位，但力量开始渐弱。

第三，MACD指标柱线在0轴上方时，柱线不再拉长，而是开始逐渐变短，说明多方虽居于主导地位，但力量开始渐弱。

三、买卖点预判

与其他技术指标相似，寻找股票的最佳买卖点，是 MACD 指标最主要的作用之一。由于 MACD 指标是在均线基础上平滑计算而得，因此和均线系统相比，MACD 指标发出的买入或卖出信号相对滞后，但也屏蔽了大量无效的信号。正因为如此，MACD 指标多用来研判股价波段的买卖点，而非超短线买卖点。

如图 1-4 所示，2015 年 5 月 21 日，中联重科的股价经过一段时间的震荡调整后，开始启动了一波上涨。此时，MACD 指标的 DIFF 快线自下而上穿越 DEA 慢线，在 0 轴上方形成黄金交叉。这属于比较典型的买入信号，

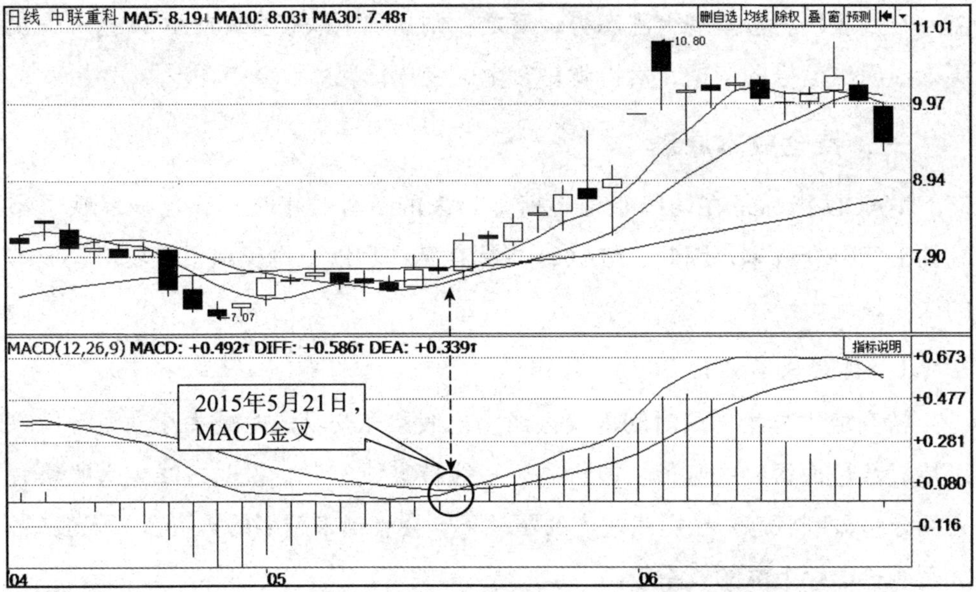

图 1-4 中联重科（000157）MACD 指标走势图

投资者见此信号可以追涨买入。此后，该股开始了一波快速拉升行情。

通常情况下，出现下列情形，意味着出现了较佳的买点或卖点。

第一，DIFF 快线与 DEA 慢线有质量的黄金交叉，意味着较佳的买点出现。并不是所有交叉都意味着可以买入股票，只有质量较高的黄金交叉才是最佳买点。

第二，DIFF 快线与 DEA 慢线有质量的死亡交叉，意味着较佳的卖点出现。与黄金交叉不同，为了保护本金安全，投资者需要对每个到来的死叉采取相应的减仓措施。当有质量的死叉出现时，应坚决清仓。

第二节 MACD 指标为何屡屡发挥神奇作用

股价的上涨或下跌，归根结底是由资金的流入与流出推动的。资金持续流入时，股价就会呈现上涨态势；反之，则呈现下跌态势。MACD 指标发出买入或卖出信号的依据，恰恰就是资金的变化情况。

一、持仓成本原理

MACD 指标是在均线基础上衍生出来的一种技术指标，均线反映了市场的平均持仓成本，因此，MACD 指标在某种程度上也反映了市场持仓成本的变化情况。

1. 持仓成本理论

持仓成本是指一段时间内买入或卖出股票总交易成本减去浮动盈亏后除以持股数量而得到的数值。股价高于短线持仓成本时，说明短线买入股票者大部分呈盈利状态。在赚钱效应的驱动下，会有越来越多的投资者买入股票，因而股价继续上涨的概率较高。

反之，股价低于短线持仓成本时，说明短线买入者大部分处于亏损状态。市场上的投资者因惧怕亏损而选择观望，因而股价继续下跌的概率较大。

若股价反弹至持仓成本线时，持有该股的投资者必然认为此时是一个较好的卖点，于是纷纷卖出股票，这时就会对股价上涨造成较大的压力。

总之，股价低于市场持仓成本时，说明股价处于弱势，且未来下跌的可能性较大；股价高于市场持仓成本时，说明股价呈强势，未来上涨的可能性较大。

2. MACD 指标背后的持仓成本理论

MACD 指标线中的 DIFF 快线向右上方倾斜，且位于 0 轴上方时，说明股价短期成本线高于中长期成本线，且成本差呈放大态势，这说明股价将呈加速上涨态势。

MACD 指标线中的 DIFF 快线拐头向下时，说明股价短期成本线高于中长期成本线，但成本差呈缩小态势，说明股价上涨乏力，有转为下跌的风险。

MACD 指标线中的 DIFF 快线与 DEA 慢线出现死叉时，说明股价短期成本线开始低于中长期成本线，且成本差呈放大态势，即股价开始进入下跌行情。

如图 1-5 所示，中联重科的股价经过一段时间的调整后，于 2015 年 5 月 19 日重新启动了一波上涨行情。在股价上涨过程中，该股 MACD 指标中的 DIFF 快线出现向右上方倾斜的形态，说明股价位于短线投资者持仓成本线的上方，股价短期内还将继续上涨。

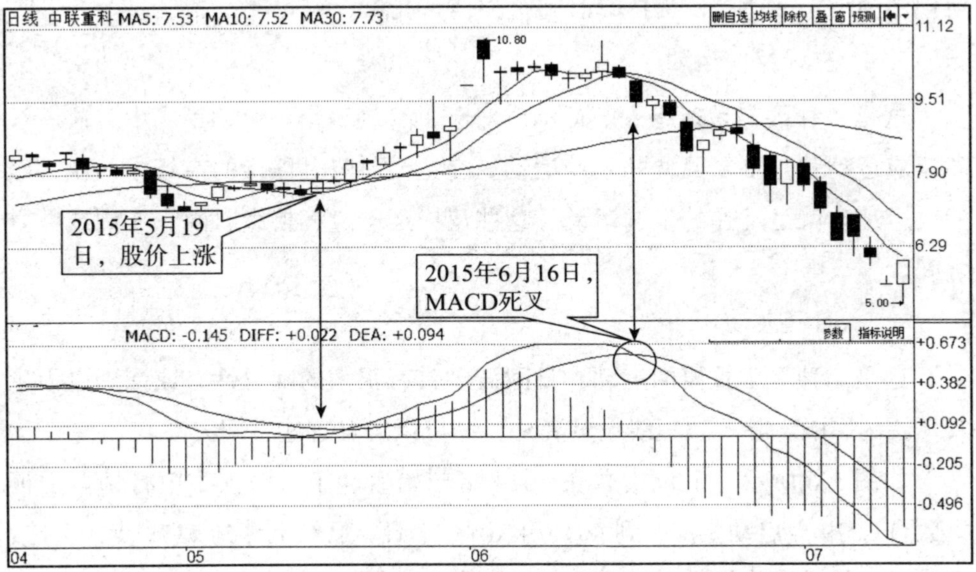

图 1-5 中联重科（000157）MACD 走势图

其后，经过一段时间的筑顶走势后，6 月 16 日，该股股价出现大幅下跌，此时 MACD 指标出现死叉。市场上短线投资者的持仓成本低于中长线投资者的持仓成本，股价又低于短期均线，这说明市场上大多数投资者开始出现亏损，股价开始启动下跌行情，投资者宜卖出股票。

二、趋势运动原理——道氏理论

股价走势总是按照某种趋势运行，有时呈上升趋势，有时则呈下降趋势。MACD 指标发出的交易信号，与股价的趋势运动有着密不可分的关系。

1. 道氏理论

道氏理论是研究股价趋势运动最具权威性的经典理论。道氏理论认为，股票市场的整体走势主要由三种运动构成。

（1）主要趋势运动。

这是股票市场最主要的运动，即股市整体的向上或向下运动，也就是众所周知的牛市或熊市，其持续时间也许会是几年。

（2）次级反应运动。

这是一种最容易迷惑人的运动。对于主要趋势是牛市的市场中，次一级的反应运动就是重要回调的下跌运动。在主要趋势是熊市的市场中，次一级的反应运动就是反弹的上升运动。这些反应运动过程持续时间在3周或数月之间。

（3）日间波动。

这是一种最不重要的运动。日间波动带有很大的随意性，或受到主力主观意愿的影响。除了超短线投资者外，都可以忽略这些日间波动。

如图1-6所示，上证指数从2014年开始启动了一波大牛市行情。上证指数自2279点启动上涨，到2015年6月12日，已经上涨到5179点。上涨，毫无疑问是这一阶段股市运动的主要趋势。

在这个主要趋势的内部，股指还出现了几次次级反应运动，即回调走势。由此可见，次级反应运动并不能改变股市的主要运动趋势。

在次级反应运动趋势内部，还包括了若干个上涨或下跌的交易日，他们对股市整体运动方向没有实质性的影响，因此可以忽略不计。

2. MACD指标背后的道氏理论

MACD指标是在均线基础上经过平滑处理得到的。也就是说，相比均线和其他技术指标，它所发出的买入或卖出信号更加持久，往往更能反映一段时间内的股价运行趋势。

当然，MACD指标并不能反映长达数年的主要运动趋势。不过对于次级运动趋势的把握，MACD指标还是比较准确的。

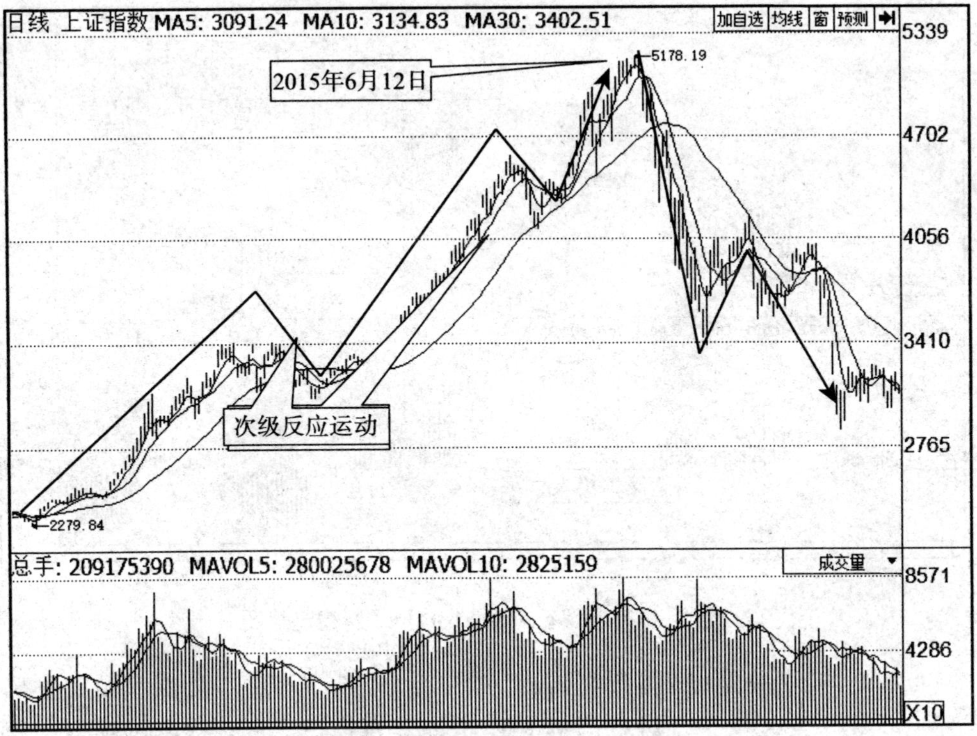

图 1–6 上证指数（1A0001）日 K 线走势图

事实上，MACD 指标从底部金叉到高位死叉的运行过程，往往就是股价某一级别波动趋势的转换过程。

如图 1-7 所示，兴业银行的股价自 2014 年底开始启动了一波牛市行情。该股股价在到达 21.42 元高位的上涨过程中，曾经出现了一波次级反应运动，即规模较大的回调走势。

对照 MACD 指标的走势图可以看出，该股股价自低位启动时，MACD 指标正好出现低位黄金交叉。当股价处在牛市，这个主要趋势运动过程中出现次级反应运动时，MACD 指标出现了高位死叉，这属于比较典型的卖点。

其后，当股价重新开始回归上涨行情时，MACD 指标又一次出现黄金交叉。当该股整个阶段大行情运行至顶部区域时，MACD 指标再度出现死亡交叉。

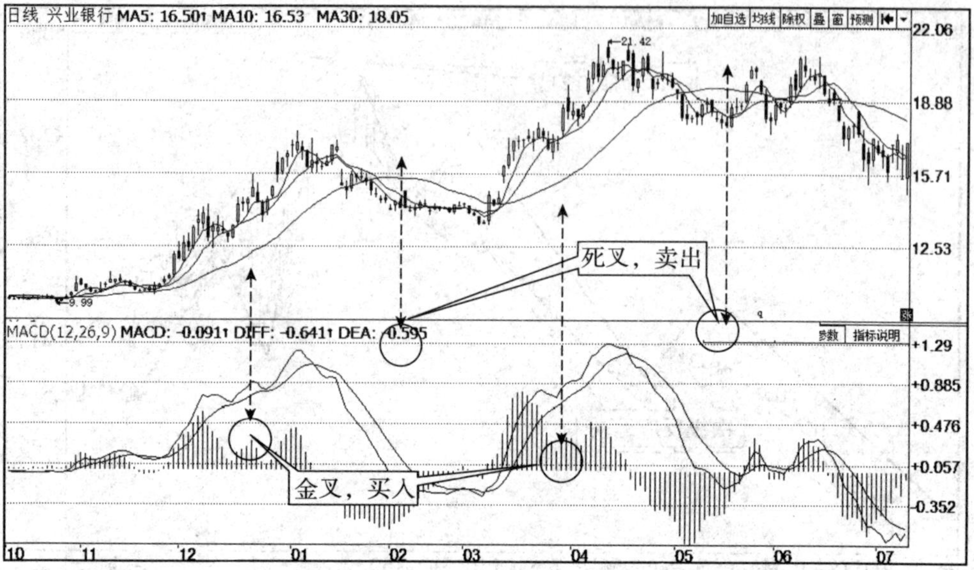

图 1-7 兴业银行（601166）日 K 线走势图

由此可见，MACD 指标与股价运动的趋势基本相符，且能够及时发出买入与卖出信号。只是 MACD 指标给出的交易信号，并不能清晰地显示属于短线交易信号还是中长线交易信号。不过，鉴于 MACD 指标对于趋势研判的作用，很多投资者都将其看成波段振荡交易的重要参考指标。

三、波浪运动原理——波浪理论

股价的运动往往不是直线式的上涨或下跌，而是在不断的涨跌交替中前行。

1. 波浪理论

波浪理论又称艾略特波浪理论，是由美国证券分析家拉尔夫·纳尔逊·艾略特在总结前人经验的基础上，利用道琼斯工业指数平均线作为研究工具，经过不断创新提出来的一套市场分析理论。

艾略特通过对前人经验的总结后得出，在各种市场中，价格前进一般都会沿着五浪结构进行。在这五浪当中，浪 1、浪 3、浪 5 是推动向前运行的，称为有向运动；浪 2、浪 4 是休整浪，是逆向运行的。对于将要发生的整个有向运动，这两个逆向休整浪是必不可少的。

如图 1-8 所示，驱动阶段的五浪全部用数字表示，即浪 1、浪 2、浪 3、浪 4、浪 5。调整阶段的三浪全部用字母表示，即浪 A、浪 B、浪 C。

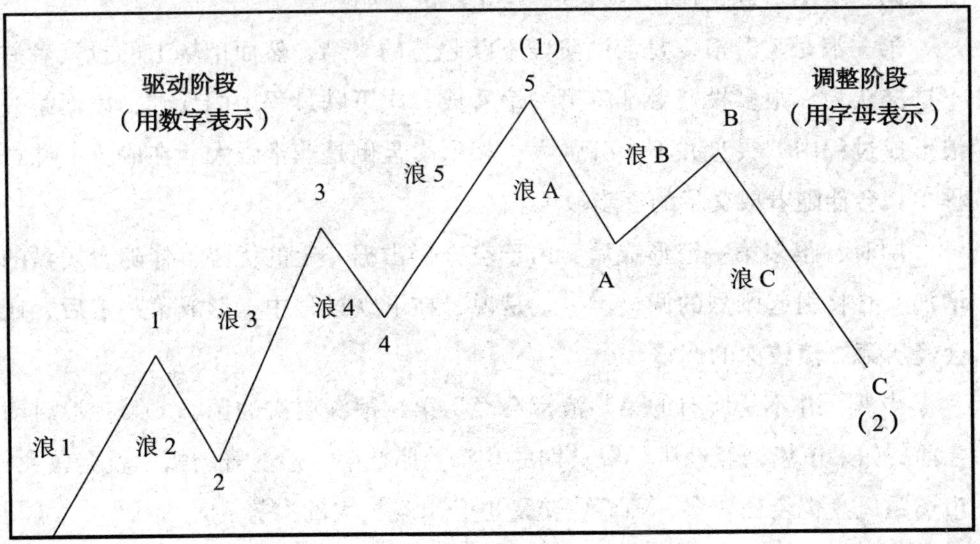

图 1–8 八浪循环结构

上面介绍的是表现上升阶段的八浪循环。在熊市中，也有表示下跌阶段的八浪循环。熊市中的八浪循环与图 1-8 中的八浪循环正相反，如图 1-9 所示。

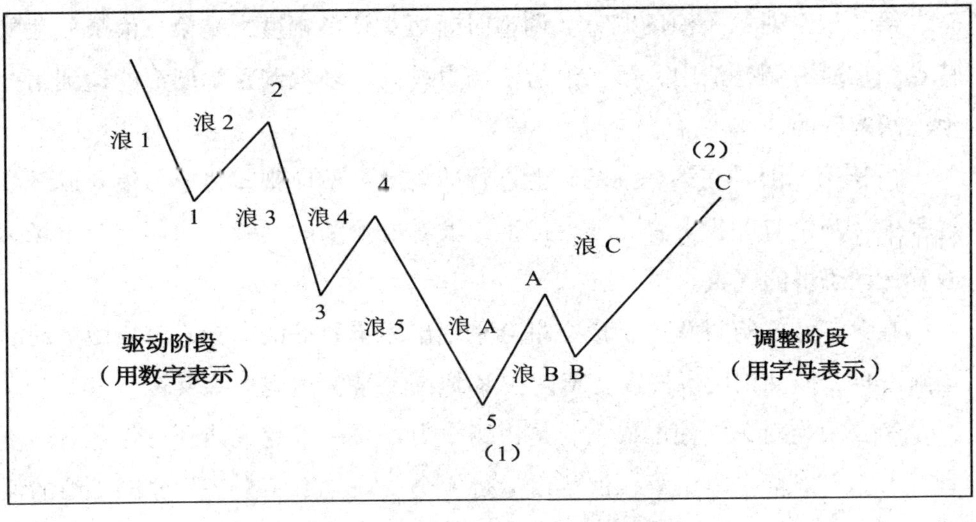

图 1–9 熊市中的八浪循环图

按照图 1-8 所表示的八浪循环，下面逐次介绍一下八浪运行的基本特点。

（1）第一浪运行特点。

第一浪的形成，往往意味着一个全新的开始。

第一浪是上升浪，是前一阶段下跌趋势的终结，然而市场上的投资者并不这样认为。很多投资者都将第一浪看成一次下跌过程中的反弹，因而第一浪形成过程中，买盘并不十分强大，相反卖盘倒是非常强大。在股价上涨过程中，会伴随着成交量的逐步放大。

同时，很多第一浪形成后，由于空方仍占据一定的优势，伴随着卖盘的增加，必将引起剧烈的调整。也就是说，在下跌过程中，形成第一浪后，还会经历第二浪较深的调整。

当然，并不是所有的第一浪都会经历第二浪深层次的调整。第一浪启动之前，如果市场已经经历了较长期的盘整，那么第一浪上升的幅度就会较大，市场跟风盘也会比较多，因而成交量也会出现放大的态势。

很多投资者和机构由于踏空行情，就会等待其后调整浪的到来。一旦调整浪即第二浪到来，便会纷纷跟进买入股票，从而推动股价迅速结束调整，掉头向上运行。

（2）第二浪运行特点。

第二浪是对第一浪的调整。调整时间短、调整幅度大是第二浪最显著的特点。在所有调整浪中，第二浪的杀伤力最大，多数调整幅度都能达到第一浪上涨幅度的 50% 左右。

由于第二浪是在第一浪基础上进行的调整，所以很多将第一浪看成下跌过程中反弹走势的投资者，都会把第二浪看成下跌的延续，因而整个市场弥漫着一种恐惧的气氛。

在第二浪运行过程中，成交量会呈现出逐步萎缩的态势，市场做空动能逐渐不足，波动幅度也慢慢变窄，在 K 线图上常常出现一些反转形态。

第二浪是对第一浪的修正，是市场主力在第一浪完成建仓行为之后的洗盘行为。一般情况下，第二浪可以运行 3 个子浪。事实上，只要第二浪的低点未曾低于第一浪的起点，就仍然可以归入第二浪。

在实战过程中，第二浪低点与第一浪起点价位相差无几的例子有很多。如图 1-10 所示。

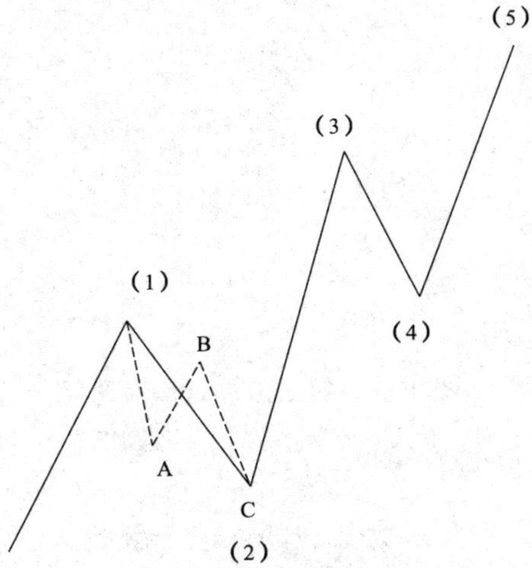

图 1-10　第二浪及其子浪

（3）第三浪运行特点。

第三浪为上升浪，大多数情况下都是推动股价向上运行最有力的一浪。第三浪的运行时间通常是整个波浪循环中最长的一浪，其上升的空间和幅度也常常是最大的。第三浪的运行轨迹大多数都会发展成为一涨再涨的延伸浪。

在成交量方面，由于第三浪是在市场投资者信心恢复后展开的，因而伴随着股价的上涨，参与的投资者越来越多，成交量也会呈现出逐步放大的态势。如图 1-11 所示。

在第三浪推进过程中，K 线图上会出现跳空缺口等向上突破信号，投资者可以根据这些信号的指示买入股票。

投资者应该清楚，第三浪是最具爆发力的一浪，因而在股价上涨过程中不能预测其顶部到底有多高，而应跟随市场趋势，顺势而为。只有等到清晰的卖出信号出现时，再卖出股票。

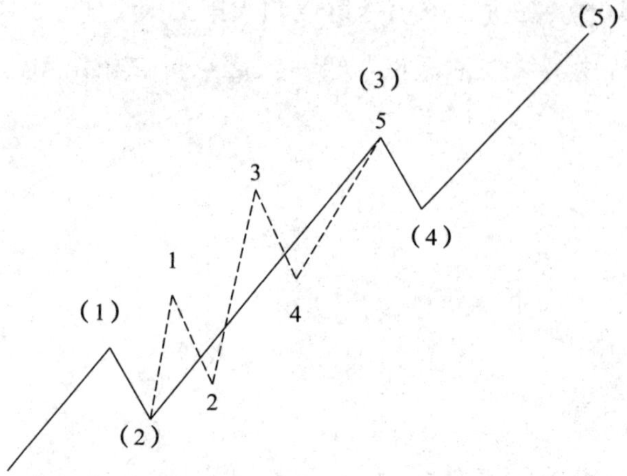

图 1–11 第三浪的延伸浪现象

（4）第四浪运行特点。

由于第三浪是上升势头最为猛烈的一浪，因此必然引导股价运行到较高的位置。当股价运行到高位之后，就会有一些获利盘涌出，导致股价下跌，引起调整。所以第四浪与第二浪相似，是一种以下跌为主的波浪。

尽管有一些投资者卖出股票兑现，但一些先前没有买入股票的投资者以及一些仍然看好后市的投资者，会趁股价调整之机买入股票，这样就会促使股价上涨。促使股价上涨和下跌的力量反复发生作用，导致第四浪充满了震荡。

由于第四浪充满了震荡，所以第四浪常常以三角形形态出现，有时呈现上升三角形，有时呈现下降三角形，还有对称三角形及扩散三角形等。

第四浪的底部区域一般在第三浪至低一级的第四浪范围之内，但第四浪的底永远不会低于第一浪的顶。

（5）第五浪运行特点。

第五浪常常被形容为“最后的疯狂”。在股市中，第五浪的成交量和涨幅均小于第三浪。

一般情况下，市场经过第一浪和第三浪的上涨之后，很多获利盘急于兑现，这样必然导致股价下跌。然而，很多散户投资者仍然认为股价的上涨趋势还没有结束，盲目乐观，进而买入股票，促成了第五浪的上涨。

在第五浪上涨过程中，成交量会不断出现萎缩迹象，表现为价升量减的背离关系。投资者如果发现第五浪出现量价背离时，一定要第一时间出货，以防被套。

在第五浪中，股价的上涨常常会超过其内在的价值。从其完成的形态和幅度来说，第五浪经常会以失败的形态告终。

当然，如果第五浪是延伸浪的话，那么第五浪的价格变化速度可能会超过第三浪的变化速度。

关于第五浪上升幅度的预测，可以采用以下几种方法。

a．假如第三浪属于延伸浪，那么第五浪的涨幅一般会与第一浪的涨幅接近。

b．第五浪涨幅最大值 =（第一浪的高点 – 第一浪低点）× 2 × 1.618+ 第一浪的高点。

c．第五浪涨幅最小值 =（第一浪的高点 – 第一浪低点）× 2 × 1.618+ 第二浪的低点。

（6）A 浪运行特点。

A 浪是上涨行情结束后的第一次大的调整，是紧随第五浪产生的。

由于市场刚刚经历了一轮较大规模的上涨，很多投资者毫无防备之心，仍然认为市场还将延续上升的势头，所以 A 浪的调整往往力度很大。

在 A 浪形成之前，第五浪往往会发出一些警示信号，如价量关系出现顶背离，技术指标钝化等。

同时，A 浪的走势对 B 浪也有重要的影响：如果 A 浪是五浪结构，那么 B 浪很有可能是锯齿形调整浪；如果 A 浪是三浪结构，那么 B 浪则有可能是平台形或三角形调整浪。

（7）B 浪运行特点。

B 浪只是下跌过程中的一个“另类”。由于 B 浪反弹注定要被 C 浪下跌所吞没，所以常常被形容为一次无用的反攻。面对 A 浪的下跌，很多投资者仍然没有从上涨过程的喜悦中走出，把 B 浪看成新的上升行情的开始。

B 浪运行过程中，成交量往往不大。但是到了 B 浪顶部时，会出现突然放大的成交量。这是庄家出逃的信号，投资者应该立即做出反应，赶快卖出股票止损。

B 浪为一个上升浪，由 3 个子浪构成，如图 1-12 所示。

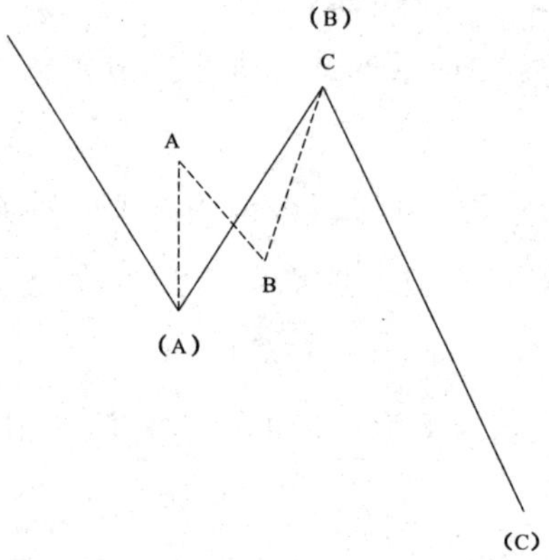

图 1–12 B 浪的延伸浪现象

（8）C 浪运行特点。

B 浪完成后，股价将重新回到下跌的道路上来。这时很多投资者才醒悟过来，明白上涨过程已经彻底结束了，之后面对的将是漫长的下跌之路。

C 浪是调整浪的终点。由于市场上所有投资者都对股价下跌达成共识，于是买盘就会蜂拥而出，股价也会随之一落千丈。可以这样说，C 浪是跌势最为强劲、跌幅也最大的一浪，而且C浪形成过程中，市场还会出现全面下跌。

C 浪一般可以再划分为 5 个波浪。当 C 浪的五个波浪全部完成后，往往意味着市场转向。如图 1-13 所示。

2. MACD 指标背后的波浪理论

通过上面的介绍可以发现，八浪循环非常复杂，而且想要准确地识别各浪也不容易。不过八浪循环中只有第一浪、第三浪和第五浪属于驱动浪，其中尤以第三浪最为重要。第三浪涨势特别猛，识别也相对容易，同时不像第

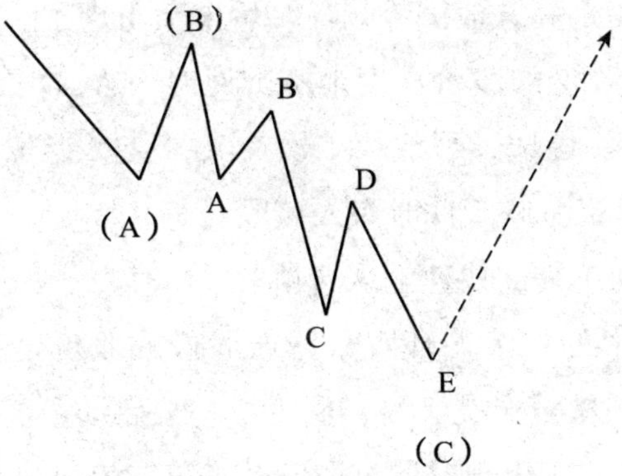

图 1-13 C 浪的延伸浪现象

一浪或第五浪那样容易失败。

其实，MACD 指标中的买入信号，正是寻找第三浪买点的好帮手。

如图 1-14 所示，博通股份经过一段时间的震荡调整后，MACD 指标重新出现拐头向上的走势。2015 年 1 月 5 日，MACD 指标的 DIFF 快线自下而上穿过 DEA 慢线，形成第一次交叉，只是交叉点位于 0 轴下方。熟悉 MACD 指标用法的投资者都清楚，此时并非 MACD 指标发出的金叉信号。

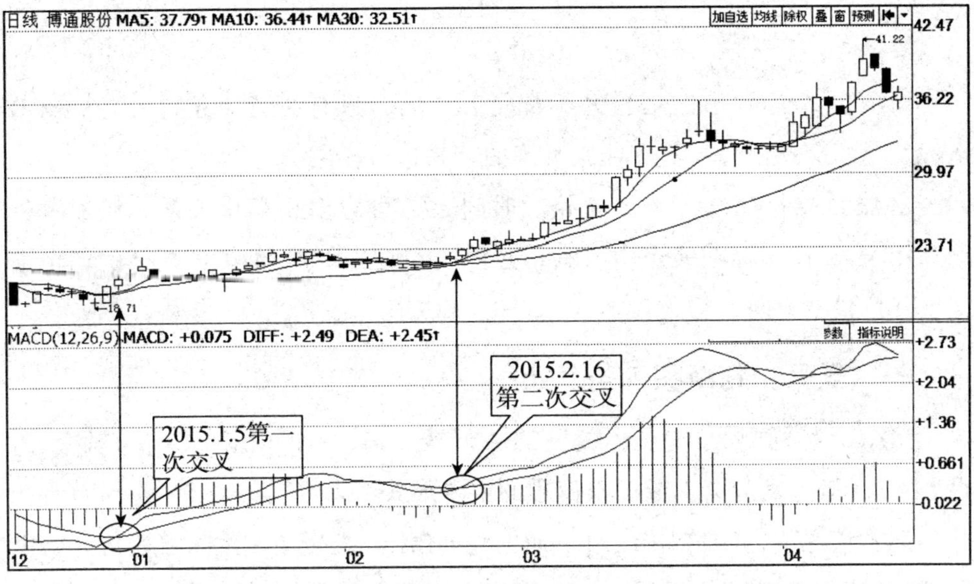

图 1-14 博通股份（600455）日 K 线走势图

此后，该股震荡走高，但涨势较慢，后来又出现了一波回调走势。2015年2月16日，博通股份的股价再度上涨。此时MACD指标的DIFF快线再度自下而上穿越DEA慢线，形成第二次交叉，交叉点位于0轴上方，属于典型的黄金交叉，投资者宜于此时买入该股。

此后，该股发动了一波快速上涨行情。

结合波浪理论中的八浪循环观察博通股份的股价走势可以看出：该股MACD指标出现第一次黄金交叉时，属于第一浪启动，随后展开了第二浪调整。第二次交叉（金叉）出现时，该股发动了第三浪攻势。

MACD指标与股价走势相似，也可能出现一次又一次的交叉，但只有质量较高的黄金交叉才是最佳买入信号。高质量的黄金交叉，往往都与上涨驱动浪的启动有关。

第三节　MACD指标研判的核心：交叉、拐点、位置与方向

MACD指标发出的信号并不都是有效的，只有在特定条件下，MACD指标发出的交易信号才具有非常准确的交易指导作用。

MACD指标反映了股票价格、时间、空间的相互变化关系。投资者要想利用MACD指标在股市中获利，必须先弄清楚研判MACD指标的四个维度，即位置、方向、交叉与拐点。

一、交叉：判断买入与卖出

MACD指标中的DIFF快线与DEA慢线交叉、MACD指标线与0轴交叉，是MACD指标发出买入或卖出信号的主要形式。

通常情况下，DIFF快线自下而上与DEA慢线交叉，意味着股价开始由弱转强；反之，则由强转弱。

MACD 指标的 DIFF 快线和 DEA 慢线自下而上穿越 0 轴，说明股价由空方主导变为由多方主导；反之，则由多转空。

如图 1-15 所示，宝钛股份的股价在 2015 年 2 月中旬经历了一段震荡调整走势。股价下跌时，MACD 指标的 DIFF 快线自上而下穿越 DEA 慢线，说明市场由强转弱。此时 DIFF 快线和 DEA 慢线又相继跌破了 0 轴，更说明市场开始由空头主导。

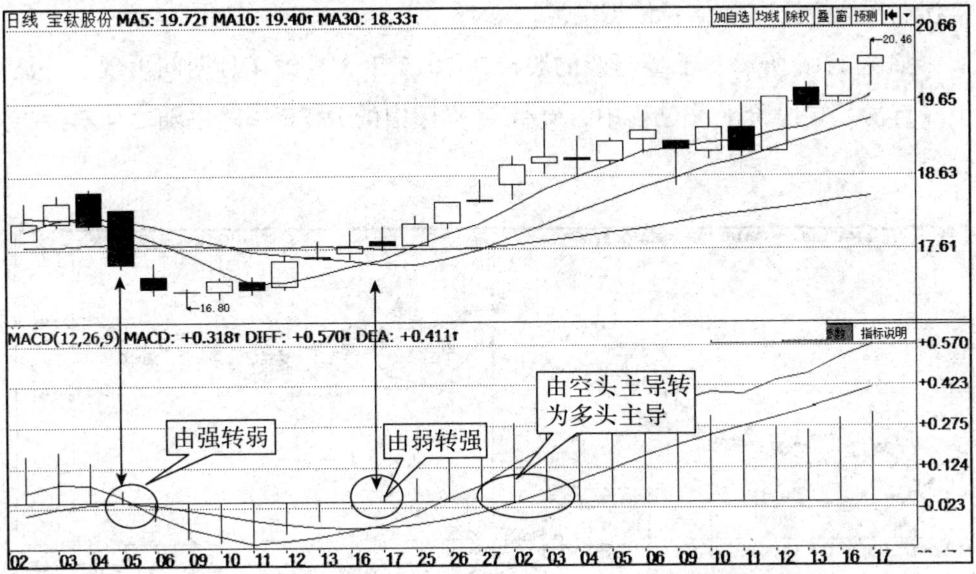

图 1–15 宝钛股份（600456）MACD 指标走势图

其后，该股股价触底反弹，MACD 指标也出现上升走势。DIFF 快线自下而上穿越 DEA 慢线，说明市场开始由弱转强。接着 MACD 指标的快线和慢线先后上穿 0 轴，说明市场由空方主导变为多方主导，未来上涨可期。

交叉点的距离越大，交叉的含金量也就越大；反之，则越小。如果 MACD 指标的 DIFF 快线和 DEA 慢线出现频繁交叉，则说明股价处于横向盘整走势或某一固有运行趋势，如下跌趋势或上升趋势。

二、拐点：多头与空头谁主沉浮

事物的变化总是由量变到质变。交叉点的形成，实质上就是一个质变的过程。比质变更早出现的则是量变，即拐点。

MACD 指标中，DIFF 快线向右上方倾斜时，说明股价一直呈上涨态势。当 DIFF 快线出现向下拐头时，说明当时市场买气有所不足，未来有下跌的可能。当然此时的拐头也有可能只是短暂的调整，这也是很多投资者不愿意将拐点作为主要交易信号依据的原因。

如图 1-16 所示，千金药业的股价在 2015 年 3 月到 4 月期间出现了一波上涨行情。在股价上涨过程中，MACD 指标中的 DIFF 快线也随之向右上方倾斜。

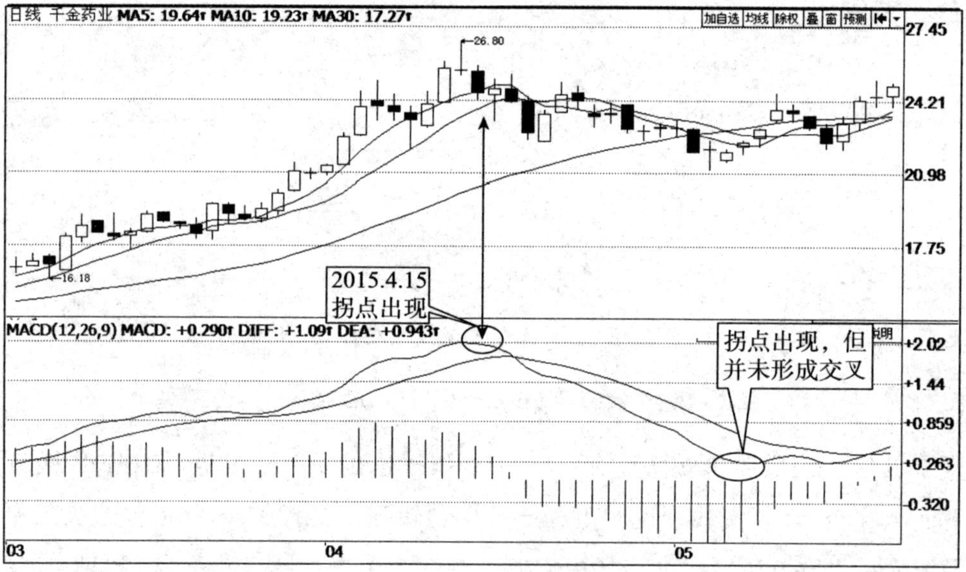

图 1–16 千金药业（600479）MACD 指标走势图

2015 年 4 月 15 日，千金药业的股价大幅下跌，此时 DIFF 快线同步拐头向下，形成了一个拐点。这时投资者应保持关注，一旦股价无法重新突破前期高点，就应该迅速卖出。

其后，DIFF 快线继续下跌，与 DEA 慢线形成高位死叉，卖出信号形成，此时投资者可果断卖出该股。

有交叉就一定有拐点，但有拐点却不一定有交叉。不过 DIFF 快线出现拐点时，尤其是当股价达到高位时，投资者还是应该提高警惕的。

三、位置：位置决定质量

交叉与拐点的质量，从某种意义上来说是由出现的位置决定的。

MACD 指标中，DIFF 快线自下而上穿越 DEA 慢线时，如果交叉点位于 0 轴上方，且与 0 轴距离较近，那么这个交叉点将是一个成色极高的金叉，看涨的指示作用相当大。

反之，如果 DIFF 快线与 DEA 慢线交叉点在 0 轴上方，且距离 0 轴较远时，则交叉点的看涨意义不大。因为此时股价已经处于高位，即使股价后面又出现一波上涨，也可能走出顶背离形态，即股价创新高，而 MACD 指标的后一个高点却低于前一个高点。

如图 1-17 所示，中兴通讯的股价在 2015 年 2 月到 3 月期间处于震荡筑底阶段。MACD 指标中的 DIFF 快线与 DEA 慢线连续两次自下而上交叉，

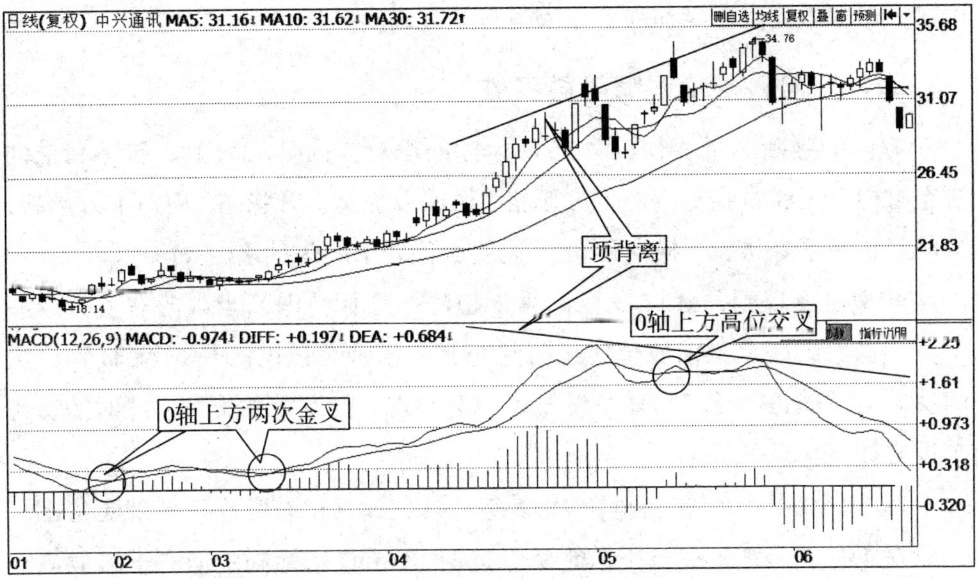

图 1–17　中兴通讯（000063）MACD 指标走势图

交叉点位于0轴上方，且距离0轴较近，这就属于典型的黄金交叉，后市看涨。其后，该股股价发动了一波震荡上涨行情。

2015年5月，中兴通讯的股价出现筑顶迹象，此时MACD指标也同步出现拐头向下走势。其后，尽管DIFF快线又一次自下而上穿越DEA慢线，但由于该交叉点处于高位，投资者宜谨慎参与交易。随后，该股股价虽然出现一波小幅上涨，并且创出阶段新高，但MACD指标却没有跟随再创高点。此时形成了股价与MACD指标的顶背离，预示后市下跌的概率极大。

除了0轴这一关键的多空分界线外，其他应该重点考虑的位置关系包括：MACD指标线两个高点或低点之间的位置关系，即后一个高点或低点能否创出新高或新低；MACD柱线位于0轴上方还是下方；两个同向交叉点之间的位置关系，即DIFF快线连续两次自下而上或自上而下穿越DEA慢线的交叉点之间的位置关系等。

投资者在考虑MACD指标交叉、拐点的质量时，最好能够结合道氏趋势理论和波浪理论研判股价当前所处的趋势或位置。DIFF快线自下而上穿越DEA慢线时，若当前所处的位置属于上升趋势的起始位置或是波浪理论的第三浪起点，则无疑加强了买入信号的准确度。

四、方向：善于追随趋势者胜

方向的判断非常容易，MACD指标的运行方向只有右上、右下和横向三个方向。MACD指标向右上方倾斜，说明股价呈上升状态；向右下方倾斜，说明股价呈下降状态；横向移动，说明股价处于震荡盘整走势。

前文已经提到，MACD指标属于趋势性指标，因而当其向右上方或右下方倾斜时，表示当前股价的运行趋势是上涨或下跌的。当MACD指标横向移动时，DIFF快线和DEA慢线可能会出现多次频繁的交叉，此时的交叉则没有任何交易指示含义。

图1-18所示为时代新材在2015年1月到5月初的股价日K线走势图。该股在1月底出现了一波下跌走势，此时MACD指标同步向右下方倾斜。随后该股股价在底部震荡，MACD指标也呈横向移动态势。震荡期间DIFF

快线与 DEA 慢线多次交叉，此时该指标发出的交叉信号不具有参考价值。

2015 年 3 月底，时代新材的股价再度启动上涨，MACD 指标同步出现向右上方倾斜的形态，说明股价已经进入上升趋势，投资者可以追涨买入。

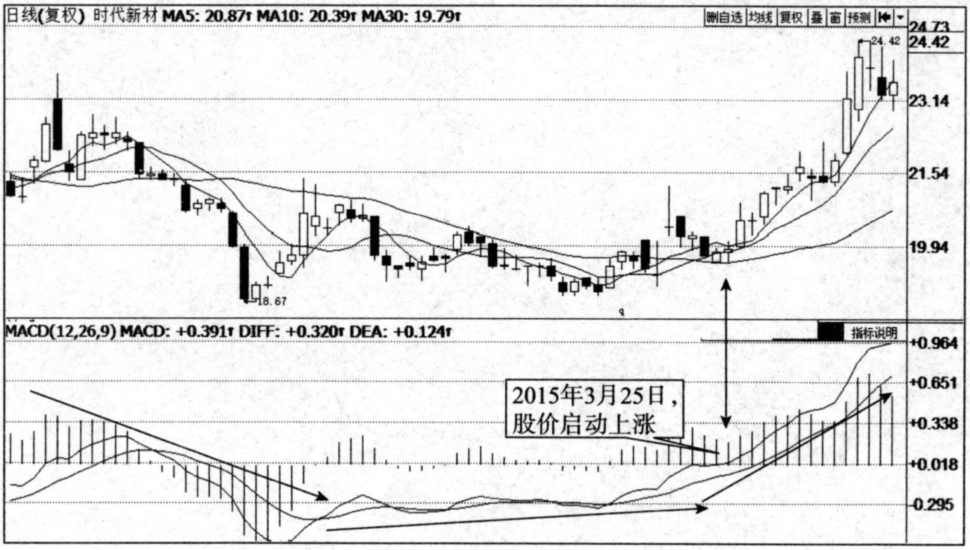

图 1-18 时代新材（600458）MACD 走势图

第二章

MACD 指标的结构及交易含义

MACD 指标主要由 DIFF 快线、DEA 慢线、MACD 柱线以及 0 轴等四部分构成。本章将重点介绍这四个组成部分的技术参数设置、形态以及交易指示含义。

第一节 MACD 指标的构成及参数设置

MACD 指标利用快速（短期）平滑移动平均线与慢速（长期）平滑移动平均线之间不断聚合和分离的特征，经过双重平滑计算出差离值，用以对市场行情和买卖时机作出研判，是股市中常用的技术指标。如图 2-1 所示。

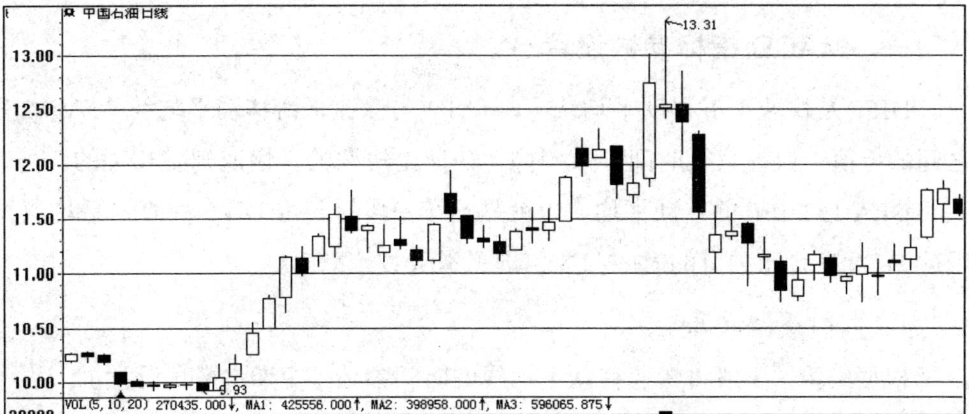

图 2-1 MACD 指标图示

MACD 指标主要由正负差（DIFF）和异同平均数（DEA）、0 轴和 MACD 柱线四部分组成，其中 DIFF 是指标的核心，DEA 一般作为辅助。

各部分计算公式如下。

DIFF = EMA（12）－ EMA（26）

当日 EMA（12）= 2/（12+1）× 当日收盘价 + 11/（12+1）× 前日 EMA（12）

当日 EMA（26）= 2/（26+1）× 当日收盘价 + 25/（26+1）× 前日 EMA（26）

当日 DEA（9）= 2/（9+1）DIFF+（9-1）/（9+1）前日 DEA

MACD 柱线= 2 ×（DIF － DEA）

本节内容主要讲解 MACD 指标及其组成部分的计算方法。如果投资者只想应用该指标，不想深究其计算方法的话，可以直接跳过本节。

一、MACD 指标参数设置

DIFF 是快速平滑移动平均线（EMA1）与慢速平滑移动平均线（EMA2）之间的差值，快慢只是时间参数不同，快速是短期的，慢速则是长期的。

DEA 是 DIFF 的移动平均，也就是连续一段时间内 DIFF 的算术平均值，因此 DEA 有自己独自的时间参数，即平滑天数（M）。

1. 时间参数设置

根据经验，一般将快速移动平均线的时间参数（短期参数）设为 12 天，将慢速移动平均线的时间参数（长期参数）设为 26 天，而将平滑的天数（M）设为 9 天。

这三个参数也是很多炒股软件中的默认参数，例如图 2-1 中，MACD（12,26,9）指的就是慢速移动平均线的时间参数为 26，快速移动平均线的时间参数为 12，平滑天数为 9。

当然，投资者也可以根据个人偏好，自行设置移动平均线的时间参数，具体方法如下。

第一步，将鼠标移至 MACD 指标线的位置，DIFF 快线或 DEA 慢线均可。

第二步，右击鼠标，在弹出的“对话框”中选择“修改指标参数”项目。

第三步，在弹出的“对话框”中重新设置指标参数，如图 2-2 所示。

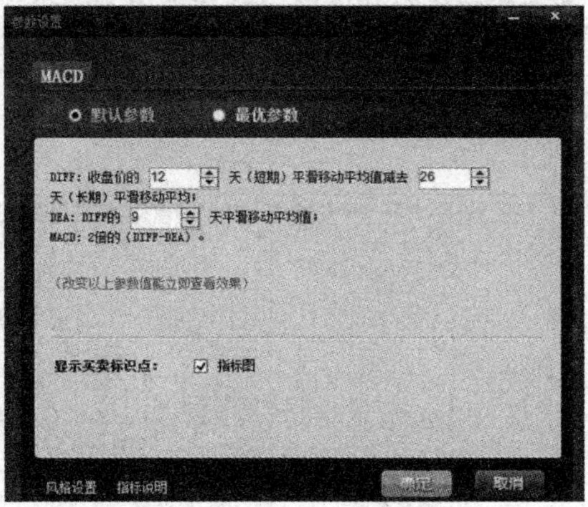

图 2-2 MACD 指标参数设置

2. 时间参数设置的依据

大多数交易软件默认的时间参数都是（12,26, 9），而有些投资者根据个人喜好将其换成（13, 34, 5）、（10,20, 5）等。

（12,26,9）这一组时间参数设置，主要源于该指标引入我国股市时的休市时间安排。当时我国执行每周休一天的工作休息制度，因而“12”是两周交易日的天数，“26”基本相当于一个月的交易天数。也就是说，这一时间参数的设置，基本上是按照两周和月线来设置的。当然，投资者也可以按照目前的休假时间安排，将其换成（10,22, 9）。

个别经验丰富的投资者将时间参数设置为（13,34, 5），主要是按照斐波那契数列的排列顺序进行设置的。

斐波那契数列由一串神奇的数字构成：1，2，3，5，8，13，21，34，55，89，144，233，377，610，987，1597……直至无限。构成斐波那契神奇数列的基础非常简单，由 1，2，3 开始，产生无限数字系列，其中 3 实际上为 1 与 2 之和。以后出现的一系列数字，全部依照上述简单的原则，即两个连续出现的相邻数字相加等于后面的数字。

很多投资者相信，斐波那契数列是一串神奇的数字，其中也蕴含了股市涨跌变化的规律，即当股价运行至斐波那契数列中某一个数字所代表的时间点时，可能会发出反转或加速。很多炒股软件中，也有根据斐波那契数列开发的画线工具，即“斐波那契周期线”，如图 2-3 所示。

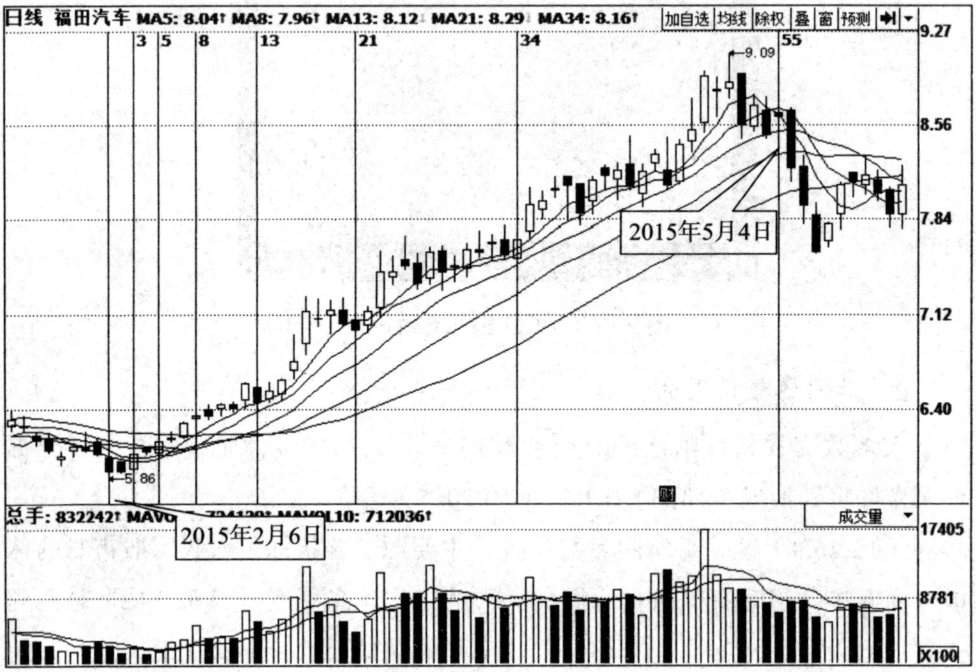

图 2–3 斐波那契周期线示意图

其实，无论采用何种时间参数设置，都不会对 MACD 指标的运行构成太大的影响，投资者只需选择一种自己能够接受的参数即可。

二、EMA 的计算及交易指示含义

通过前文介绍可知，DIFF 数值主要是通过 EMA 计算得出的，因而 EMA 的计算就是 MACD 指标的基础和重要依据。

1. EMA 及其计算方法

EMA 指标英文全称 Exponential Moving Average，中文全称是指数平滑移动平均线，简称指数平均线。EMA 也是一种趋向类指标，本义是以指数式递减加权的移动平均。在炒股软件中，该指标的数值多用曲线表示，所以称为指数移动平均线。

其基本计算公式为：

$EMA(n)=\alpha \times Cn+(1-\alpha)\times EMA(n-1)$

其中：EMA(n) 为第 n 日 EMA；α 为平滑系数，设定值为（2/n+1）；Cn 为第 n 日收盘价；EMA(n-1) 为第 n-1 日 EMA。

指数平均线 EMA 与我们经常所见的均线 MA 是有所区别的。为了让读者更清晰地了解指数移动平均线 EMA，下面将两者进行对照介绍。

（1）均线 MA。

移动平均线，英文名称为 Moving Average，简称 MA，原本意思是移动平均。由于我们将其制作成线形，所以一般称为移动平均线，简称均线。

均线是将某一段时间的收盘价之和除以该周期，比如日线 MA5 指 5 天内的收盘价除以 5，其计算公式为：

$MA(5)=(C1+C2+C3+C4+C5)/5$

其中：Cn 为第 n 日收盘价。例如 C1，则为第 1 日收盘价。

总之，均线 MA 的数值是通过连续几个交易日收盘价之和的简单平均计算出来的。投资者在这里需要注意一点：很多指标需要用到股票价格进行计算时，一般选择的都是股票某一周期的收盘价。

之所以选择收盘价，是因为接近收盘时段形成的价格，更能反映当日买卖双方的真实意愿。在股市中也有这样一种说法，开盘时段的价格是由散户交易形成的，收盘时段的价格是由专业投资机构（或主力）交易形成的。

（2）指数平均线 EMA。

和均线的命名方式有所不同，指数平均线 EMA 的名称中多了“指数平滑”几个字。这几个字的意思，就是在均线计算公式的基础上进行了指数平滑处理，不再是简单的平均了。下面以连续5个交易日收盘价的处理为例进行说明。

均线MA是将这5个交易日的收盘价简单相加，然后除以5就得到了一个均价，这就是均线上各个价格点。

指数平均线EMA则是将5个交易日的收盘价按照先后顺序分别赋予一定的权重（越靠后的收盘价被赋予越大的权重），然后计算加权均价，其计算公式为：

EMA（5）=2/6×C5+4/6×EMA(4)

按照EMA的计算公式，还可以计算出EMA(4)的数值，即：

EMA（4）=2/5×C4+3/5×EMA(3)

按照EMA的计算公式，还可以计算出EMA(3)的数值，即：

EMA（3）=2/4×C3+2/4×EMA(2)

按照EMA的计算公式，还可以计算出EMA(2)的数值，即：

EMA（2）=2/3×C2+1/3×EMA(1)

按照EMA的计算公式，还可以计算出EMA(1)的数值，即：

EMA（1）=2/2×C1+1/2×EMA(0)=2/2×C1=C1

至此，可以将上述公式合并计算，重新得到一个EMA（5）的计算公式：

EMA（5）=2/6×C5+4/15×C4+3/15×C3+2/15×C2+1/15×C1

从中可以看到，各日收盘价对于EMA（5）最终数值的影响是不同的，即被赋予了不同的权重，越靠后的收盘价被赋予越大的权重。

2. EMA指标的交易指示含义

EMA指标与MA指标十分相似，同样也可以起到与MA指标相似的作用。

如图2-4所示，经过一段时间的快速上涨后，宏达股份的股价出现了下跌走势。2015年6月19日，该股股价跌破了12日EMA，说明此时股价短期由上涨走势转为下跌趋势，可以考虑卖出股票。

其后，该股股价出现反弹走势，但股价反弹至12日EMA线时，遇到EMA的阻力而再度下跌。

概括起来说，EMA指标线的作用与MA相似，主要包括以下几个方面。

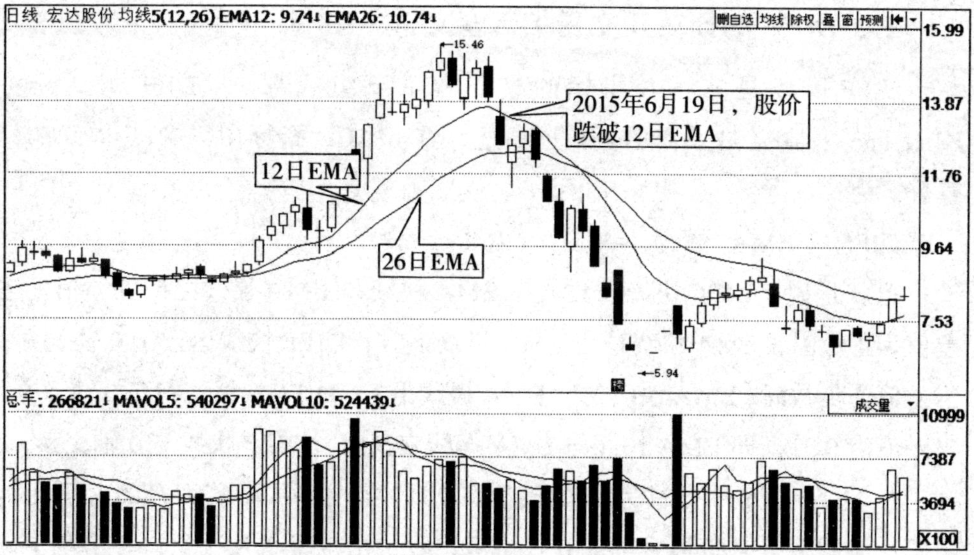

图 2-4　宏达股份（600331）日 K 线走势图

第一，支撑与阻力。股价自上而下下跌至 EMA 指标线附近时，EMA 会对股价起到一定的支撑作用，从而再度上涨。一旦股价跌破 EMA 线，则 EMA 指标线的支撑作用就会转化为阻力作用。其后，若股价出现反弹，其反弹至 EMA 线位置时，很可能会遇到阻力而再度下跌。

第二，空头与多头行情指引。EMA 指标线中的短期均线、中期均线和长期均线自上而下排列时，说明此时属于多头排列，股价看涨；EMA 指标线中的短期均线、中期均线和长期均线自下而上排列时，说明此时属于空头排列，股价看跌。

第二，买点与卖点识别。短期 EMA 自下而上穿越中长期 EMA，且股价位于短期 EMA 上方时，属于典型的看涨信号，投资者可以买入股票；短期 EMA 自上而下穿越中长期 EMA，且股价位于短期 EMA 下方时，属于典型的看跌信号，投资者可以卖出股票。股价自上而下有效跌破短期 EMA，属于短线卖出信号；股价自下而上有效突破短期 EMA，属于短线买入信号。

三、DIFF 的计算及交易指示含义

DIFF 快线是 MACD 指标的核心和重要组成部分。DIFF 英文全称 Difference，本义是差离值。如前所述，在 MACD 指标中，DIFF 快线的计算公式为：

DIFF = EMA（12）− EMA（26）

也就是说，DIFF 快线的数值是 EMA 快线与 EMA 慢线之间的差值：当差值为正数时，EMA 快线位于 EMA 慢线上方，DIFF 快线运行于 0 轴上方；当差值为负数时，EMA 快线位于 EMA 慢线下方，DIFF 快线运行于 0 轴下方；当差值为 0 时，即 EMA 快线与 EMA 慢线交叉时，DIFF 快线与 0 轴交叉。

如图 2-5 所示，国中水务的股价在 2015 年上半年随着大盘的上涨而走出了一波震荡上升行情。进入 6 月份后，股价出现了筑顶迹象，并出现了一波下跌走势，EMA 快线（12 日线）与 EMA 慢线（26 日线）同步出现拐头向下的走势。此时 MACD 指标中的 DIFF 快线尽管也随之出现拐头向下的态势，但仍位于 0 轴上方，说明此时多方力量虽逐渐走弱，但整体上仍强于空方。

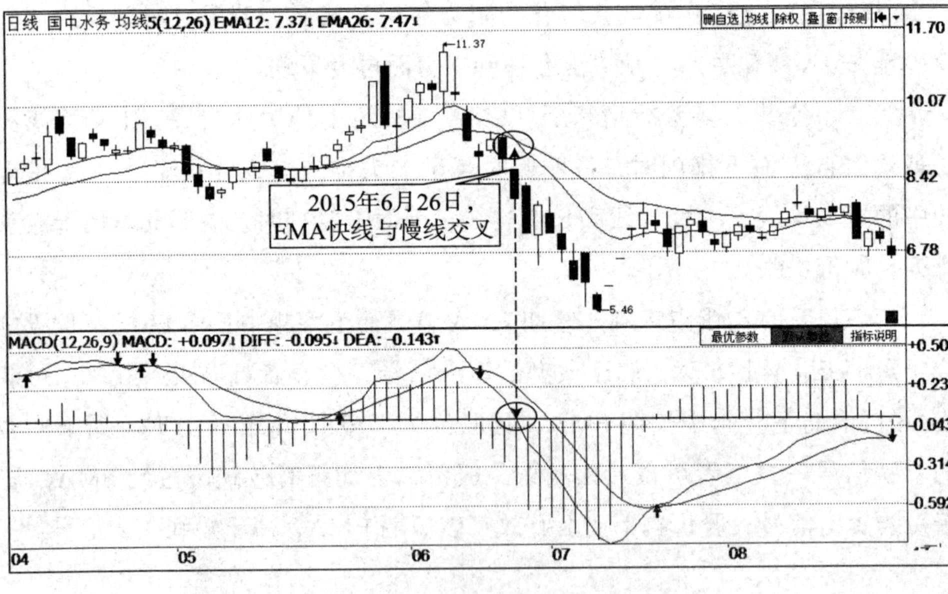

图 2-5 国中水务（600187）MACD 指标走势图

6 月 26 日，该股股价大幅下跌，EMA 快线自上而下穿越 EMA 慢线。当两条线交叉时，也正是 DIFF 快线向下穿越 0 轴之时。这说明市场多空力量逆转，从此空头将占据主导地位。

从理论上来说，DIFF 快线的数值可以从正无穷到负无穷，即 EMA 快线上涨或下跌的速度一直快于 EMA 慢线的速度。但事实上没有只涨不跌的股市，也没有只跌不涨的股票，因而 DIFF 的数值一般都会在一定的空间区域内运行。

当 DIFF 快线上升到一定高度后就会出现走平态势，而后将会转入下跌，也就意味着股价即将由上涨转为下跌；反之，也同样适用。

四、DEA 的计算及交易指示含义

DEA 慢线是对 DIFF 的平滑处理。DEA 英文全称 Difference Exponential Average，本义是 DIFF 快线的异同移动平均数，中文全称为指数平滑指标异同移动平均数。也就是说，该指标的计算方法与 EMA 的计算方法相同。

如前所述，在 MACD 指标中，DEA 慢线的计算公式为：

当日 DEA（9）＝ 2/（9+1）DIFF+（9-1）/（9+1）前日 DEA

DEA 线实质上就是一条 DIFF 线的指数平滑平均线，它是对 DIFF 的平滑处理，因而其灵敏度要弱于 DIFF 线。

DEA 和 DIFF 之间的关系与 EMA 与股价 K 线之间的关系相似。当 DIFF 线运行于 DEA 线上方时，说明多头力量较强。若此时两条线均运行于 0 轴上方，则说明多头占据绝对优势。当 DIFF 线运行于 DEA 线下方时，说明空头力量较强。若此时两条线均运行于 0 轴下方，则说明空头占据绝对优势。

如图 2-6 所示，中钨高新的股价在 2015 年 6 月中旬以前发动了一波快速上涨行情，MACD 指标中的 DIFF 快线一直位于 DEA 慢线上方，且出现距离越拉越大的情况，此后该股股价出现筑顶迹象。

在此之前，DIFF 快线已经出现拐头向下的走势，投资者应特别注意，一旦 DIFF 快线跌破 DEA 慢线，就可考虑卖出股票。

2015 年 6 月 18 日，DIFF 快线自上而下穿越 DEA 慢线，说明多空力量

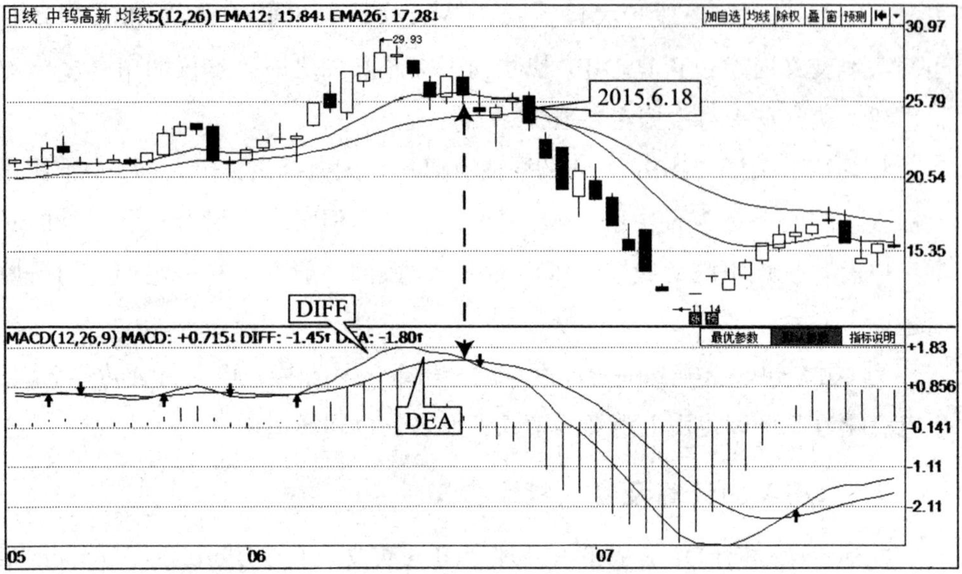

图 2-6 中钨高新（000657）MACD 走势图

对比发生了逆转，投资者应于当日或次日卖出股票。

五、MACD 柱线的计算及交易指示含义

MACD 柱线，有人也习惯称为 BAR 柱线，它是对 DIFF 与 DEA 差值的可视化处理。该指标的计算方法非常简单，就是将 DIFF 与 DEA 的差值放大两倍。

MACD 柱线= 2×（DIFF － DEA）

MACD 柱线实质上是反映 DIFF 与 DEA 差值变化的柱形线，它的交易指示作用，本质上也就是 DIFF 线与 DEA 之间对比关系对交易的指示作用。

当 MACD 柱线位于 0 轴上方，说明 DIFF 数值大于 DEA 数值，多头占据优势；MACD 柱线位于 0 轴下方，说明 DIFF 数值小于 DEA 数值，空头占据优势。同时，MACD 柱线连续伸长时，说明多方或空方力量逐步增强；反之，则说明多方或空方力量逐渐减弱。

如图 2-7 所示，长春高新的股价在 2015 年上半年出现了一波快速上涨行情，MACD 柱线突破 0 轴后不断伸长，说明买方力量逐步增强。

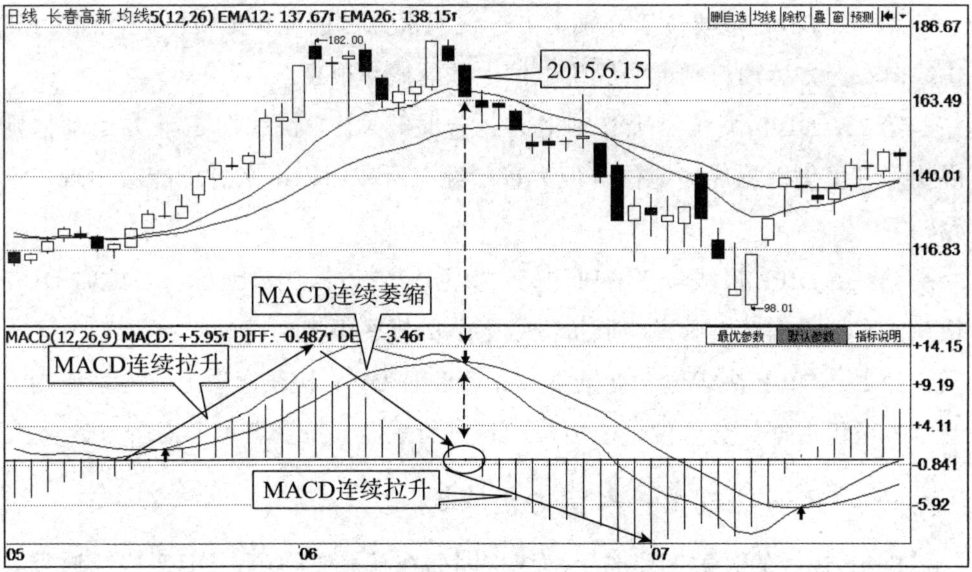

图 2-7 长春高新（000661）MACD 指标走势图

该股股价上涨到顶部区域后，DIFF 快线出现拐头向下走势，MACD 柱线也出现逐步萎缩态势。但此时 MACD 柱线仍位于 0 轴上方，说明多方力量虽有不足，但仍占据相对优势地位。

2015 年 6 月 15 日，长春高新的股价大幅下跌，此时 DIFF 快线自上而下穿越 DEA 慢线，MACD 柱线也从 0 轴上方转到 0 轴下方，这说明多方与空方的力量发生了逆转。随后 MACD 柱线不断伸长，说明空方力量不断加强，投资者宜空仓等待。

第二节 DIFF 快线的形态及交易指示含义

DIFF 快线因其所处的位置和倾斜方向不同，发出的交易指示含义也有所区别。通常情况下，DIFF 快线发出的交易信号包括如下几个方面。

第一，DIFF快线位于0轴上方，说明多方占据优势地位。若此时DIFF快线向右上方运动，则说明股价继续上涨的概率很高。

第二，DIFF快线位于0轴上方，若此时DIFF快线向右下方运动，则说明多方虽仍占据优势地位，但力量已经有所减弱，未来有可能会出现多空轮转。

第三，DIFF快线位于0轴下方，说明空方占据优势地位。若此时DIFF快线向右下方运动，则说明股价继续下跌的概率很高。

第四，DIFF快线位于0轴下方，若此时DIFF快线向右上方运动，则说明空方虽仍占据优势地位，但力量已经有所减弱，投资者可考虑少量建仓。

一、DIFF线拐头：多空力量消长

DIFF快线的灵敏度要弱于均线，因而在某一时间内，DIFF快线通常会沿着某一趋势运行，如向上运行或向下运行。当DIFF快线的运行趋势发生改变时，说明多空力量发生了一定的变化。当然，此时的变化还不是决定性的，因而未来股价走势还具有很大的不确定性。

DIFF拐头的方式主要分为自上向下拐头和自下向上拐头。

1. 自上向下拐头

DIFF快线由向右上方倾斜转为向右下方倾斜，即出现自上而下的拐头走势时，说明多方力量有所不足，空方力量开始增长。

若拐头出现时，DIFF快线仍位于0轴上方，说明此时多头仍占据主导地位，投资者可部分出货；若拐头出现时，DIFF快线位于0轴下方，则说明此时空头占据主导地位，投资者应清仓。

如图2-8所示，襄阳轴承的股价在2015年上半年出现了一波快速上涨行情，与此同时，MACD指标中的DIFF快线也随之不断向右上方倾斜。2015年6月中旬，DIFF快线开始走平，并逐渐出现向下拐头的态势。

6月17日，随着股价的下跌，DIFF快线正式由向上倾斜转为向下倾斜。这说明此时多头力量开始衰减，空头力量开始增强。不过由于此时DIFF快线仍位于0轴上方，因而多方仍旧占据主导地位，投资者可以选择部分出货

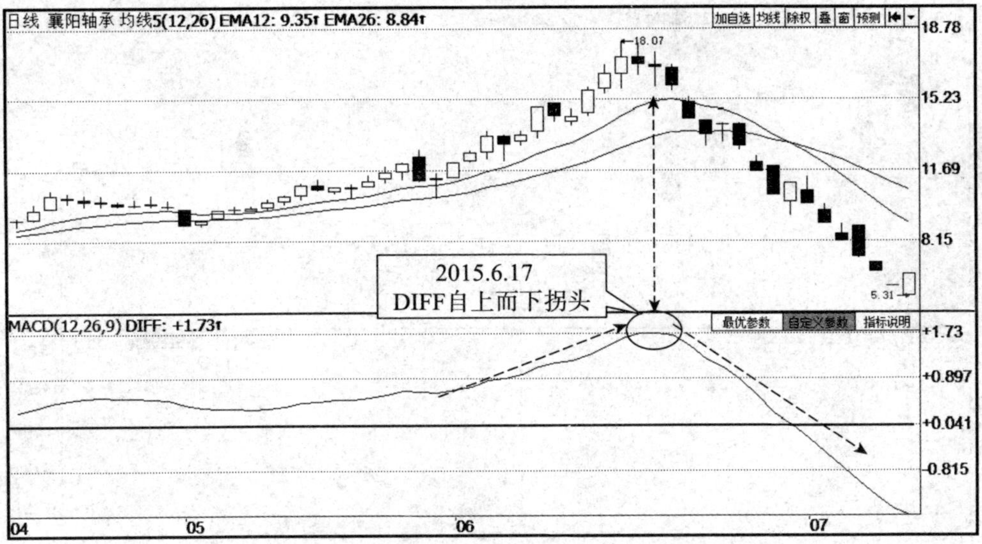

图 2-8 襄阳轴承（000678）DIFF 走势图

的方式防范风险。

有些时候，DIFF 快线的拐头不是瞬间完成的，而是一个由向右上方倾斜放缓、走平再向下的过程。这个过程出现时，往往表明股价处于筑顶过程中。

2. 自下向上拐头

DIFF 快线由向右下方倾斜转为向右上方倾斜，即出现自下而上的拐头走势时，说明空方力量有所不足，多方力量开始增长。

若拐头出现时，DIFF 快线仍位于 0 轴下方，说明此时空头仍占据主导地位，投资者可少量建仓；若拐头出现时，DIFF 快线位于 0 轴上方，则说明此时多头占据主导地位，投资者应考虑提升仓位。

如图 2-9 所示，中航动力的股价在 2015 年 6 月随着大盘走势的恶化出现了暴跌行情，股价不断创出新低，DIFF 快线也随之不断走低。

2015 年 7 月 9 日，随着大盘回暖，中航动力的股价以涨跌报收，随后又连续拉出涨停板。此时 DIFF 快线也出现拐头向上的运动态势，这说明短期内股价将继续走高。不过此时 DIFF 快线仍位于 0 轴下方，说明空方仍占据优势地位，投资者不可高仓位参与交易。

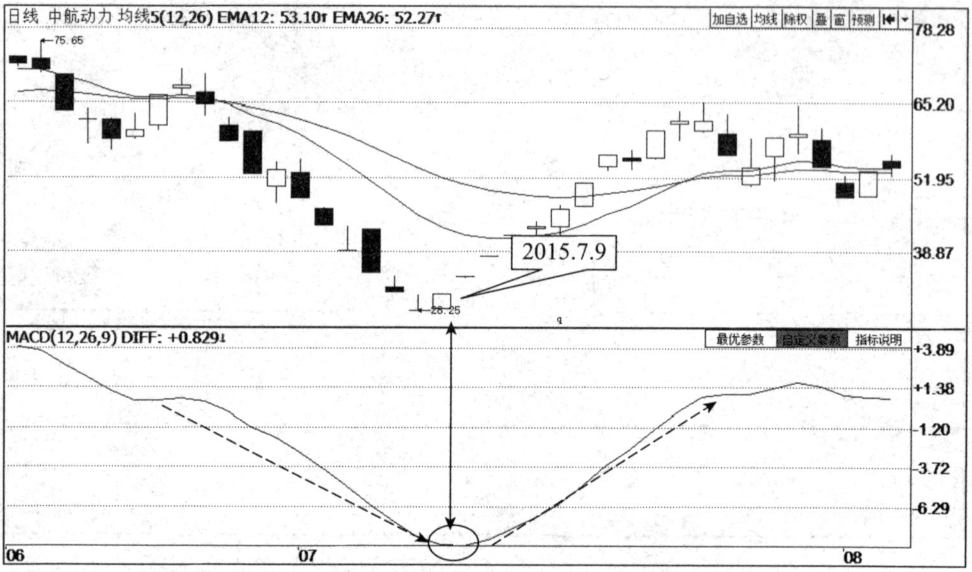

图 2-9 中航动力（600893）DIFF 快线走势图

二、DIFF 穿越 0 轴：多空转换

0 轴是一条多空力量强弱的分界线。DIFF 快线每次穿越 0 轴，都意味着多空力量的转变。DIFF 穿越 0 轴的方式，主要分为自下而上穿越和自上而下穿越两种。

1. 自上而下穿越 0 轴

DIFF 快线自上而下穿越 0 轴，说明多空力量发生了逆转，市场由多头主导变成了空头主导。如果 DIFF 快线长期在 0 轴上方运行，一旦在某一时刻跌破 0 轴，则看跌的交易指示作用更强，投资者可考虑清空仓位。

如图 2-10 所示，随着高铁概念被热炒，中国中铁的股价在 2015 年上半年出现了一波快速上涨行情。进入 2015 年 6 月，中国中铁的股价出现了高位滞涨状态，这说明股价存在一定的下跌风险。此时 DIFF 快线已经出现拐头向下的态势，只是 DIFF 快线仍位于 0 轴上方，投资者可选择部分出货。

2015 年 6 月 16 日，中国中铁的股价大幅下跌，此时 DIFF 快线自上而下穿越 0 轴，说明整个市场已经由多头主导转为空头主导，投资者宜清空股票。

图 2-10 中国中铁（601390）DIFF 快线走势图

从图 2-10 的案例可以看出，DIFF 快线自上而下穿越 0 轴时，股价已经下跌了一定的空间。该点位相对于高点来说，已经有了一定的下跌幅度，不过相对于该波段启动上涨时的价格，还是有很大获利空间的。因而利用这种方法选择卖点，比较适合中线波段操作，不适合短线操作。

2. 自下而上穿越 0 轴

DIFF 快线自下而上穿越 0 轴，说明多空力量发生了逆转，市场由空头主导变成了多头主导。如果 DIFF 快线长期在 0 轴下方运行，一旦在某一时刻向上突破 0 轴，则看涨的交易指示作用更强，投资者可考虑加大仓位。

如图 2-11 所示，中弘股份的股价在 2014 年底出现了震荡整理走势，股价一直在低位徘徊，DIFF 快线也同样在 0 轴下方徘徊运行。

2015 年 1 月中旬，中弘股份的股价开始逐步走高，DIFF 快线也随之不断攀升，激进的投资者可在 DIFF 快线拐头向上时少量建仓该股。

2015 年 2 月 26 日，该股股价仍旧缓慢上涨时，DIFF 快线却一举突破 0 轴，这说明多空力量发生了逆转，多头开始占据优势地位，投资者可考虑加

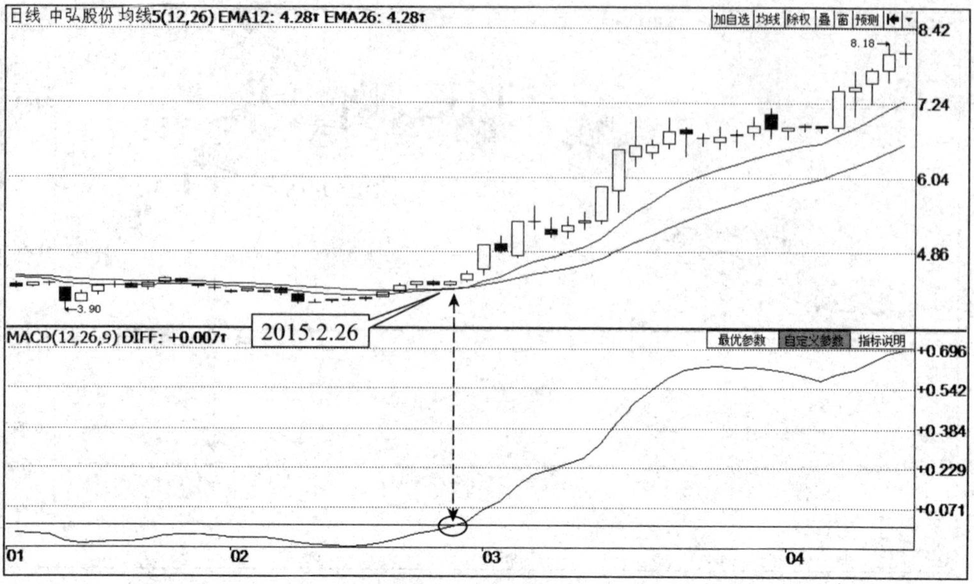

图 2-11 中弘股份（000979）DIFF 快线走势图

仓买入该股。其后，该股股价出现了快速上涨行情。

与自上而下跌破 0 轴相似，DIFF 快线向上突破 0 轴时，股价往往已经上涨了一定的空间，此时买入往往也是比较安全的选择。激进的投资者确实可在 DIFF 快线自下而上拐头时少量建仓，不过由于此时 DIFF 快线仍位于 0 轴下方，空头仍占据优势地位，股价随时有可能重归下降通道，因此投资者一定要做好风险防范工作。

三、DIFF 倾斜向上与向下：趋势识别

DIFF 快线的运动与趋势运动原理是完全相符的。为了更准确地识别 DIFF 快线运行的趋势，投资者可借助趋势线这一经典画线工具。

趋势线是以道氏理论为基础演化而来的，是由投资者根据当前股价运行状态画出的一条能够对未来股价运行趋势作出预判的直线。

1. 上升趋势识别及其交易含义

在 DIFF 快线运动当中，如果其包含的波峰和波谷都相应地高于前一个波峰和波谷，就称为上升趋势。连接两个连续波谷的直线，就称为上升趋势线。

这条趋势线可能会发出如下几种交易指示信息。

第一，DIFF 快线自上而下跌至趋势线位置时，可能会受到趋势线的支撑再度上升。

第二，当 DIFF 快线有效跌破上升趋势线时，意味着 DIFF 快线运行趋势改变，同时也说明股价运行趋势会出现改变。

第三，DIFF 快线有效跌破上升趋势线后，该趋势线对 DIFF 快线的支撑作用将转变为阻力作用。当 DIFF 快线再度上升至上升趋势线附近时，将会受到趋势线的阻力作用。

如图 2-12 所示，海通证券自 2015 年 3 月中旬开始启动了一波上涨行情。在股价震荡上涨过程中，DIFF 快线也走出了一浪高于一浪的行情。

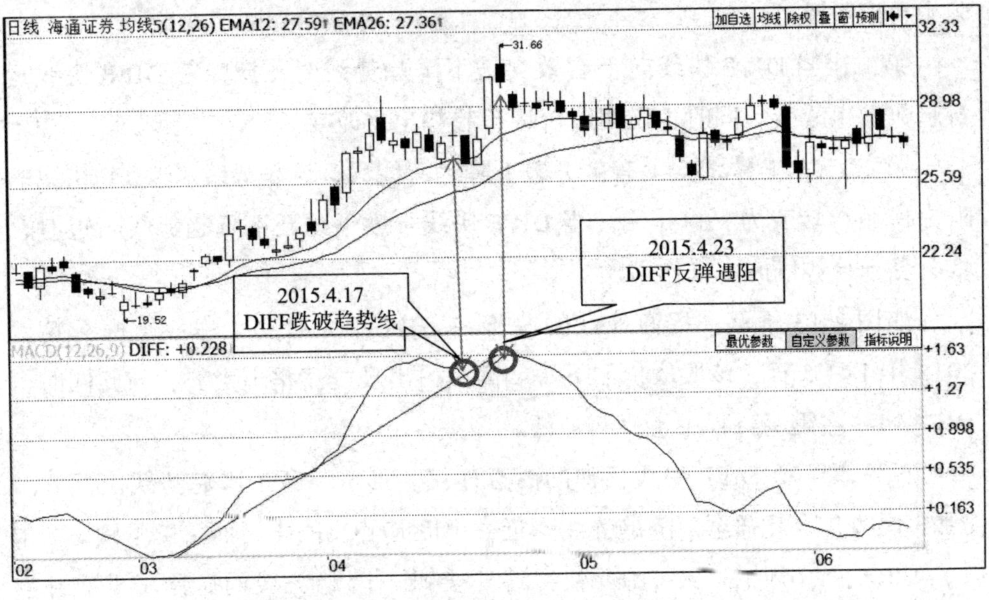

图 2-12 海通证券（600837）DIFF 快线走势图

投资者此时按照趋势线的画法，找出 DIFF 快线两次回调的低点，可以绘制一条 DIFF 快线的上升趋势线。此后，DIFF 快线一直在上升趋势线上方运行，这说明股价涨势良好，投资者可以放心持股。

2015 年 4 月 17 日，海通证券的股价跳空高开平走，此时 DIFF 快线却向下跌破了上升趋势线。这说明 DIFF 快线运行趋势可能发生变化，上升趋势线对 DIFF 快线的支撑作用将转化为阻力作用，投资者可考虑卖出部分股票。

2015 年 4 月 23 日，海通证券的股价创出近期新高，此时 DIFF 快线恰好反弹至上升趋势线的阻力位。基于上升趋势线的阻力作用，投资者可再次卖出部分股票。此后，该股股价一路下行。

2. 下降趋势识别及其交易含义

在 DIFF 快线运动当中，如果其包含的波峰和波谷都相应地低于前一个波峰和波谷，就称为下降趋势。连接两个连续波峰的直线，就称为下降趋势线。

这条趋势线可能会发出如下几种交易指示信息。

第一，DIFF 快线自下而上上涨至趋势线位置时，可能会受到趋势线的阻力再度下跌。

第二，当 DIFF 快线向上有效突破下降趋势线时，意味着 DIFF 快线运行趋势发生改变，同时也说明股价运行趋势出现改变。

第三，DIFF 快线向上有效突破下降趋势线后，该趋势线对 DIFF 快线的阻力作用将转变为支撑作用。当 DIFF 快线再度下跌至下降趋势线附近时，将会受到趋势线的支撑作用。

如图 2-13 所示，招商地产的股价在 2014 年底启动了一波上涨行情。2015 年 1 月 5 日，该股股价创下短期高点后出现震荡整理走势，与此同时，DIFF 快线在震荡过程中也逐渐走低。

投资者可将 DIFF 快线反弹的高点连接，形成一条下降趋势线。此后，DIFF 快线几次反弹至下降趋势线附近，都因趋势线的压力而再度下跌。

2015 年 3 月 12 日，DIFF 快线终于突破下降趋势线的压制，重新开启了上升走势。这说明股价将启动一波上涨行情，投资者宜考虑跟进买入股票。

四、DIFF 双底与双顶：买入与卖出

DIFF 快线在运行过程中会呈现各种各样的形态，其中有一些形态对 DIFF 快线和股价的后期走势有一定的预测作用，其中最为典型的要数双底和双顶形态。

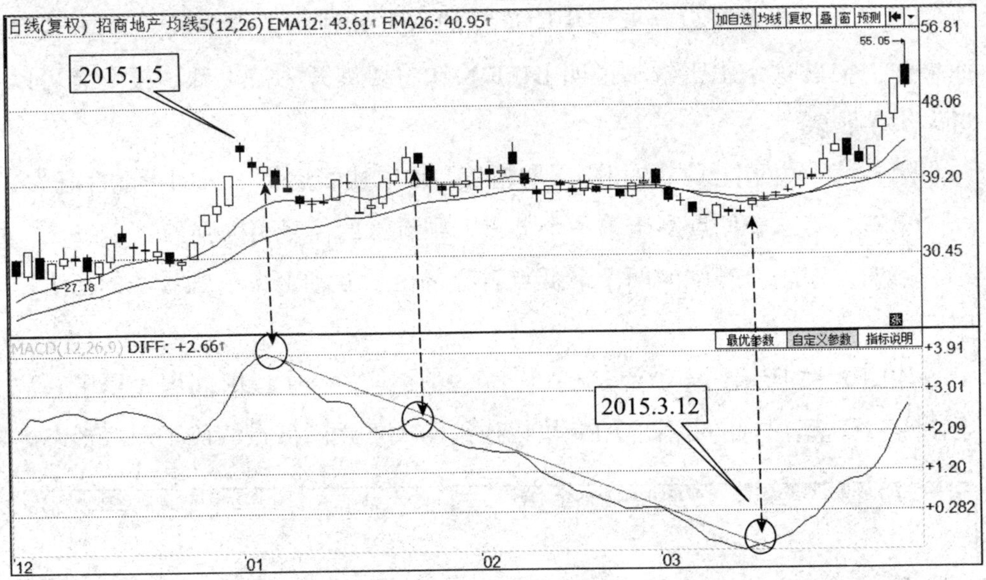

图 2-13 招商地产（000024）DIFF 走势图

1．DIFF 双底形态及交易含义

DIFF 双底形态是指 DIFF 快线在底部区域运行过程中连续两次下跌又被连续拉起所形成的类似于“W”形态。双底形态一旦形成，往往预示后市 DIFF 快线将会脱离底部区域，重新开始上涨，如图 2-14 所示。

双底形态具体交易含义如下。

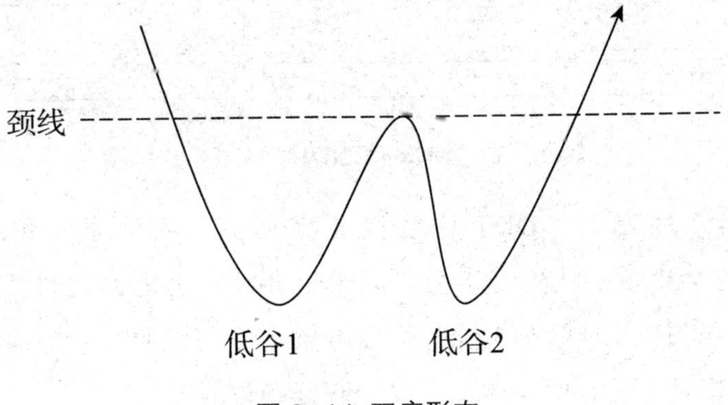

图 2-14 双底形态

第一，投资者可以在双底中间反弹的高点处画一条水平线。DIFF 快线如果向上突破这条水平线，说明 DIFF 快线将要展开一波上涨，投资者可以考虑买入股票。

第二，双底两个低点的相隔周期越长，DIFF 快线后市上涨的可能性越大。

第三，第二个低点高于第一个低点，则看涨的信号更为强烈。

第四，双底形态中的两个最低点若全部位于 0 轴上方，则看涨的指示作用更强。

如图 2-15 所示，宁波海运的股价在 2015 年初的一段时间内走出了一波震荡盘整行情，与此同时，DIFF 快线连续两次下跌的低点构成了双底形态。

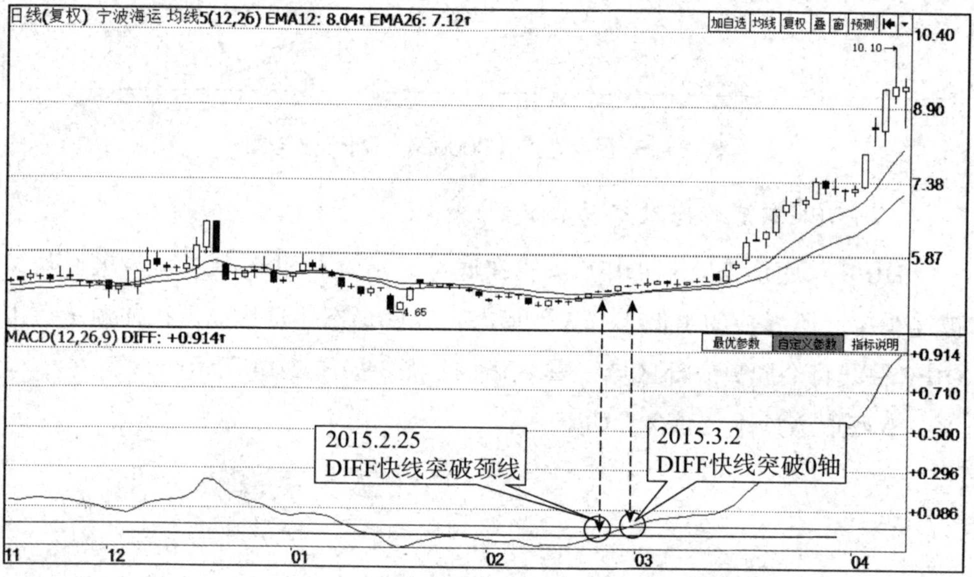

图 2-15 宁波海运（600798）DIFF 走势图

2015 年 2 月 25 日，DIFF 快线快速突破了双底形态的颈线位，说明 DIFF 快线将会出现一波上升走势，股价也会随之上涨，此时就是第一个较佳的买点。不过此时 DIFF 快线仍位于 0 轴下方，说明其随时有重新下跌的可能，因而投资者买入股票时，需要控制好仓位。

2015 年 3 月 2 日，DIFF 快线向上突破 0 轴，说明多空力量发生逆转，此时是该股第二个较佳的买点。

2. DIFF 双顶形态以及交易含义

DIFF 双顶形态是指 DIFF 快线在顶部区域运行过程中连续两次上涨又被连续打压所形成的类似于"M"形态。双顶形态一旦形成，往往预示后市 DIFF 快线将会脱离顶部区域，重新开始下跌，如图 2-16 所示。

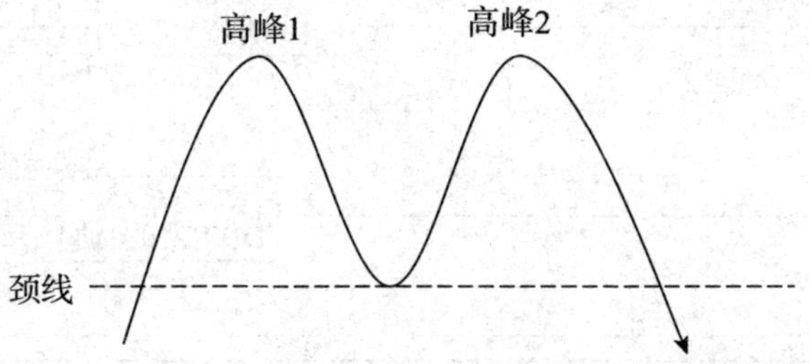

图 2-16 双顶形态

双顶形态具体交易含义如下。

第一，投资者可以在双顶中间回调的低点处画一条水平线。DIFF 快线如果向下跌破这条水平线，说明 DIFF 快线将要展开一波下跌，投资者可以考虑卖出股票。

第二，双顶两个高点的相隔周期越长，DIFF 快线后市下跌的可能性越大。

第三，第二个高点低于第一个高点，则看跌的信号更为强烈。

第四，双顶形态中的两个最高点若全部位于 0 轴下方，则看跌的指示作用更强。

如图 2-17 所示，光线传媒的股价在 2015 年上半年走出了一波快速上涨行情。在股价上升的同时，DIFF 快线也随之不断创出新高。

进入 6 月份后，DIFF 快线在顶部区域出现震荡，并形成了双顶形态。之后一个高点低于第一个高点，这预示着 DIFF 快线可能会随时下降，股价也将同步下跌。2015 年 6 月 17 日，DIFF 快线向下跌破了双顶颈线位，这是第一个较佳的卖点。因为此时 DIFF 快线仍位于 0 轴上方，因而投资者可继续持有部分股票。

图 2-17 光线传媒（300251）DIFF 快线走势图

6 月 25 日，DIFF 快线跌破 0 轴，这说明多空力量发生了逆转，投资者宜清空仓位。

五、DIFF 头肩底与头肩顶

头肩底与头肩顶，也是 DIFF 快线运行过程中经常出现的典型形态。相比双底和双顶，头肩底和头肩顶的趋势反转作用更为强烈。

1. DIFF 头肩底形态及交易含义

DIFF 头肩底形态是指 DIFF 快线在底部区域运行过程中连续三次下跌又被连续拉起形成的一种特殊的三重底形态。头肩底形态一旦形成，往往预示后市 DIFF 快线将会脱离底部区域，重新开始上涨，如图 2-18 所示。

头肩底形态具体交易含义如下。

第一，投资者可以在头肩底中间反弹的两个高点处画一条直线。DIFF 快线如果向上突破这条直线，说明 DIFF 快线将要展开一波上涨，投资者可以考虑买入股票。

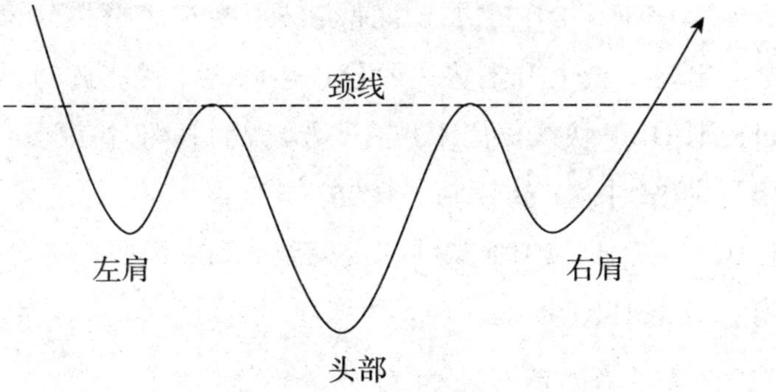

图 2-18　头肩底

第二，头肩底形态中的右肩高于左肩，则看涨的信号更为强烈。

第三，头肩底形态中的三个最低点若全部位于 0 轴上方，则看涨的指示作用更强。

如图 2-19 所示，中国核电的股价在 2015 年 7 月随着大盘的暴跌出现了一波下跌走势，与此同时，DIFF 快线连续三次下跌的低点构成了头肩底形态。

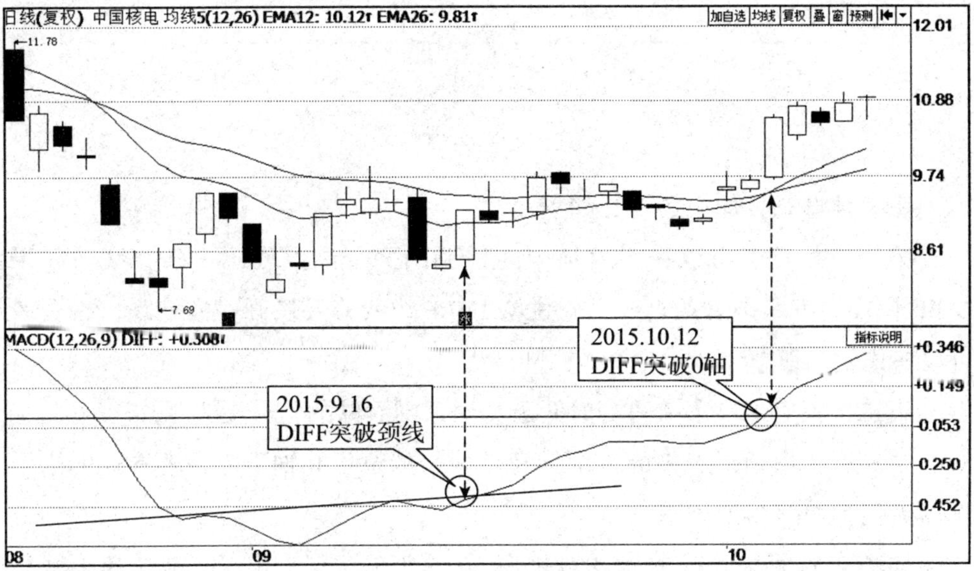

图 2-19　中国核电（601985）DIFF 快线走势图

2015 年 9 月 16 日，DIFF 快线快速突破了头肩底形态的颈线位，说明 DIFF 快线将会出现一波上升走势，股价也会随之上涨，此时是第一个较佳的买点。不过此时 DIFF 快线仍位于 0 轴下方，说明其随时有重新下跌的可能，因而投资者买入股票时，需要控制好仓位。

2015 年 10 月 12 日，DIFF 快线向上突破 0 轴，说明多空力量发生逆转，此时是该股第二个较佳的买点。

2. DIFF 头肩顶形态及交易含义

DIFF 头肩顶形态，是指 DIFF 快线在顶部区域运行过程中连续三次上涨又被连续打压形成的一种特殊的三重顶形态。头肩顶形态一旦形成，往往预示后市 DIFF 快线将会脱离顶部区域，重新开始下跌，如图 2-20 所示。

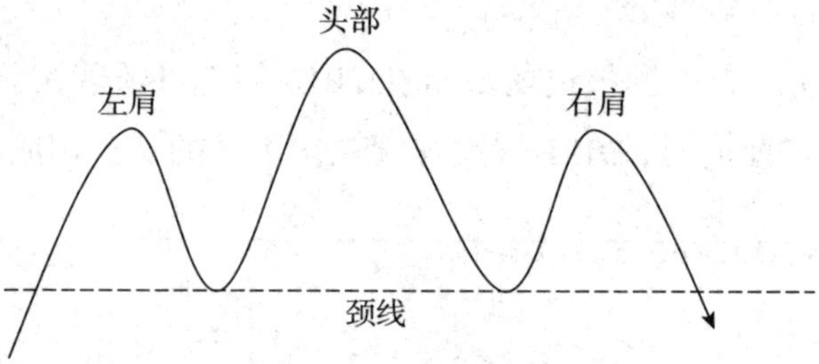

图 2-20 头肩顶

头肩顶形态具体交易含义如下。

第一，投资者可以在头肩顶中间回调的两个高点处画一条直线。如果 DIFF 快线向下跌破这条直线，就说明 DIFF 快线将要展开一波下跌，投资者可以考虑卖出股票。

第二，头肩顶形态中的右肩低于左肩，则看跌的信号更为强烈。

第三，头肩顶形态中的三个最高点若全部位于 0 轴下方，则看跌的指示作用更强，如图 2-21 所示。

如图 2-21 所示，广誉远的股价在 2015 年上半年走出了一波快速上涨行情。在股价上升的同时，DIFF 快线也随之不断创出新高。

进入 6 月份后，DIFF 快线在顶部区域出现震荡，并形成了头肩顶形态，

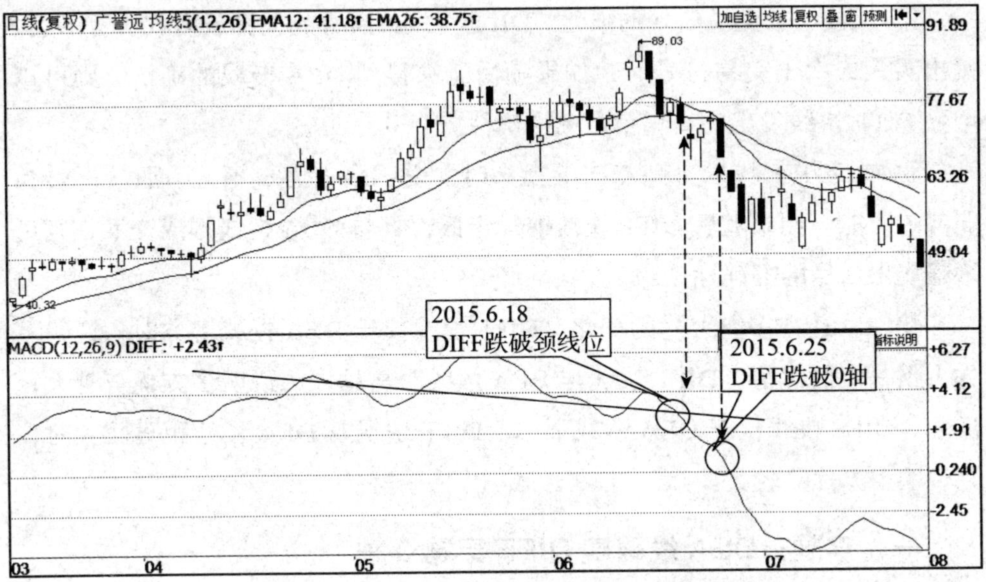

图 2-21　广誉远（600771）DIFF 快线走势图

且右肩低于左肩，这预示着 DIFF 快线可能会随之下降，股价也将同步下跌。2015 年 6 月 18 日，DIFF 快线向下跌破了头肩顶颈线位，这是第一个较佳的卖点。因为此时 DIFF 快线仍位于 0 轴上方，因而投资者可继续持有部分股票。

6 月 25 日，DIFF 快线跌破 0 轴，说明多空力量发生了逆转，投资者宜清空仓位。

第二节　DEA 慢线的形态及交易指示含义

DEA 慢线，从本质上来说就是一条 DIFF 快线的均线，其发出的交易指示更多地是对 DIFF 快线指示信号的一种强化。也就是说，DEA 慢线无法独自发出交易信号，只有和 DIFF 快线组合才能显示出自己的价值。

DEA 慢线发挥的作用包括以下两个方面。

第一，DIFF 交易信号的强化。DIFF 快线出现穿越 0 轴或者拐头等形态，发出买入或卖出交易信号时，如果随后能够得到 DEA 慢线的确认，则可以增强 DIFF 快线发出的交易信号的准确性。

例如，DIFF 快线自高点向下拐头时，说明多头力量不足，股价有转为弱势的可能。如果随后 DIFF 快线继续走低，且与 DEA 慢线形成交叉，则可增强卖出信号的准确性。

第二，透视多空力量的变化。DIFF 快线位于 DEA 慢线上方时，说明多方占据一定的优势，DIFF 快线与 DEA 慢线距离越大，说明多方优势越大；反之，DIFF 快线位于 DEA 慢线下方，DIFF 快线与 DEA 慢线距离较大时，则说明空方优势较大。

一、穿越：DEA 线跟随 DIFF 穿越 0 轴

DEA 慢线的移动速度明显滞后于 DIFF 快线，因而当 DIFF 快线穿越 0 轴后，DEA 慢线才会穿越。若 DEA 慢线穿越 0 轴时，DIFF 快线仍旧保持原来的运行速度和方向，则 DEA 慢线的穿越就是对 DIFF 快线发出的交易信号的增强。

DEA 慢线穿越 0 轴时，DIFF 快线却改变了原来的运动方向，并再度穿越 0 轴，则说明 DIFF 快线未来运动趋势不明，投资者宜观望。

1. 自上而下穿越 0 轴

DIFF 快线自上而下穿越 0 轴，说明多空力量发生了逆转，市场由多头主导变成了空头主导。随后如果 DEA 慢线也向下穿越 0 轴，且 DIFF 快线继续向右下方倾斜，则可强化卖出信号的可靠性，投资者宜考虑清空仓位。

如图 2-22 所示， 2015 年 6 月中旬后，耀皮玻璃的股价随着大盘指数的暴跌出现了一波快速下跌行情。MACD 指标也随之不断走低，DIFF 快线自高位向下运行，并于 2015 年 6 月 26 日率先跌破 0 轴，这说明市场已经完全处于空头主导状态。

此后的 7 月 1 日，DEA 慢线也跌破了 0 轴。这更加说明市场的弱势，投资者宜清空手中的股票。

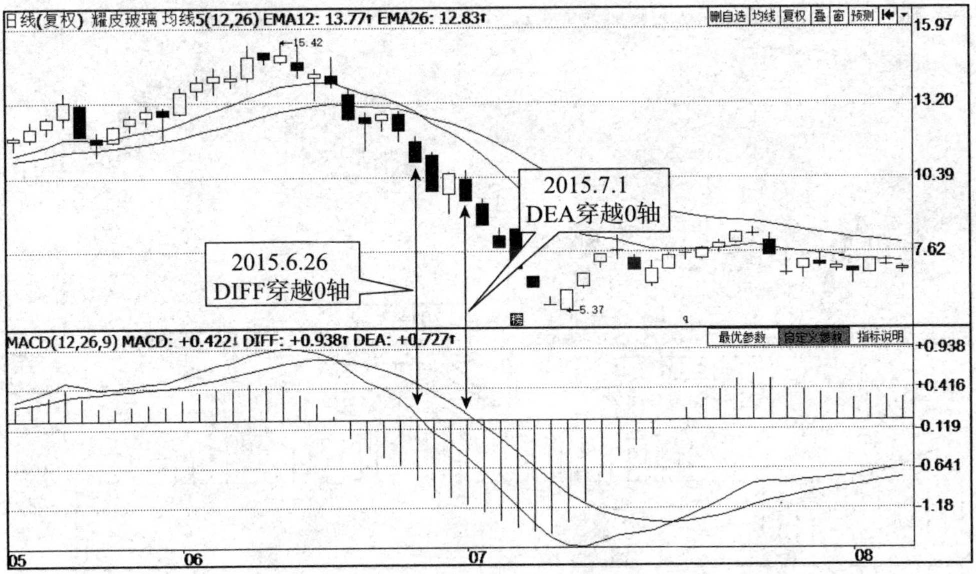

图 2-22 耀皮玻璃（600819）MACD 走势图

通过图 2-22，投资者可以观察到，当 DEA 慢线跌破 0 轴时，股价下跌幅度已经比较大了。因此在很多情况下，DEA 慢线穿越 0 轴只能作为最后一次清仓的参考指标。投资者在 DIFF 指标拐头向下，与 DEA 形成死叉以及穿越 0 轴时，应该做出相应的减仓操作。

2. 自下而上穿越 0 轴

DIFF 快线自下而上穿越 0 轴，说明多空力量发生了逆转，市场由空头主导变成了多头主导。随后如果 DEA 慢线也向上穿越 0 轴，且 DIFF 快线继续向右上方倾斜，则可强化买入信号的可靠性，投资者可以考虑加大仓位。

如图 2-23 所示， 2015 年 2 月中旬后，盘江股份的股价随着大盘指数的回暖出现了一波快速震荡上涨行情。MACD 指标也随之不断走高，DIFF 快线自低位向上运行，并于 2015 年 3 月 6 日率先向上突破了 0 轴，这说明市场已经完全处于多头主导状态。

此后的 3 月 12 日，DEA 慢线也向上突破了 0 轴。这更加说明市场的强势，投资者宜加仓买入该股。

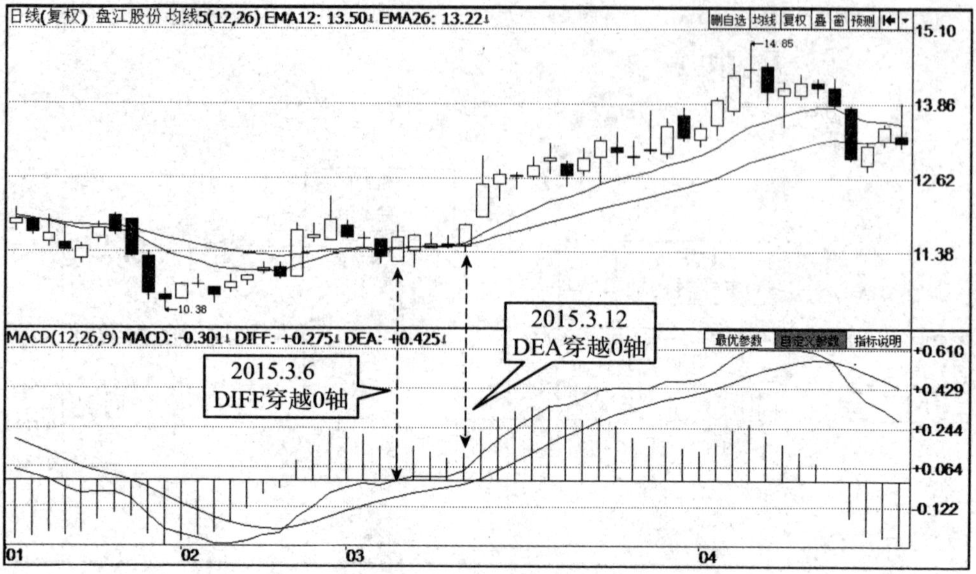

图 2-23 盘江股份（600395）MACD 走势图

通过图 2-23，投资者可以观察到，DIFF 向上突破 0 轴后，如果 DIFF 快线并没有加快向上运行的迹象，则一定要等到 DEA 慢线向上突破 0 轴后再买入股票，以避免可能遇到的风险。

二、交叉：DIFF 快线与 DEA 慢线交叉

当 DIFF 快线不再按照原来的方向运行，并出现拐头迹象时，交叉就是对其新的运行路线的最好确认。

例如，DIFF 快线向右上方倾斜运行一段时间后，出现拐头向下走势，这说明多方力量有所不足。此时很多投资者都会犹豫多方会不会卷土重来，DIFF 能不能重新向上运行。

若 DIFF 继续向下且与 DEA 慢线交叉，则表示对当前运动态势的确认，这也说明未来 DIFF 将持续向下运行，股价将走出一波下跌走势。

DIFF 快线与 DEA 慢线交叉的方式主要包括两种，其一是自上而下的交叉，其二为自下而上的交叉。

1. 自上而下交叉

在股价上涨过程中，DIFF 快线和 DEA 慢线也会随之不断地向右上方倾斜，这是一种比较好的配合状态。

股价上涨到顶部位置时，DIFF 快线会先一步出现拐头向下迹象，此时 DEA 慢线往往还会继续向右上方缓慢移动，这时投资者可选择少量出货，以确保资金安全。

其后，DIFF 快线若继续向下移动，与 DEA 慢线交叉，说明股价下跌以及 DIFF 向下运行的态势得到了确认，投资者宜卖出全部或大部分股票。

如图 2-24 所示， 2015 年上半年，华丽家族的股价在大盘上涨时停牌，进入 5 月份复牌后，连续以涨停报收，DIFF 快线也随之上扬。

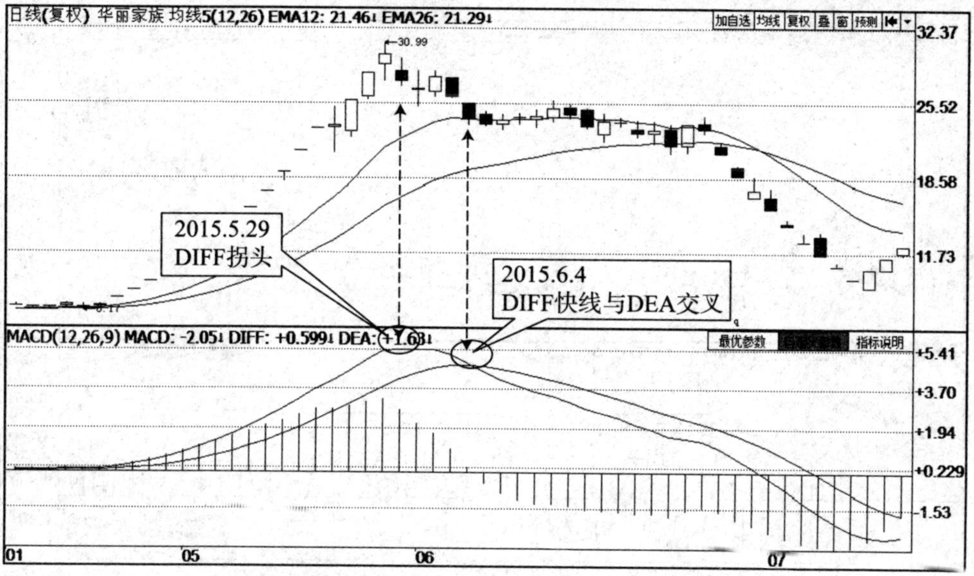

图 2-24 华丽家族（600503）MACD 走势图

2015 年 5 月 29 日，连续上攻多日的华丽家族终于露出疲态，以下跌 8.29% 报收。同日 DIFF 快线也出现拐头向下的走势，但 DEA 慢线仍旧向上缓慢运行，投资者可于当日卖出部分股票。

2015 年 6 月 4 日，该股的 DIFF 快线向下与 DEA 慢线交叉。这说明该股将转为跌势，投资者最好能够清空手中股票。

2. 自下而上交叉

在股价下跌过程中，DIFF 快线和 DEA 慢线也会随之不断地向右下方倾斜，这是一种比较正常的状态。

股价下跌到底部位置时，DIFF 快线会先一步出现拐头向上迹象，此时 DEA 慢线往往还会继续向右下方缓慢移动，这时投资者可以选择少量建仓。

其后，DIFF 快线若继续向上移动，与 DEA 慢线交叉，说明股价上涨以及 DIFF 向上运行的态势得到了确认，投资者可以考虑买入股票。

如图 2-25 所示，上海能源的股价在 2015 年初时出现了一波下跌走势，DIFF 快线与 DEA 慢线同步向右下方倾斜。

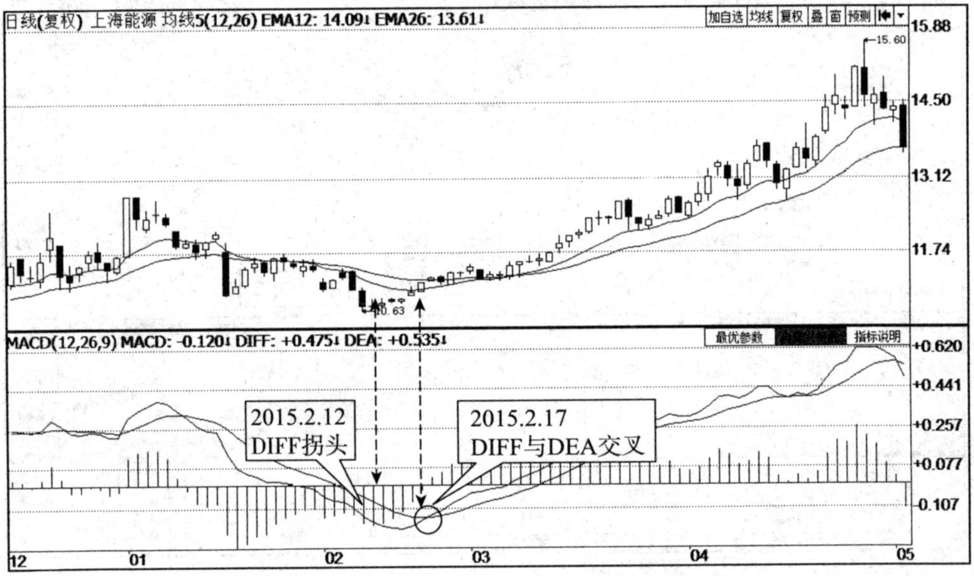

图 2–25 上海能源（600503）MACD 走势图

2015 年 2 月 12 日，上海能源的股价出现筑底迹象，同日 DIFF 快线也出现拐头向上的走势，但 DEA 慢线仍旧向下缓慢运行，投资者可于当日买入部分股票。

2015 年 2 月 17 日，该股的 DIFF 快线向上与 DEA 慢线交叉，这说明该股将转为涨势，投资者可以考虑买入该股。

三、聚散：DEA 慢线与 DIFF 快线黏合、发散

DIFF 快线位于 DEA 慢线上方时，说明多方占据优势；DIFF 快线位于 DEA 慢线下方时，说明空方占据优势。通过两条曲线之间的聚散关系，投资者往往能够看出多空力量的变化。

1. 黏合

DIFF 线与 DEA 黏合在一起时，说明多空双方处于相对均势状态。也就是说，股价若处于下跌过程中，那么还将持续下跌；若处于上涨态势中，还将继续上涨。

DIFF 快线与 DEA 慢线黏合状态一旦结束，就是 MACD 指标重新选择方向的时候，股价也会在这个时候出现加速上涨或加速下跌的情况。

如图 2-26 所示，黑牡丹的股价在 2014 年 6 月底到 7 月初期间连续几个交易日上攻，并在 7 月 2 日以涨停报收。此后该股出现回调走势，DIFF 快线逐渐向 DEA 慢线靠拢。之后该股股价开始了缓慢的震荡上涨之路，与此同时，DIFF 快线与 DEA 慢线黏合在一起，这说明多空双方暂时处于力量均衡状态。

2014 年 8 月 28 日，该股在前一交易日上涨的基础上再度高开高走。与此同时，DIFF 快线快速拐头向上，与 DEA 慢线之间的距离逐渐增加。这说明 DIFF 快线与 DEA 慢线之间的黏合状态结束，未来将出现一波上升走势。

2. 发散

DIFF 快线与 DEA 慢线之间距离增大，说明多空双方有一方占据了优势地位，且这种优势在不断地增强。

DIFF 快线与 DEA 慢线之间的关系如下。

第一，DIFF 快线位于 DEA 慢线上方，且与 DEA 慢线距离越拉越大时，说明多方的优势地位逐渐增强，股价上涨的速度将不断加快。

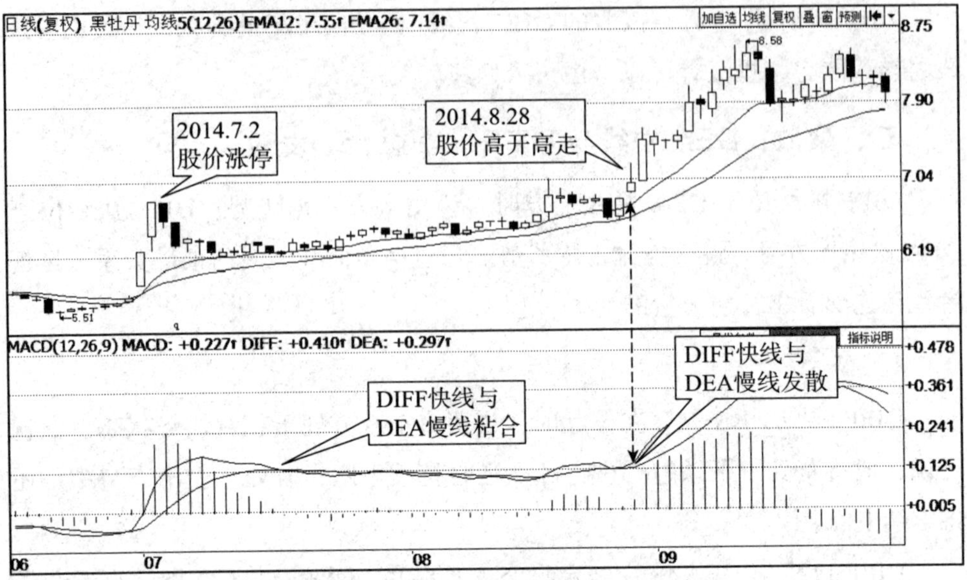

图 2-26 黑牡丹（600510）MACD 走势图

第二，DIFF 快线位于 DEA 慢线上方，且与 DEA 慢线距离越拉越小时，说明多方的优势地位逐渐减弱，股价上涨的速度将降低，甚至出现下跌（筑顶阶段）。

第三，DIFF 快线位于 DEA 慢线下方，且与 DEA 慢线距离越拉越大时，说明空方的优势地位逐渐增强，股价下跌的速度将不断加快。

第四，DIFF 快线位于 DEA 慢线下方，且与 DEA 慢线距离越拉越小时，说明空方的优势地位逐渐减弱，股价下跌的速度将降低，甚至出现上涨（筑底阶段）。

如图 2-27 所示，海油工程的股价在 2014 年 12 月初启动了一波上涨行情。MACD 指标中的 DIFF 快线与 DEA 慢线同步向右上方倾斜，且 DIFF 快线的上升速度明显较快，与 DEA 慢线的距离越拉越大，这说明股价处于加速上涨期。

从 12 月 22 日开始，尽管海油工程的股价仍旧呈现震荡上涨态势，但 DIFF 快线与 DEA 慢线之间的距离不仅没有拉大，反而越来越小。这说明多方力量有所不济，投资者可以选择部分卖出股票的方式回避风险。

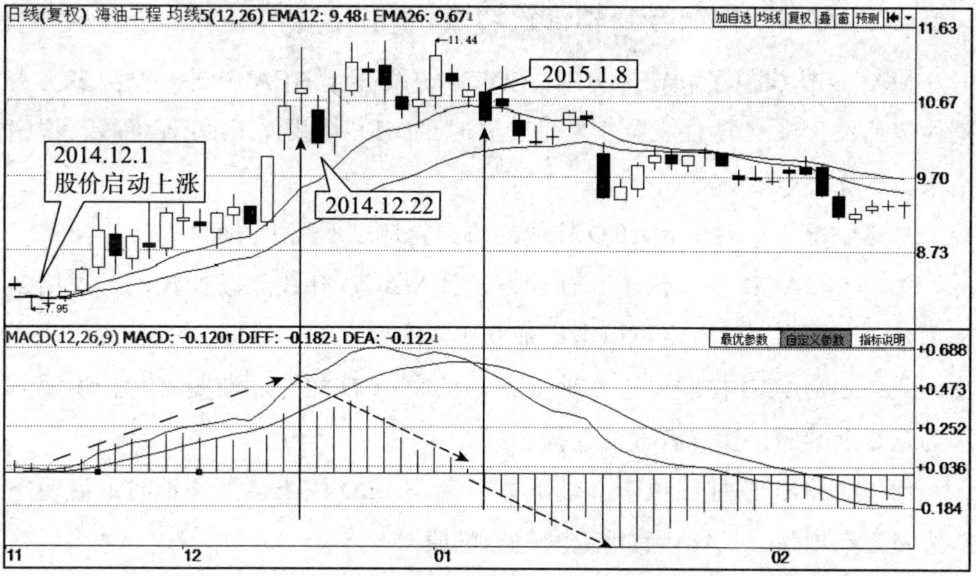

图 2-27 海油工程（600583）MACD 走势图

随后 DIFF 快线与 DEA 慢线之间的距离越来越近。到了 2015 年 1 月 8 日，DIFF 快线更是自上而下与 DEA 慢线形成交叉。这说明市场已经认可了股价下跌态势，多空双方力量发生了逆转。

其后，DIFF 快线一直处于 DEA 慢线下方，且距离越拉越大。这说明空方力量不断增强，股价下跌的速度也越来越快。

第四节　MACD 柱线的形态及交易指示含义

MACD 柱线是投资者观察多空力量强弱变化的一个重要参考依据。观察 MACD 柱线时，重点观察项目包括 MACD 柱线与 0 轴的位置关系，即 MACD 柱线是位于 0 轴上方还是 0 轴下方，MACD 柱线是在持续拉长还是萎缩等。

一、MACD 柱线与 0 轴位置切换

MACD 柱线位于 0 轴上方时， DIFF 快线高于 DEA 慢线，说明多头占据优势地位；MACD 柱线位于 0 轴下方时，DIFF 快线低于 DEA 慢线，说明空头占据优势地位。

通常情况下，对于 MACD 柱线的研判包括以下几个方面。

第一，MACD 柱线位于 0 轴上方，且 MACD 柱线逐渐拉长时，说明多头力量逐渐增强，投资者可以考虑加仓买入股票。

第二，MACD 柱线位于 0 轴上方，且 MACD 柱线逐渐萎缩时，说明多头力量逐渐减弱，投资者宜减仓操作。

第三，MACD 柱线位于 0 轴下方，且 MACD 柱线逐渐拉长时，说明空头力量逐渐增强，投资者宜清仓所持有的股票。

第四，MACD 柱线位于 0 轴下方，且 MACD 柱线逐渐萎缩时，说明空头力量逐渐减弱，投资者可以考虑择机建仓。

如图 2-28 所示，城市传媒的股价在 2015 年上半年随着大盘的上涨持续走高，MACD 柱线一直位于 0 轴上方，这说明多头一直占据优势地位。

从 4 月下旬开始，城市传媒的 MACD 柱线快速拉升，说明多头力量持续增强，投资者可加仓跟进。

2015 年 5 月 29 日，城市传媒的股价已经连续两个交易日下跌。此时 MACD 柱线开始萎缩，说明多头力量有所不足，投资者可于此时进行第一次减仓操作。

其后该股不断下跌，MACD 柱线也不断萎缩。到了 6 月 5 日，MACD 柱线已经转入 0 轴下方，这说明多空力量发生了逆转。从此以后，空头将占据绝对优势地位，投资者宜于此时清空股票。

2015 年 7 月 8 日，MACD 柱线开始萎缩。这说明空方力量有所减弱，投资者可试探性地少量建仓买入股票。

MACD 柱线伸缩变化越规律，其发出的交易信号也就越准确。MACD 柱线无论在 0 轴上方还是在 0 轴下方都很短时，说明 DIFF 快线与 DEA 慢线

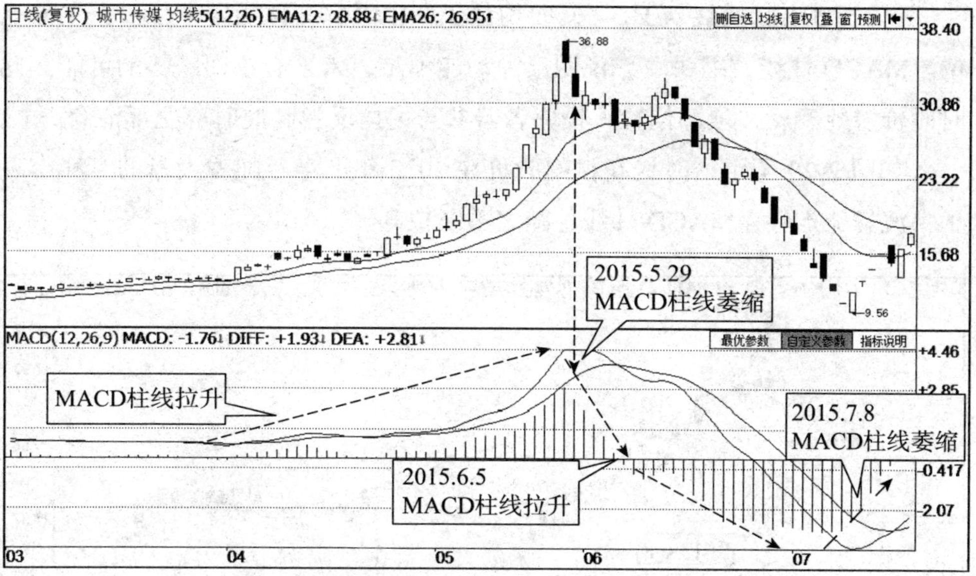

图 2-28 城市传媒（600229）MACD 指标走势图

呈黏合状态，多空双方处于力量均衡状态，此时 MACD 柱线发出的交易信号准确性降低。

二、MACD 柱线“缩头”与“抽脚”

MACD 柱线的变化趋势一旦形成，往往都会持续一段时间，因而 MACD 柱线变化的起点，就是投资者最需要关注的焦点。

1. MACD 柱线“缩头”

MACD 柱线“缩头”，是指 MACD 柱线位于 0 轴上方，且经过一段时间的连续变长后，开始出现变短的情况。MACD 柱线“缩头”，说明多方力量有所不足，涨势有可能终止。当然，投资者还要结合具体情况进行分析。

第一，DIFF 快线与 DEA 慢线均位于 0 轴上方，说明多方占据主导地位。MACD 柱线“缩头”说明上涨动能不足，未来有回落的可能。此时股价多处于筑顶或上涨中途的调整阶段，为安全起见，MACD 柱线“缩头”时，可卖出部分股票。

第二，DIFF 快线与 DEA 慢线均位于 0 轴下方，说明空方仍占据主导地位。MACD 柱线“缩头”，说明反弹动能不足，未来有重回跌势的可能。此时股价多处于反弹顶部位置，投资者若参与了抢反弹，此时应全部清仓。

如图 2-29 所示，时代新材的股价在 2015 年上半年随着大盘的上涨出现了一波暴涨走势，MACD 柱线也随之不断拉升。

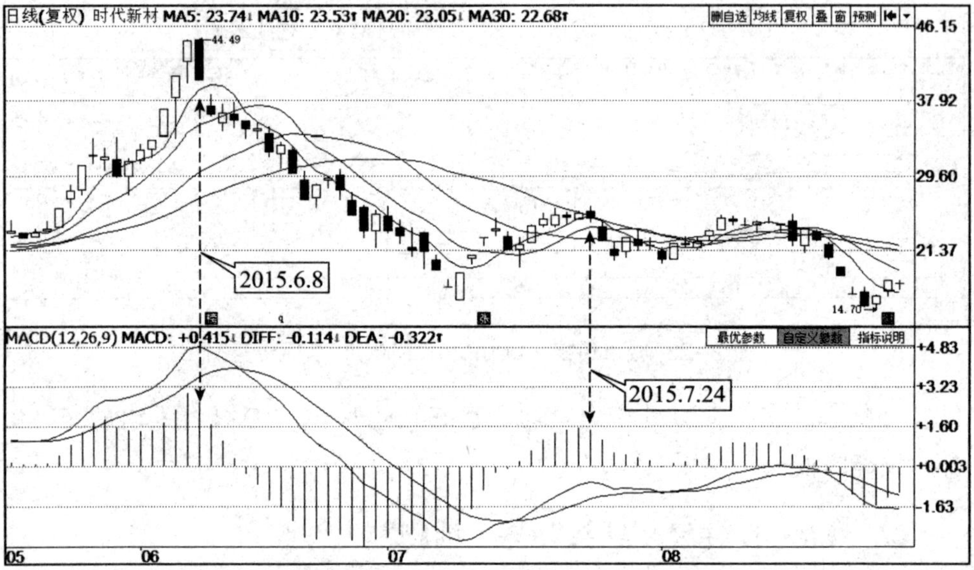

图 2-29 时代新材（600458）MACD 指标走势图

2015 年 6 月 8 日，时代新材在创出近期新高后以跌停报收。与此同时，MACD 柱线没有继续伸长，而是出现了“缩头”形态，这说明股价上涨遇到了巨大的阻力，多头力量有所不济。不过此时 DIFF 快线和 DEA 慢线仍处于 0 轴上方，说明多头仍占据主导地位，投资者可选择部分卖出。待 DIFF 快线与 DEA 慢线形成交叉时，再卖出部分股票即可。

其后，时代新材的股价经过一段时间的暴跌后出现反弹走势，此时 MACD 柱线再次呈现连续伸长的态势。

2015 年 7 月 24 日，该股的 MACD 柱线又一次出现“缩头”形态，且此时 DIFF 快线和 DEA 慢线仍位于 0 轴下方，这属于典型的反弹遇阻形态，投资者宜清空手中股票。

2. MACD 柱线“抽脚”

MACD 柱线“抽脚”，是指 MACD 柱线位于 0 轴下方，且经过一段时间的连续伸长后，开始出现变短的情况。MACD 柱线“抽脚”，说明空方力量有所不足，跌势有可能终止。当然，投资者还要结合具体情况进行分析。

第一，DIFF 快线与 DEA 慢线均位于 0 轴下方，说明空方占据主导地位。MACD 柱线“抽脚”说明下跌动能不足，未来有上涨的可能。此时股价多处于筑底或下跌中途的反弹阶段，为安全起见，MACD 柱线“抽脚”时，只能少量参与或不参与交易。

第二，DIFF 快线与 DEA 慢线均位于 0 轴上方，说明多方仍占据主导地位。MACD 柱线“抽脚”说明下跌动能不足，未来有重回涨势的可能。此时股价多处于回调底部位置，投资者若回调时卖出了部分股票，此时则应适当补仓。

如图 2-30 所示，长春高新的股价在 2015 年上半年随着大盘的上涨出现了一波快速上涨行情，期间该股上涨途中出现了一波回调走势。在回调过程

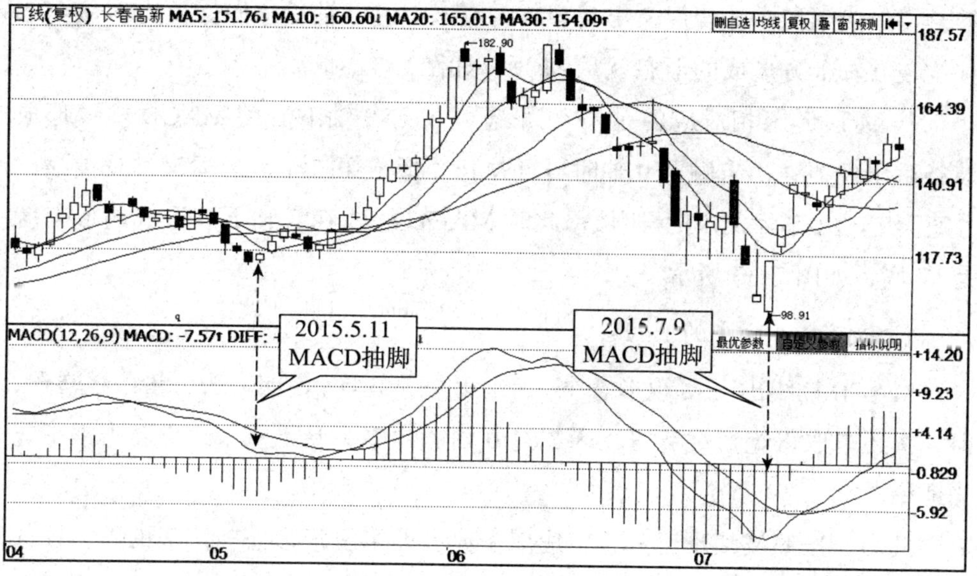

图 2-30 长春高新（000661）MACD 指标走势图

中，MACD 柱线出现了向下伸长态势。

2015 年 5 月 11 日，长春高新的股价出现重新上涨迹象，同时 MACD 柱线出现“抽脚”形态，且此时 DIFF 快线与 DEA 慢线全部位于 0 轴上方。这说明多方仍旧呈强势，投资者宜于此时加仓买入股票。

其后，该股在 6 月份随着大盘的下跌出现了一波暴跌走势，MACD 柱线出现了向下伸长态势。2015 年 7 月 9 日，该股出现反弹走势，MACD 柱线出现“抽脚”形态，且此时 DIFF 快线和 DEA 慢线全部位于 0 轴下方。这说明此时的反弹面临相当大的阻力，投资者可不参与或少量参与，待 DIFF 快线和 DEA 慢线回归 0 轴上方时再加仓买入。

三、MACD 柱线的 M 顶与 W 底

通常情况下，MACD 柱线在不能持续伸长时，就会出现萎缩态势，这就形成了一个波峰或波谷。当 MACD 柱线萎缩到极限时，就会朝着相反的方向再度伸长，在 0 轴的另一侧形成另一方波峰或波谷，如图 2-31 所示。

位于 0 轴上方的 MACD 柱线形成波峰后出现萎缩，未触及 0 轴时再度伸长，形成第二个波峰后又出现萎缩，直至越过 0 轴后才伸长，此时 MACD 柱线在 0 轴上方形成的形态就是 M 顶，如图 2-32 所示。

与 M 顶形态相对应的是 W 底形态。位于 0 轴下方的 MACD 柱线形成波谷后出现萎缩，未触及 0 轴时再度拉长，形成第二个波谷后又出现萎缩，并直至越过 0 轴后才向上伸长，此时 MACD 柱线在 0 轴下方形成的形态就是 W 底，如图 2-33 所示。

1. MACD 柱线的 M 顶

MACD 柱线出现 M 顶形态中，出现第一个波峰，说明多头力量由强转弱，但空头还未取得绝对优势时（未越过 0 轴），多头卷土重来，重新占据了优势地位。

此时，按照波浪理论分析，应属于典型的第五浪形态。多头的发力往往比较迅猛，快速上涨是这一阶段股价的经典表现方式，当然也存在第五浪失败的案例。

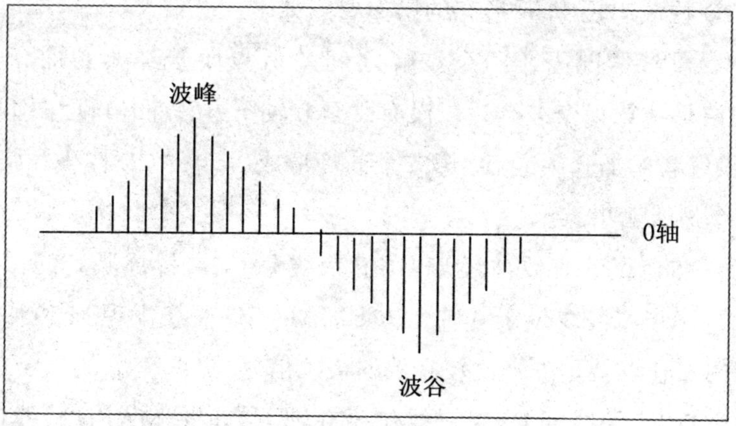

图2-31 MACD柱线的“波峰”与“波谷”

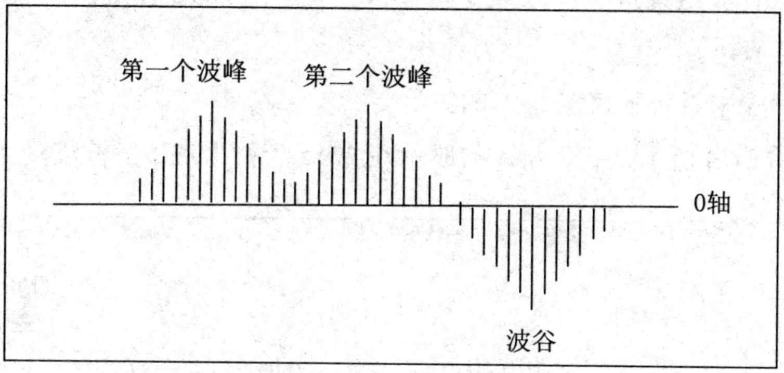

图 2-32 MACD 柱线 M 顶示意图

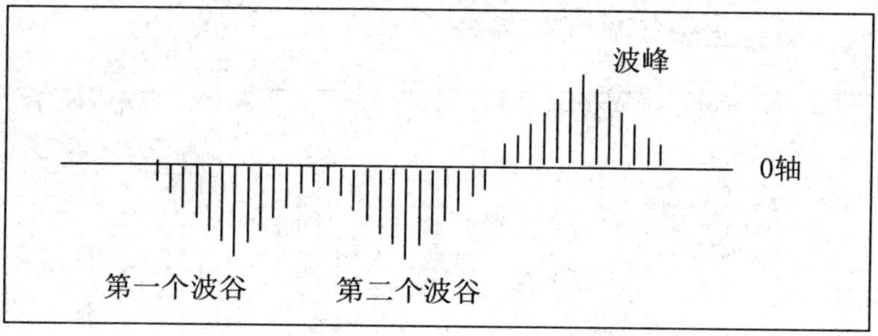

图 2-33 MACD 柱线 W 底示意图

MACD 柱线出现 M 顶形态的操作要点如下。

第一，通常情况下，两个波峰之间的低点属于经典的加仓点。即当 MACD 柱线形成第一个波峰后，没有跌至 0 轴下方，而是再度向上拉长的点位，就是投资者的加仓买入点。第二个波峰形成后，MACD 柱线开始“缩头”，则是第一个短线卖出点。

第二，加仓点的有效性还与 DIFF 快线和 DEA 慢线所处的位置有关。DIFF 快线和 DEA 慢线位于 0 轴上方时，MACD 柱线出现 M 顶形态，那么此时出现的加仓点就是一个比较有效的买入信号。

反之，DIFF 快线和 DEA 慢线位于 0 轴下方时，MACD 柱线出现 M 顶形态，那么此时出现的加仓点成色较低，也许只是股价在下跌途中的短暂反弹，投资者应尽量避免买入或少量买入。一旦 MACD 柱线出现“缩头”，即可清空股票。

下面先来看一下京东方 A 的案例。

如图 2-34 所示，京东方 A 的股价在 2015 年初出现了一波震荡上涨走势，

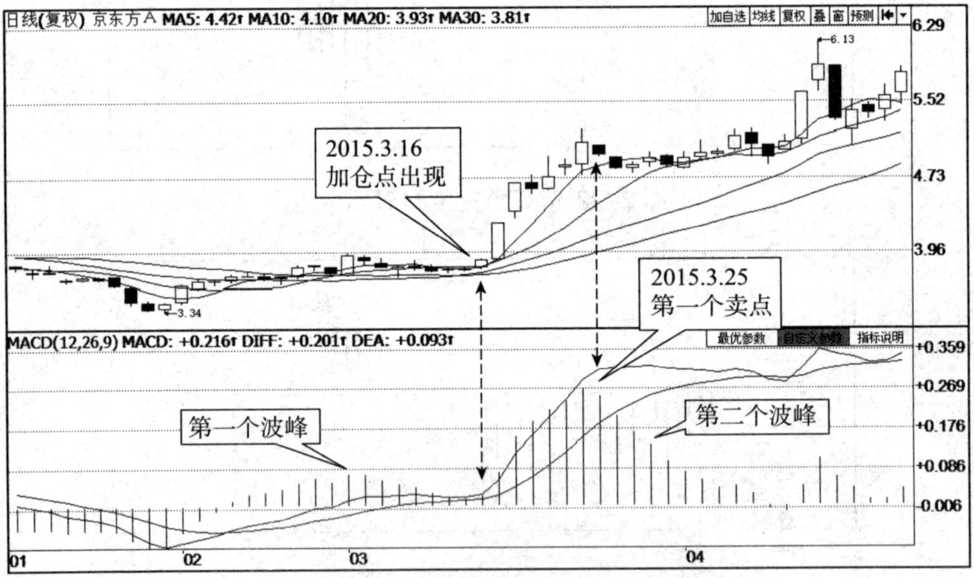

图 2-34 京东方 A（000725）MACD 柱线走势图

MACD 柱线也连续走出了 M 顶形态。

MACD 柱线在第一个波峰形态完成后，并未跌至 0 轴下方，而是再度向上伸长。此时 DIFF 快线和 DEA 慢线均位于 0 轴上方，说明多方已经占据了绝对优势地位，投资者可在 MACD 柱线再度拉长的 2015 年 3 月 16 日加仓买入该股。随后该股发动了一波快速上涨走势。

2015 年 3 月 25 日，连续拉长多日的 MACD 柱线出现萎缩态势，这说明第二个波峰有形成顶部的迹象，投资者可部分卖出手中的股票。

下面再来看一下安硕信息的案例。

如图 2-35 所示，安硕信息的股价在 2015 年 6 月随着大盘的下跌而出现暴跌走势。随后，从 7 月 9 日开始启动了一波反弹走势，此后 MACD 柱线连续走出了 M 顶形态。

2015 年 8 月 5 日，MACD 的 M 顶形态加仓点出现，不过此时 DIFF 快线和 DEA 慢线仍位于 0 轴下方，说明空方仍占据主导地位，股价的上涨仍属于超跌反弹，投资者应尽量避免参与交易或少量参与。此后该股股价反弹

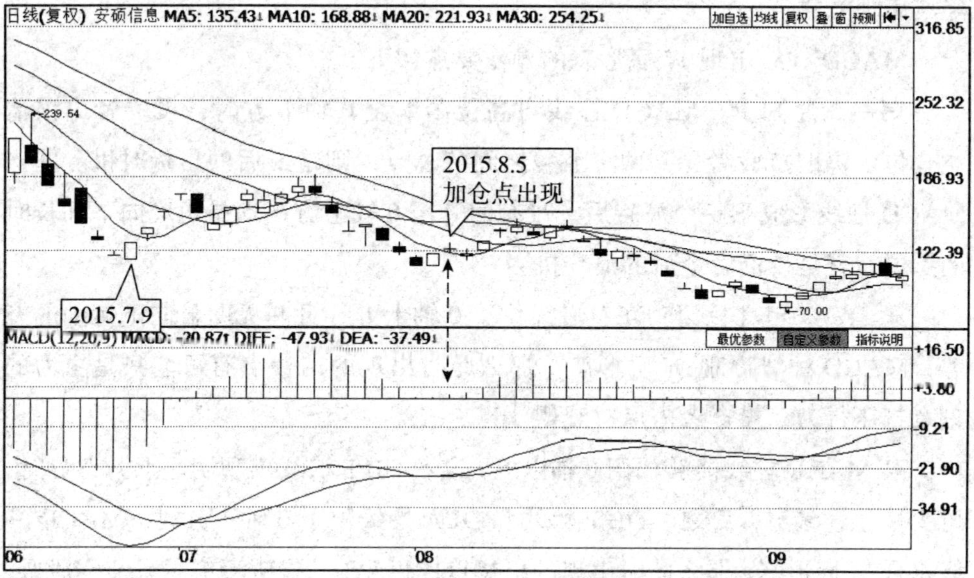

图 2-35 安硕信息（300380）MACD 柱线走势图

了几个交易日，又重归下跌通道。

利用M顶形态寻找加仓点时，应该注意以下两点。

第一，M顶形态中，加仓点出现时，DIFF快线与DEA慢线同步向上穿越0轴，也属于一个较佳的买点。

第二，M顶形态中，加仓点出现时，DIFF快线与DEA慢线尽管位于0轴下方，但已经表现出强势上升的形态，投资者也可对后市保持适当乐观，少量买入该股。

第三，对于短线投资者来说，M顶形态中，MACD柱线每次由伸长到萎缩的时间点都是一次卖出的时机。同样，由萎缩转为向上伸长的时间点都是买入的时机。

2. MACD柱线的W底

MACD柱线出现的W底形态中，出现第一个波谷，说明空头力量由强转弱，但在多头还未取得绝对优势时（未越过0轴），空头卷土重来，重新占据了优势地位。此时空头发力往往比较迅猛，快速下跌是这一阶段股价的经典表现方式。

MACD柱线出现W底形态的操作要点如下。

第一，原则上，MACD柱线自高位萎缩至0轴下方时，投资者应该清空仓位。仍旧持股者见到两个波谷之间的高点，则是最后的出货时机。即当MACD柱线形成第一个波谷后，没有回升至0轴上方，而是再度向下伸长时的点位，就是投资者最后的清仓机会。

第二，DIFF快线和DEA慢线位于0轴上方，且并无明显向下运动的态势，MACD柱线出现W底形态，那么此时出现的出货点有可能只是主力的刻意打压行为，投资者需保持观望。

若MACD柱线能够回归0轴以上，或者DIFF快线出现明显上升态势时，可少量建仓参与；反之，DIFF快线和DEA慢线位于0轴下方时，MACD柱线出现W底形态，那么此时出现的出货点成色较高，投资者应尽量清空股票。

下面先来看一下云南城投的案例。

如图 2-36 所示，云南城投的股价从 2012 年 6 月 12 日开始出现了一波下跌走势。MACD 柱线也同步跌破了 0 轴，并连续走出了 W 底形态。

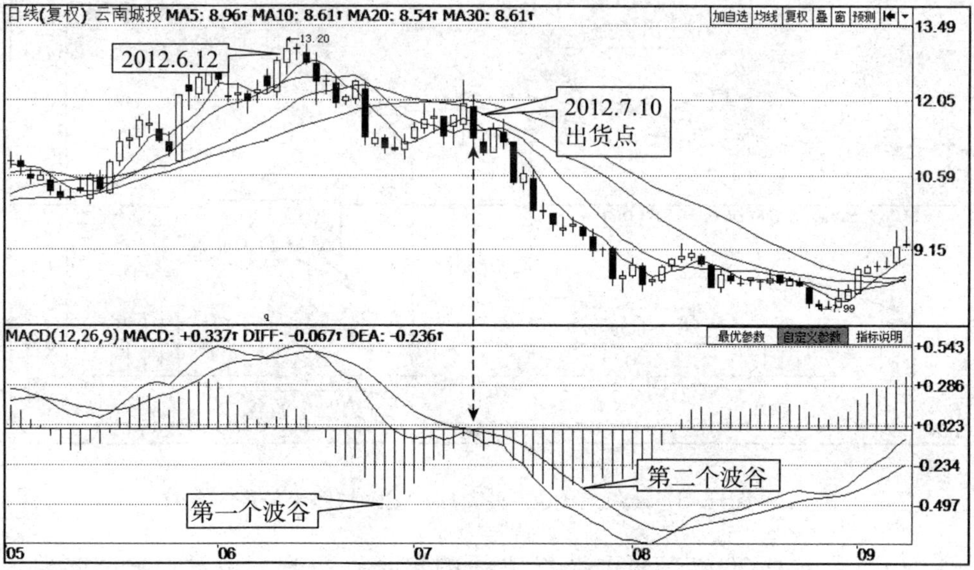

图 2-36　云南城投（600239）MACD 柱线走势图

原则上，当 MACD 柱线连续下跌时，投资者应该清空手中的股票，且 MACD 柱线未回归到 0 轴以上，都不能买入股票。

若投资者手中还有未卖出的股票，就应该在 2012 年 7 月 10 日两个波谷之间的出货点清空仓位。出货点形成时，DIFF 快线与 DEA 慢线刚好自高位向下跌破 0 轴，这说明市场已经完全由空头主导，投资者应持币观望。

下面再来看一下大东方的案例。

如图 2-37 所示，大东方的股价经过 2015 年初的上涨后出现了盘整走势。在此期间，MACD 柱线跌破了 0 轴，并连续走出了 W 底形态。

原则上，当 MACD 柱线连续下跌时，投资者应该清空手中的股票。但此时 DIFF 快线和 DEA 慢线仍位于 0 轴上方，未表现出快速下行的态势，因此投资者手中可留有少量股票。

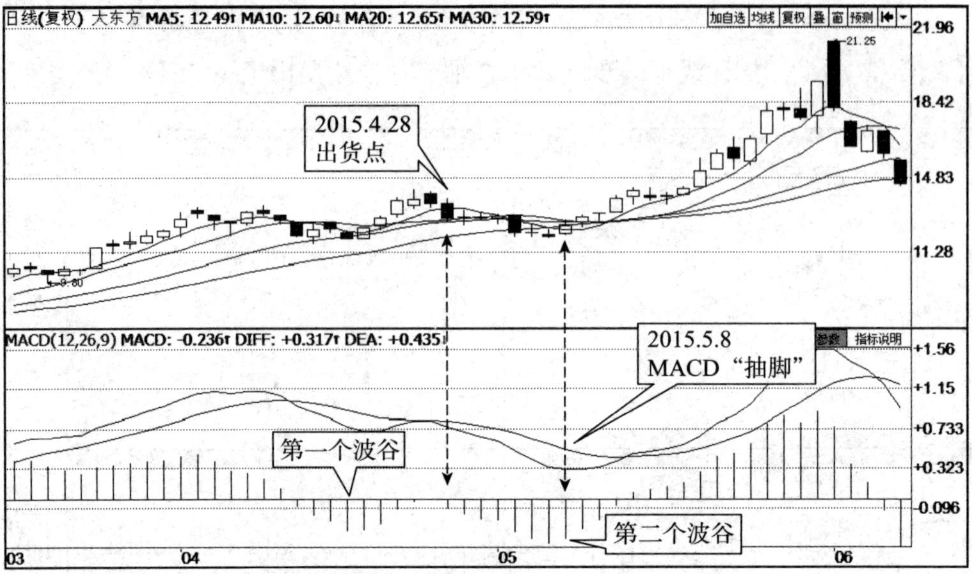

图 2-37 大东方（600327）MACD 柱线走势图

2015 年 4 月 28 日，两个波谷之间的出货点出现。不过 DIFF 快线与 DEA 慢线仍旧位于 0 轴上方，这说明市场仍然由多头掌控。此时投资者可以继续持有剩余股票，待 MACD 柱线“抽脚”和 DIFF 快线拐头向上时加仓买入股票。

2015 年 5 月 8 日，MACD 柱线出现“抽脚”形态，同时 DIFF 快线同步拐头向上，此时投资者可进行第一次加仓。

四、MACD 柱线的三重顶与三重底

MACD 柱线的三重顶与三重底的形成，与 M 顶、W 底的形成非常相似。MACD 柱线 M 顶形成后，位于 0 轴上方的 MACD 柱线未触及 0 轴就再度伸长，形成第三个波峰后才出现萎缩，并直至越过 0 轴后才伸长。此时，MACD 柱线在 0 轴上方形成的形态就是三重顶。

MACD 柱线三重顶形态中，若第二个波峰的高度明显高于其他两个，那么这个形态也可以称为“头肩顶”形态。

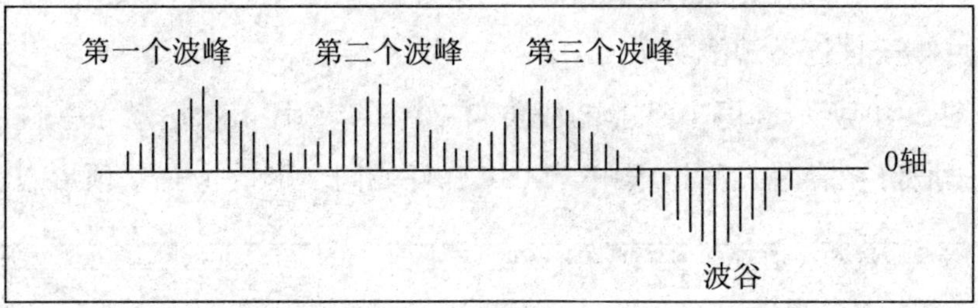

图 2-38 MACD 柱线三重顶示意图

与三重顶形态相对应的是三重底形态。位于 0 轴下方的 MACD 柱线形成 W 底形态后出现萎缩，未触及 0 轴时再度伸长，形成第三个波谷后又出现萎缩，并直至越过 0 轴后才伸长。此时，MACD 柱线在 0 轴下方形成的形态就是三重底。

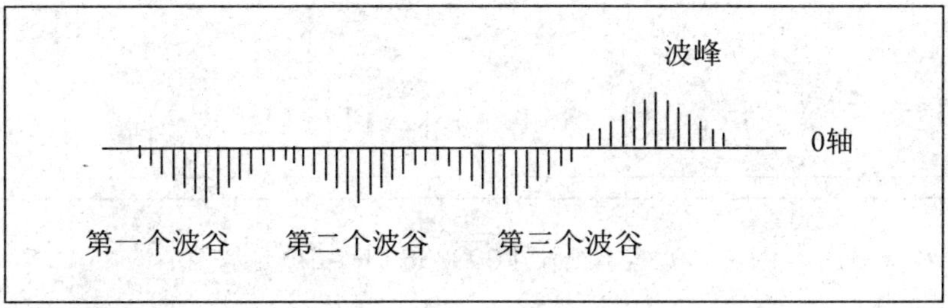

图 2-39 MACD 柱线三重底示意图

1. MACD 柱线三重顶

与 M 顶形态相似，MACD 柱线出现的三重顶形态中，每一个波峰的出现，都说明多头力量由强转弱。但都在空头还未取得绝对优势时（未越过 0 轴），多头卷土重来，重新占据了优势地位，如此往复两次。

MACD 柱线出现三重顶形态的操作要点如下。

第一，和 M 顶形态相同，三个波峰之间的低点都属于经典的加仓点。即当 MACD 柱线形成一个波峰后，没有跌至 0 轴下方，而是再度向上伸长时的点位，就是投资者的加仓买入点。

第二，每个波峰形成后，MACD 柱线开始“缩头”时，都是短线卖出点，重新开始伸长时就是短线买入点。

如图 2-40 所示，恒丰纸业的股价自 2015 年 2 月下旬启动了一波上涨行情。该股股价在震荡上涨过程中，MACD 柱线同步形成了三重顶形态。

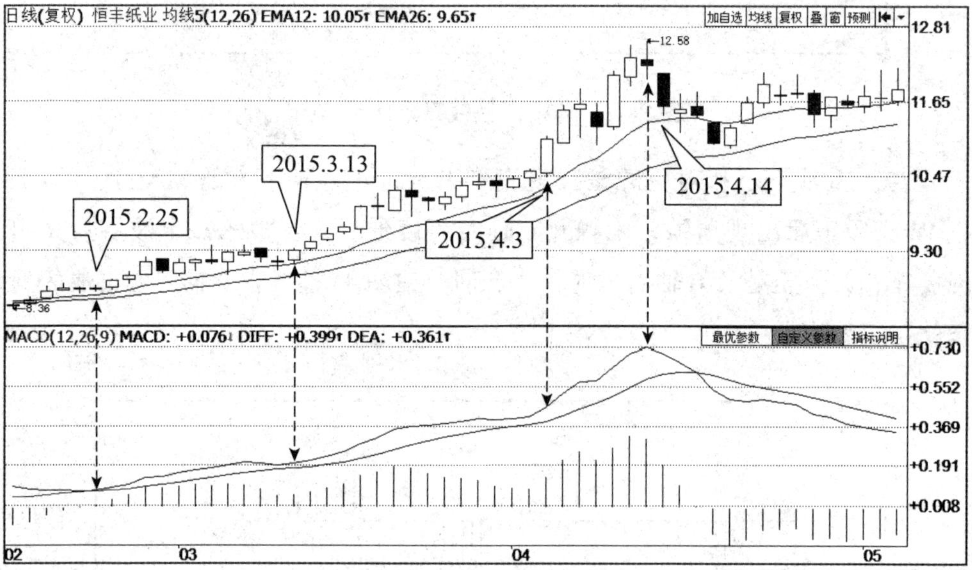

图 2-40 恒丰纸业（600356）MACD 走势图

2015 年 2 月 25 日，MACD 柱线自 0 轴下方返回 0 轴上方，这说明多方开始占据优势地位。此时 DIFF 快线和 DEA 慢线全部位于 0 轴上方，投资者可于此时加仓买入该股。

其后，该股经过几个交易日的上涨后出现回调，MACD 柱线出现“缩头”形态，但 DIFF 快线仍无拐头向下迹象，投资者可继续持股。

3 月 13 日，该股的 MACD 柱线重新开始伸长，这说明该股新一波上涨到来，想加仓的投资者可于此时第二次加仓买入该股。

4 月 3 日，该股 MACD 柱线经过几个交易日萎缩后再度伸长，三重顶形态初步形成。

4 月 14 日，MACD 柱线又一次“缩头”，且此时 DIFF 快线出现拐头向下迹象，投资者可执行减仓操作。待 DIFF 快线与 DEA 慢线交叉时，再执行清仓操作。

2. MACD 柱线三重底

与 W 底形态相似，MACD 柱线出现的三重底形态中，每一个波谷的出现，都说明空头力量由强转弱，但在多头还未取得绝对优势时（未越过 0 轴），空头卷土重来，重新占据了优势地位，如此往复两次。

MACD 柱线出现三重底形态的操作要点如下。

第一，和 W 底形态相同，三个波谷之间的高点都属于经典的卖出点。即当 MACD 柱线形成一个波谷后，没有升至 0 轴上方，而是再度向下拉长时的点位，就是投资者的卖出点。

第二，每个波谷形成后，都有可能引发股价的一轮反弹或反转。不过投资者不应该轻易入场，待买入信号更加明确时（如 DIFF 快线向上穿越 DEA 慢线，并回归 0 轴以上等），才能入场操作。

如图 2-41 所示，海澜之家的股价在 2015 年 6 月份随着大盘的暴跌震荡下跌。在股价下跌过程中，MACD 柱线跌至 0 轴下方，随着股价的反弹形成了三重底形态。

在三重底形态形成过程中，MACD 柱线曾在 7 月 13 日和 7 月 23 日两次试图穿越 0 轴，但又重新回归 0 轴下方。这两个点位就是三重底的出货点，若参与抢反弹，投资者可在这两个时间点卖出股票。对照股价走势可以看出，这两个出货点恰好是股价下跌途中反弹的高点。

形成第三个底后，尽管 MACD 柱线出现“抽脚”形态，DIFF 快线也同步拐头向上，但毕竟 MACD 柱线和 DIFF 快线仍位于 0 轴下方，保守型的投资者应避免买入股票，激进型投资者可少量买入股票。

五、MACD 柱线顶背离与底背离

MACD 柱线背离主要包括顶背离和底背离两种。

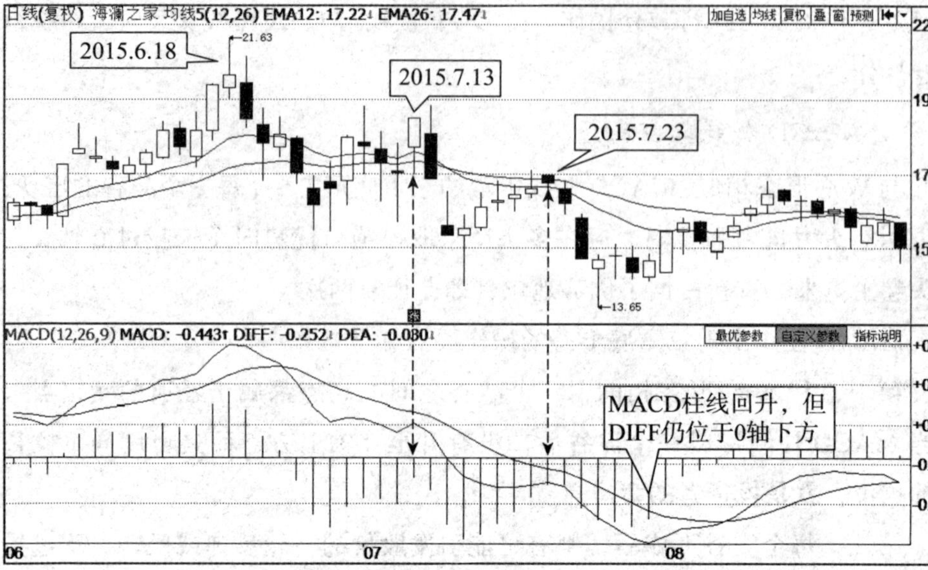

图 2-41 海澜之家（600398）MACD 走势图

1. MACD 柱线顶背离

MACD 柱线顶背离，是指股价在上涨过程中形成的高点一个比一个高，而 MACD 柱线形成的波峰高点一个比一个低的情况。MACD 柱线出现顶背离，说明多方力量并不足以支持股价继续高升。此形态属于典型的顶部形态。

MACD 柱线出现顶背离，说明股价有反转下跌的可能。具体下跌的时间点，还需要结合其他技术分析方法确认，如 DIFF 快线向下与 DEA 慢线交叉，或 DIFF 快线向下穿越 0 轴等。当 MACD 柱线出现顶背离时，投资者应做好出货准备。一旦有明确的卖出信号发出，应立即出货。

如图 2-42 所示，瑞贝卡的股价在 2015 年上半年随着大盘的上涨而上涨，MACD 柱线也随之出现了一波又一波的拉升。

2015 年 5 月中旬后，MACD 柱线走出了三重顶形态，且后一个顶要低于前一个顶。与此同时，该股股价在上涨过程中形成的顶却一个比一个高，这说明股价与 MACD 柱线出现了明显的顶背离，预示着股价将在短期内出现反转走势。投资者此时需密切关注股价及 MACD 指标的变化。

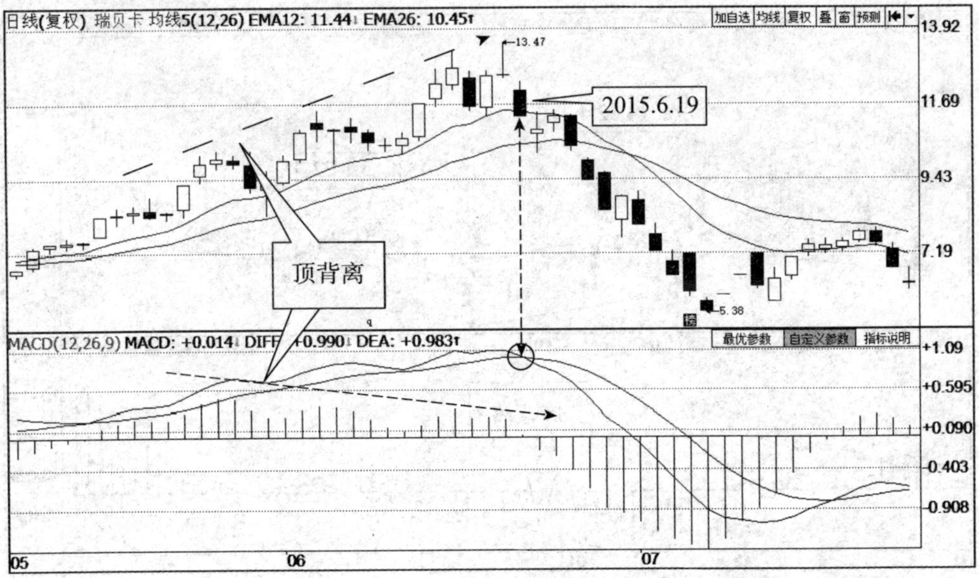

图 2-42　瑞贝卡（600439）MACD 走势图

2015 年 6 月 19 日，瑞贝卡的股价低开低走。此时 MACD 柱线正好萎缩至 0 轴位置，且 DIFF 快线向下与 DEA 慢线形成交叉，卖点出现，投资者可于当日卖出股票。

2. MACD 柱线底背离

MACD 柱线底背离，是指股价在下跌过程中形成的低点一个比一个低，而 MACD 柱线形成的波谷低点一个比一个高的情况。MACD 柱线出现底背离，说明空方力量并不足以支持股价继续走低。此形态属于典型的底部形态。

MACD 柱线底背离，说明股价有反转上涨或反弹向上的可能，但具体上涨时间点还需结合其他技术分析方法确认，如 DIFF 快线向上与 DEA 慢线交叉，或 DIFF 快线向上穿越 0 轴等。当 MACD 柱线出现底背离时，投资者应做好买入准备。一旦有明确的买入信号发出，可部分建仓。

如图 2-43 所示，百利电气的股价在 2014 年 12 月 4 日创下阶段高点后，开始了一波下跌走势。MACD 柱线很快跌至 0 轴下方，并随之出现了一波又一波的拉长。

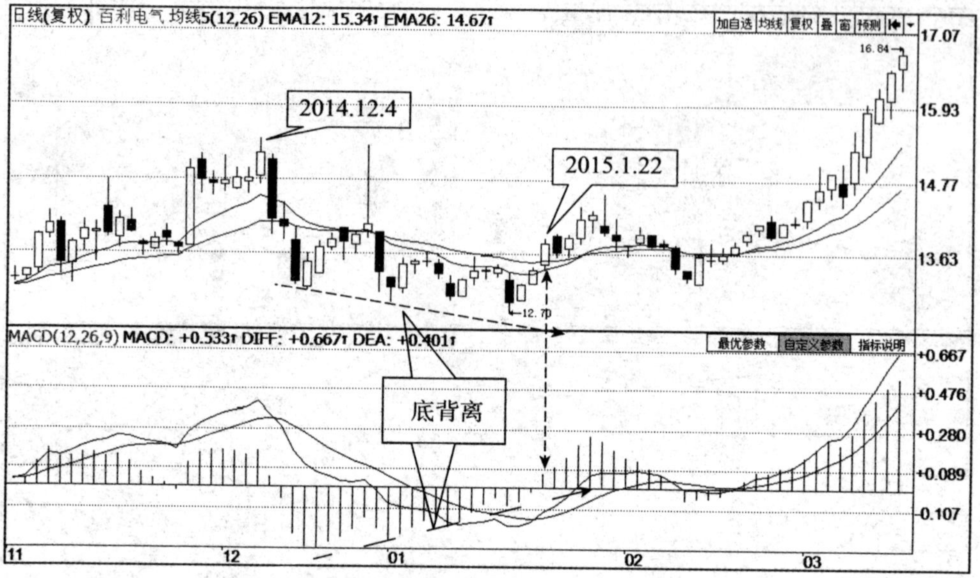

图 2-43 百利电气（600468）MACD 走势图

此后 MACD 柱线走出了三重底形态，且后一个底要高于前一个底。与此同时，该股股价在下跌过程中形成的底却一个比一个低，这说明股价与 MACD 柱线出现了明显的底背离，预示着股价将在短期内出现反转走势。投资者此时需要密切关注股价及 MACD 指标的变化。

2015 年 1 月 22 日，百利电气的股价延续了前几个交易日的上涨行情。此时 MACD 柱线正好升至 0 轴以上位置，且 DIFF 快线向上与 DEA 慢线形成了交叉，买点出现。投资者可于当日部分建仓该股。

第三章

MACD 指标三大经典买卖形态精析

交叉、发散与背离，是 MACD 指标的三大经典买卖形态。在某些特殊条件下，这三种形态的交易指示信号会特别准确。

第一节　黄金交叉与死亡交叉

黄金交叉与死亡交叉，是 MACD 指标最经典、最有效的技术分析方法。不过，在股价出现某种趋势或盘整走势时，MACD 指标中的 DIFF 快线与 DEA 慢线黏合在一起时，形成的交叉则不具有交易指导意义，也不在本节讨论范畴之内。

一、黄金交叉的原理及操作建议

通常情况下，大家习惯将 DIFF 快线自下而上穿越 DEA 慢线称为黄金交叉。也就是说，交叉之后，DIFF 快线会逐渐走高，股价也会逐步走高。但是不可否认，其中有大量的交叉并没有带来股价的上涨。因此，只有质量较高的黄金交叉，才是投资者最需要关注的一种形态。

1. 黄金交叉的条件

一般情况下，有质量的黄金交叉应该满足以下几项条件。

第一，DIFF 快线自下而上穿越 DEA 慢线时，交叉点应位于 0 轴上方，这说明此时多头已经占据了主导地位。

第二，原则上，投资者交易时，尽量选择 0 轴上方第一个金叉买入。交叉点距离 0 轴不能过远，过远则有超买迹象，股价存在回调的风险。也就是说，黄金交叉距离 0 轴越近，成色越高。

第三，出现金叉时，如果股价 K 线呈现突破形态，成交量同步放大，则可增强黄金交叉的可信度。

如图 3-1 所示，2015 年初，随着大盘趋势向好，中山公用的股价也同步出现了上涨态势。MACD 指标自底部反弹向上，在 2 月到 3 月期间，DIFF 快线曾经两次向上穿越 DEA 慢线形成交叉，其中第一次交叉点位于 0 轴下方，第二次交叉点位于 0 轴上方。由于第一次交叉点位于 0 轴下方，并不属于理想的位置，因而投资者可保持观望或少量买入该股。

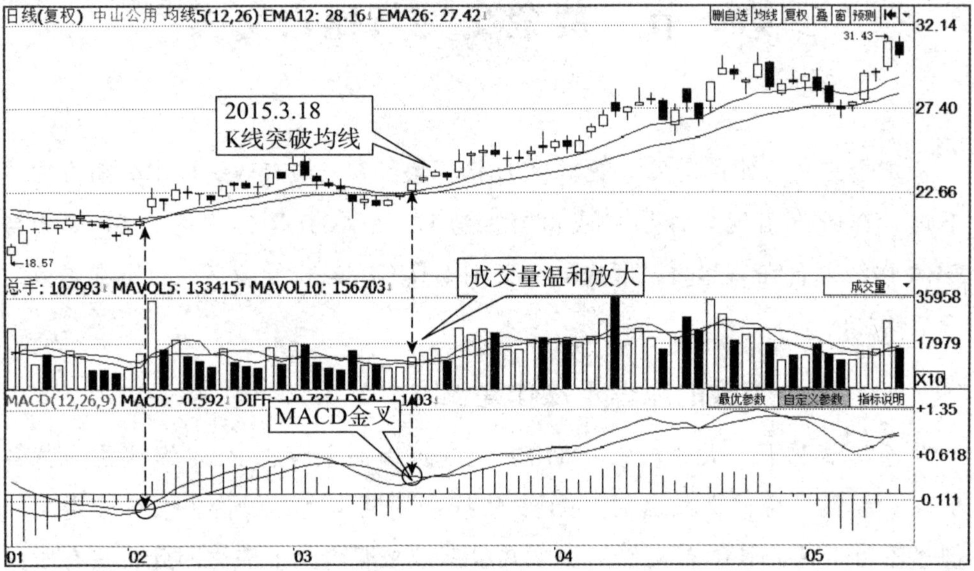

图 3-1 中山公用（000685）MACD 黄金交叉示意图

2015 年 3 月 18 日，中山公用 MACD 指标第二次出现交叉。此时该股股价刚刚完成对均线的突破，进入均线上方，并且成交量同步放大，这说明股价有企稳走好的迹象。这些信息都可以强化黄金交叉信号的准确性，投资者此时可放心买入或加仓该股。

2. 黄金交叉研判的依据

研判黄金交叉的依据包括以下几项。

第一，波浪理论。按照波浪理论的解释，股价上涨与下跌都会遵循八浪循环这一基本规律。在八浪循环中，涨幅最大、准确性最高的是第三浪。按照本节内容确认的黄金交叉点，恰好就是第三浪的启动点，如图 3-2 所示。

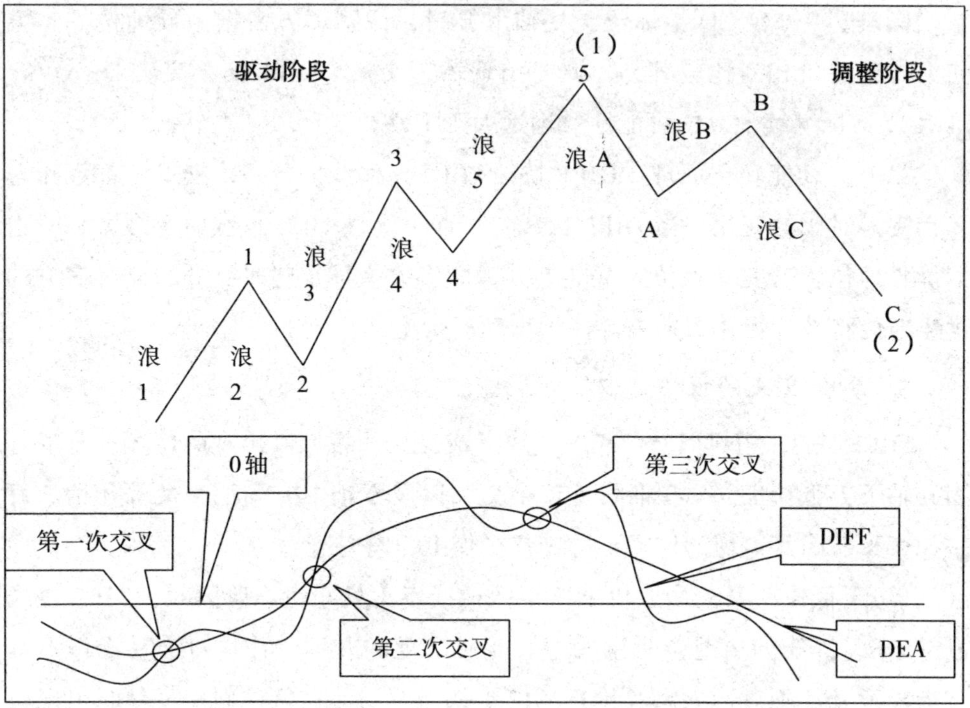

图 3-2 八浪循环与 MACD 金叉

八浪循环中，第一浪涨幅较小，第二浪回调又会比较深，且第一浪产生于前一循环的调整浪之后，因此很多投资者没有能力准确判断这是调整浪的结束还是新一轮循环的开始。对于投资者来说，最好的选择就是避免参与第一浪的交易。

第三浪的情况完全不同，此时多头已经聚集了足够的实力，MACD 指标位于 0 轴上方就是一个明证。另外，这一浪涨幅较大，识别起来也比较容易，投资者参与其中获利的可能性较高。

第五浪则进入了一波行情的尾声，而且很可能会失败，直接转入下跌行情，因此参与的风险较大。

基于以上分析，抓住第三浪才是投资者最明智的选择。

第二，道氏理论。股价朝某一方向运动时，继续保持原有的运动方向相对比较容易。也就是说，处于上涨趋势的股票，继续上涨会比较容易。

同理，当 MACD 指标位于 0 轴上方时，说明多方占据主导地位，多方向上拉升股价相对比较容易。此时出现黄金交叉（DIFF 向上突破 DEA），MACD 指标继续上攻的可能性要远远大于下跌。

第三，动能转化原理。DIFF 快线与 DEA 慢线的每一次交叉，都意味着多空实力对比的变化。当 DIFF 快线自下而上突破 DEA 慢线时，多方暂时占据优势地位。若交叉点位于 0 轴上方，即多方主导走势时，那么此时多方的优势地位将被放大，短期内会持续推动股价上涨。

3. 黄金交叉的操作建议

DIFF 快线自下而上与 DEA 慢线形成交叉，按照其出现的位置，可以分为 0 轴下方低位交叉、0 轴附近黄金交叉以及 0 轴上方高位交叉等几种。每一种交叉，因其出现的位置不同，在操作上也有差异。

（1）低位交叉。当股价下跌至低位或者正处于盘整阶段时，DIFF 快线上穿 DEA 慢线的情况会时有发生。此时出现的交叉，往往对交易操作不具有指导意义。不过，如果股价自高位暴跌而下，且在低位向上反弹时出现第一个交叉，则是很多喜欢抢反弹的投资者的最爱。

如图 3-3 所示，耀皮玻璃的股价在 2015 年 6 月中旬随着大盘的下跌出现暴跌走势，MACD 指标中的 DIFF 快线与 DEA 慢线同步向下倾斜。2015 年 7 月 9 日，该股股价随着大盘的企稳出现了反弹走势，DIFF 快线也触底反弹。

7 月 17 日，DIFF 快线自下而上穿越 DEA 慢线形成交叉。此交叉点位于0轴下方，说明空方仍占据绝对优势地位，股价随时有重归下降通道的可能。见到此交叉点，投资者最好保持观望态度。若想参与反弹，只能动用少许资金，并且要快进快出。

（2）0 轴附近黄金交叉。DIFF 快线上穿 DEA 慢线形成的交叉点刚好位于 0 轴上方附近位置时，说明多头刚刚取得主导权，且趋势处于上升期，股价未来快速上涨的可能性较大，投资者可以考虑追涨买入。

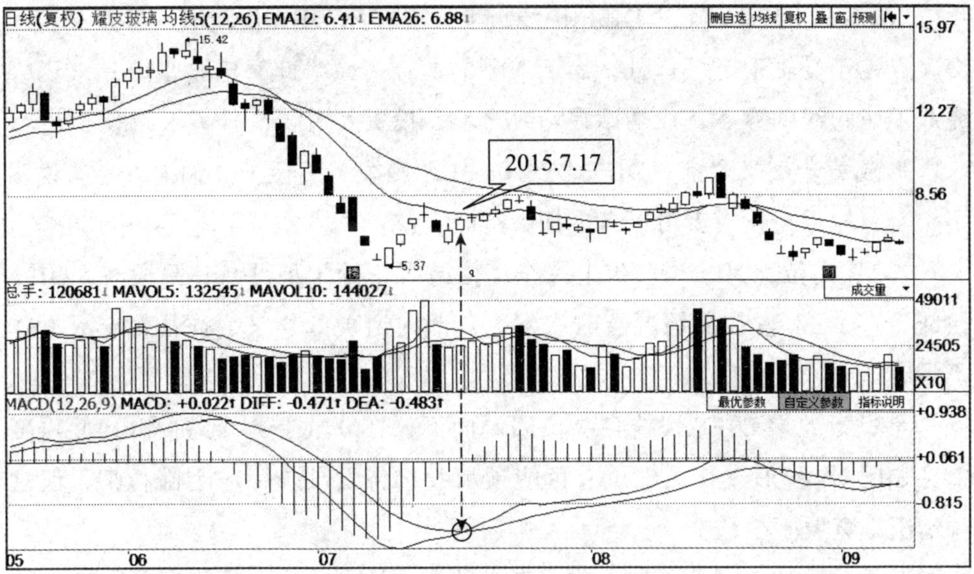

图 3–3 耀皮玻璃（600819）MACD 走势图

如图 3-4 所示，万向钱潮的股价在 2015 年上半年随着大盘的上涨走出了一波震荡上升行情，MACD 指标中的 DIFF 快线与 DEA 慢线同步震荡上扬。

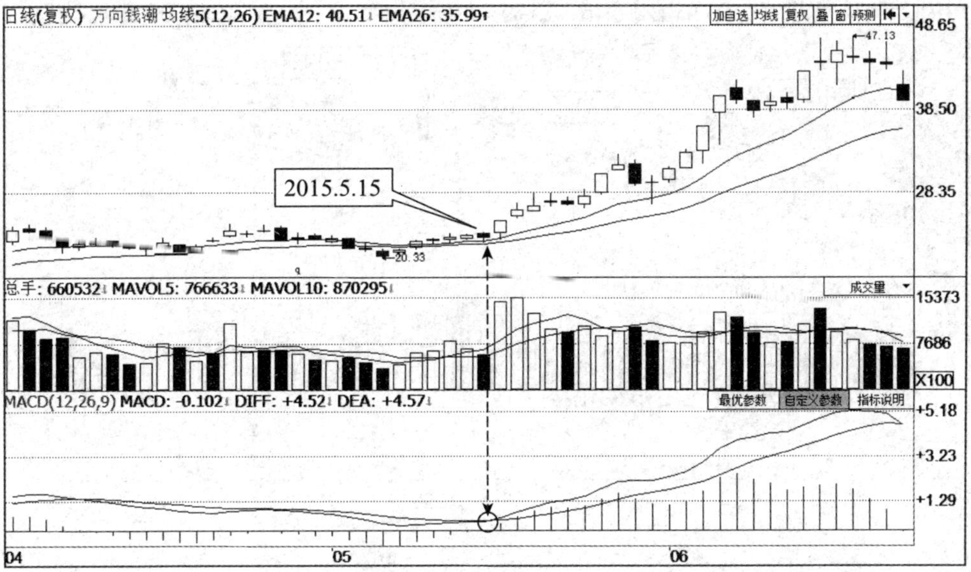

图 3–4 万向钱潮（000559）MACD 指标走势图

2015年5月15日，DIFF快线自下而上穿越DEA慢线形成了交叉。此交叉点位于0轴上方不远处，属于典型的黄金交叉。此时该股股价K线已经完成了对均线的穿越，成功站在均线之上，投资者可于次日买入该股。

形成黄金交叉之前，DIFF快线和DEA慢线一直位于0轴上方，这说明多头实力较强，投资者可以考虑加大持股仓位。

（3）高位交叉。当股价上涨至高位或者正处于顶部盘整阶段时，DIFF快线上穿DEA慢线的情况会时有发生。此时出现的交叉，往往对交易操作不具有指导意义。

不过，如果DIFF快线自高位回调而下，在0轴上方止跌回升，并再度上穿DEA慢线形成交叉，也有可能预示股价将发动新一波上涨行情，但这种情况毕竟属于少数。

总之，高位出现交叉时，投资者必须合理控制仓位，不能盲目追高。

先来看一下中恒集团的案例。

如图3-5所示，中恒集团的股价在2015年5月5日上涨到高位后出现了震荡走势。在股价震荡过程中，DIFF快线于5月26日和6月11日连续

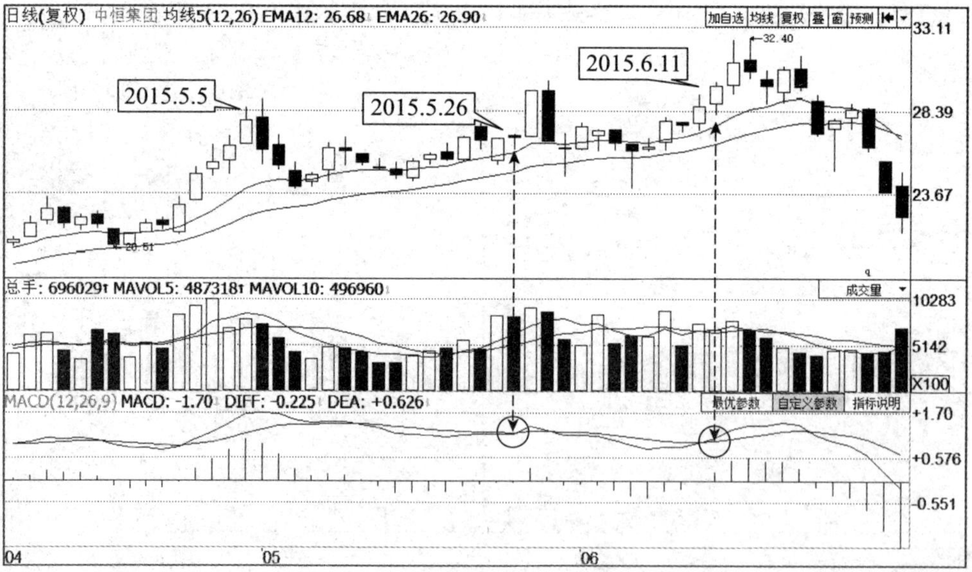

图3-5 中恒集团（600252）MACD指标走势图

两次上穿DEA慢线形成交叉。由于这两次交叉全部位于0轴上方较远的位置，其发出的买入交易信号较弱，为了回避风险，投资者最好持币观望，尽量不要介入该股。

二、死亡交叉的原理及操作建议

通常情况下，大家习惯将DIFF快线自上而下穿越DEA慢线称为死亡交叉。也就是说，交叉之后，DIFF快线会逐渐走低，股价也会逐步走低。但有时候交叉形成后，DIFF快线并没有迅速走低，而是转头向上，与DEA慢线再度形成交叉，股价也随之再度上涨。基于这种情况，作为投资者，判断死亡交叉的质量，合理控制仓位就是不可或缺的。

1. 死亡交叉的类型

原则上，每种死亡交叉都可能带动股价出现一波下跌走势，其中最具有杀伤力的死亡交叉主要包括高位死亡交叉、0轴附近死亡交叉和低位死亡交叉三种。

（1）高位死亡交叉。DIFF快线经过一段时间的快速上涨后，自上而下快速穿越DEA慢线，且交叉点位于0轴以上较远的位置。此时多数属于行情反转，即股价由快速上涨转为下跌，也有个别死叉属于上涨过程中的回调整理。

（2）0轴附近死亡交叉。DIFF快线经过一段时间的下跌后反弹向上，上升至0轴附近时，拐头向下快速穿越DEA慢线，此时多数属于反弹遇阻情况。

（3）低位死亡交叉。DIFF快线经过一段时间的快速下跌后出现短暂反弹，随后便自上而下快速穿越DEA慢线，且交叉点位于0轴以下较远的位置。此时由于下跌动能已经充分释放，股价随后下跌的空间比较有限，而且很快就可能进入筑底阶段。

如图3-6所示，同方股份的股价在2015年上半年随着大盘的上涨走出了一波暴涨行情，MACD指标中的DIFF快线和DEA慢线也同步上升。

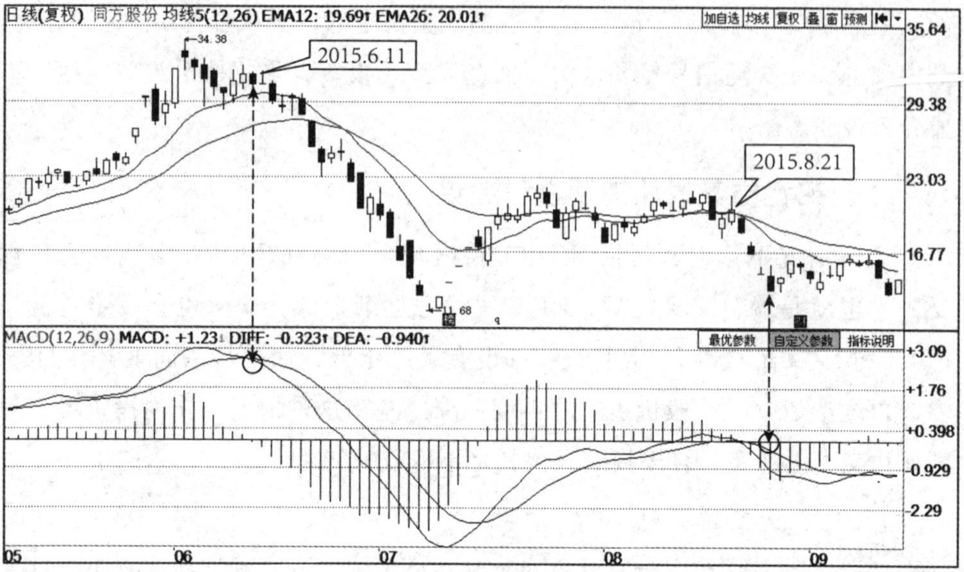

图 3-6 同方股份（600100）MACD 指标走势图

2015 年 6 月 11 日，该股股价在连续几个交易日出现回调的基础上，DIFF 快线自上而下穿越 DEA 慢线，形成了高位死亡交叉形态，这意味着股价后市下跌的概率很大。由于此时 DIFF 快线和 DEA 慢线仍位于 0 轴上方，投资者可卖出大部分股票，留少许筹码。随后 DIFF 快线跌破 0 轴时，可考虑清仓该股。

2015 年 8 月 21 日，同方股份的股价经过一段时间的震荡反弹，逐渐走出低谷，DIFF 快线也自底部反弹至 0 轴附近。随后 DIFF 快线拐头向下，与 DEA 慢线形成交叉。此交叉点位于 0 轴附近，属于典型的反弹遇阻，投资者宜清空手中股票。

2. 死亡交叉研判的依据

死亡交叉研判的依据包括以下几项。

第一，波浪理论。按照波浪理论的解释，股价上涨与下跌都会遵循八浪循环这一基本规律。在八浪循环中，第二浪、第四浪、调整浪 A、调整浪 C 都属于下跌浪，如图 3-7 所示。

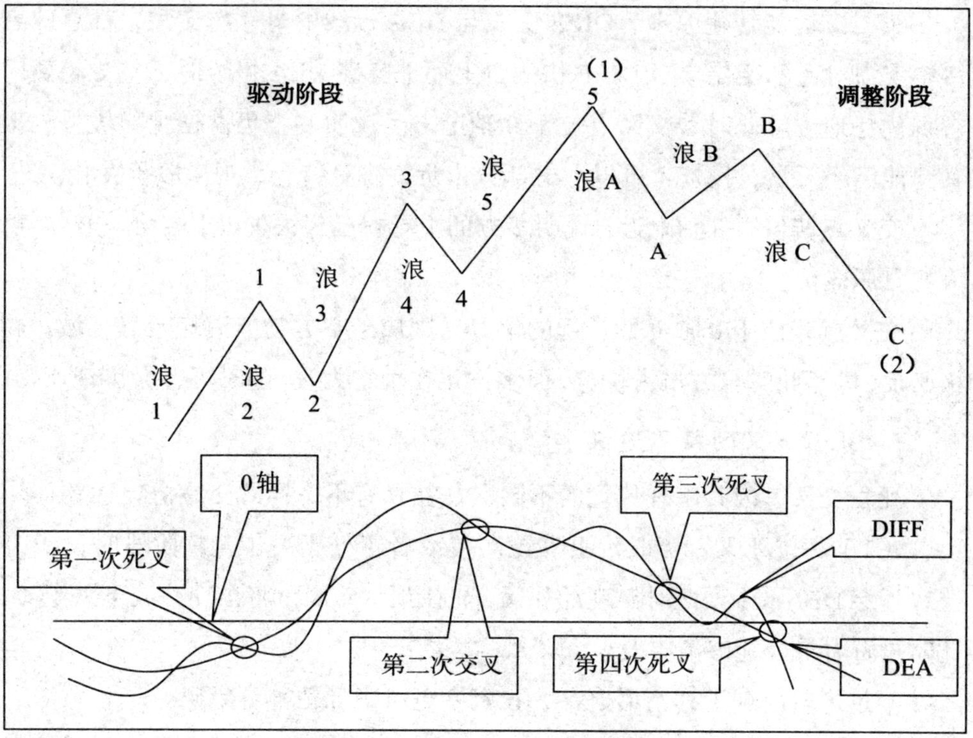

图 3–7　八浪循环与 MACD 死叉

在一个完整的八浪循环中，DIFF 快线至少要与 DEA 慢线形成四次死叉。在这四次死叉中，第一次死叉多位于 0 轴下方较远的位置，这是因第二浪调整所致。此时，股价下跌的幅度虽然较大，但也可能很快迎来上升浪，属于黎明前的黑暗时期。

第二次死叉和第三次死叉虽都位于 0 轴上方的高位，但性质却截然不同。第二次死叉属于第四浪调整，MACD 指标随后可能再度出现金叉。第三次死叉则属于调整浪 A，此时多属于上涨结束下跌开启之时。因此，投资者准确区分两次金叉的性质尤为重要。

第四次死叉多位于 0 轴附近，属于典型的反弹遇阻，以后跌势仍旧会比较猛烈。

第二，动能转化原理。DIFF 快线与 DEA 慢线的每一次交叉，都意味着多空实力对比的变化。当 DIFF 快线自上而下突破 DEA 慢线时，空方将暂时占据优势地位。此时若交叉点位于 0 轴上方，说明多方仍占据主导优势，但其势能已经不足，投资者可以考虑部分出货，少量持仓，观望股价变化。

交叉点若位于 0 轴附近，说明多方的主导权已经丢失，空方将一鼓作气，大幅打压股价。

交叉点若位于 0 轴下方较远的位置，则属于空方动能消耗殆尽区域。物极必反，虽然此时空方虽占优势，但多方正在聚集力量，随时可能会出现反弹。

3. 死亡交叉的操作建议

死亡交叉，因其出现位置的不同，往往具有不一样的交易指导意义。

（1）高位死叉。当股价上涨至高位或者正处于高位盘整阶段时，DIFF 快线下穿 DEA 慢线，此时出现的死叉，往往预示着股价将出现一波下跌走势，此时投资者最好能够清空股票。

不过，若出现下列情形之一，投资者可考虑保留部分筹码。

第一，死叉出现时，30 日均线和 DEA 慢线仍旧呈上升态势，且没有跌破明显的支撑位，若没有跌破 10 日均线更好。

第二，死叉出现前，股价上涨过程中，成交量持续放大，或者死叉出现前，股价回调时成交量呈萎缩态势。

第三，股价明显处于上涨趋势中，且市场做多气氛浓厚。

如图 3-8 所示，探路者的股价在 2015 年初经历了一波快速上涨行情，MACD 指标也同步出现了上升。2015 年 4 月 1 日，随着股价的回调，DIFF 快线向下穿越 DEA 慢线形成了死亡交叉，这预示着该股股价短期可能走弱。此时，投资者可观察股价与均线的关系。

尽管此时股价 K 线已经跌破 10 日均线，但仍紧贴 10 日均线运行，且 20 日均线、30 日均线向右上方倾斜，DIFF 快线和 DEA 慢线仍位于 0 轴上方。这说明该股仍处于上升趋势当中，投资者可考虑卖出部分股票，手中留下一小部分筹码。

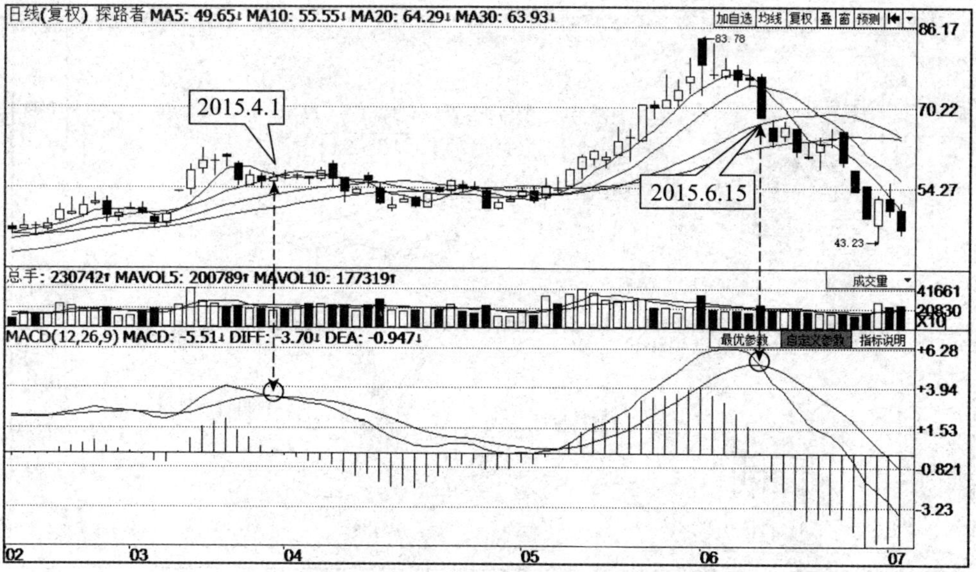

图 3-8　探路者（300005）MACD 指标走势图

此后，该股经过一段时间的震荡调整后再度上涨。2015 年 6 月 15 日，探路者的股价经过几个交易日的下跌后以跌停报收，在 K 线图上留下了一根大阴线。此时 DIFF 快线又一次向下穿越 DEA 慢线，形成死亡交叉。在股价下跌过程中，该股成交量出现放大态势，说明市场恐慌气氛较重，投资者宜卖出全部或大部分股票。

通过对比两次死亡交叉，可以看出以下几点。

第一，第二次死叉的位置要远远高于第一次，这说明股价见顶的概率较高。

第二，第二次死叉出现时，成交量明显放大，这是主力出货的迹象。

第三，DEA 慢线已经有见顶迹象。

（2）0 轴附近死叉。股价经过一段时间的下跌后反弹向上遇到某一阻力位时，DIFF 快线若向下穿越 DEA 慢线形成死亡交叉，则说明反弹终止，未来将出现一波杀跌行情，投资者宜清空手中股票。

如图 3-9 所示，中元华电的股价从 2015 年 6 月中旬开始了一波暴跌行情，DIFF 快线和 DEA 慢线也同步快速下行。

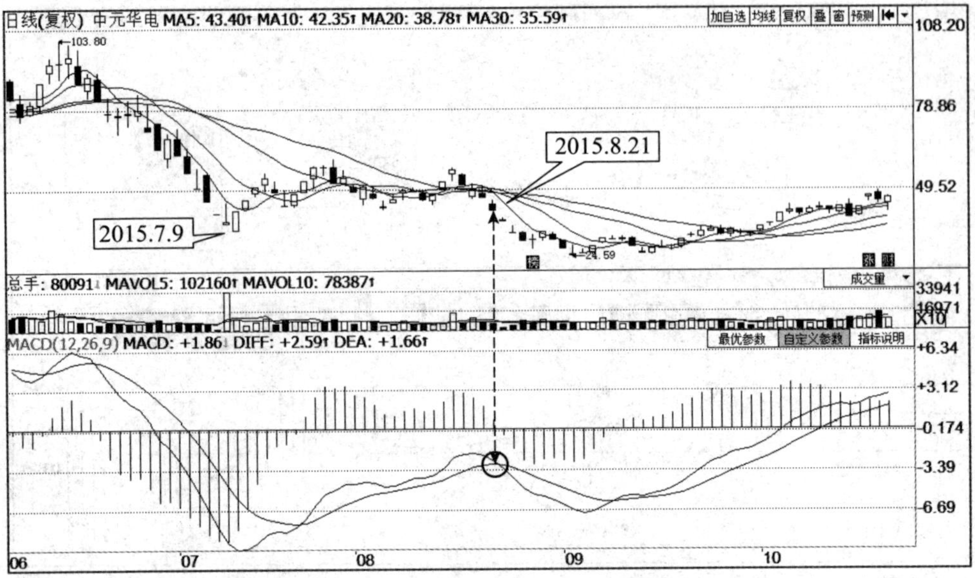

图 3-9 中元华电（300018）MACD 指标走势图

2015 年 7 月 9 日，随着大盘的强势反弹，中元华电也以涨停报收。随后该股启动了一波反弹走势，DIFF 快线和 DEA 慢线同时逐步上升。

该股股价经过一段时间的反弹后开始震荡盘整，DIFF 快线在 8 月 21 日向下穿越 DEA 慢线，形成死亡交叉。此交叉点位于 0 轴下方附近，说明此次反弹至此结束，投资者可考虑卖空手中的股票。

（3）低位死叉。即交叉点位于 0 轴以下较远的位置。对于很多股票来说，此时的下跌往往都属于股价上涨启动前的最后一跌。投资者见到死叉后，需要保持密切观望。一旦 DIFF 快线出现拐头向上穿越 DEA 慢线，可进行第一次建仓操作，但必须注意控制仓位。

如图 3-10 所示，互动娱乐的股价自 2015 年 7 月初启动了一波反弹走势，在 8 月下旬出现了明显的反弹遇阻态势。8 月 24 日，DIFF 快线向下穿越 DEA 慢线，形成了死亡交叉，且交叉点位于 0 轴下方附近，这属于典型的反弹遇阻形态。股价随后出现了一波快速下跌。

互动娱乐的股价经历一波杀跌后，又出现了反弹迹象，DIFF 快线向上穿越了 DEA 慢线。但 9 月 14 日的一根大阴线随即打破了反弹趋势，股价重

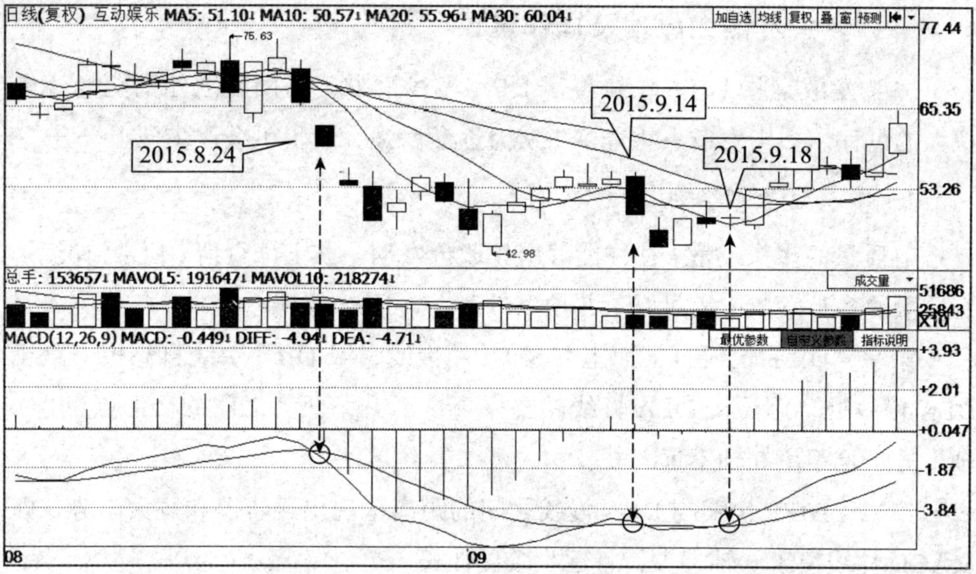

图 3-10　互动娱乐（300043）MACD 指标走势图

新下跌。DIFF 快线又一次与 DEA 慢线形成死亡交叉，且这一交叉点距离 0 轴较远。这说明此时的下跌很有可能是股价的最后一跌，投资者需要密切跟踪股价和 MACD 指标的运行态势。

2015 年 9 月 18 日，该股 DIFF 快线又一次向上穿越 DEA 慢线。此时该股股价已经连续小幅上涨了几日，这说明股价有企稳迹象，投资者可以考虑第一次建仓买入该股。

第二节　多头发散与空头发散

发散，在 MACD 指标中是指 DIFF 快线与 DEA 慢线之间的距离逐渐拉开的过程。从某种意义上来说，发散意味着某一方的力量不断得到增强，以维持当前的运动态势。

MACD 指标的发散主要包括多头发散和空头发散两种。

一、多头发散的原理及操作建议

多头发散是指 DIFF 快线位于 DEA 慢线上方，且两者之间的距离逐渐拉大的过程。多头发散意味着多头实力逐渐增强，股价也会逐步向上攀升。

1. 多头发散的条件

有质量的多头发散，往往能够引领股价发动一波上涨行情。通常情况下，有质量的多头发散应满足以下几项条件。

第一，DIFF 快线自下而上穿越 DEA 慢线，或 DIFF 快线自高位下跌至 DEA 慢线处，因受到 DEA 慢线的支撑再度上升，两者之间的交汇点位于 0 轴上方，且距离 0 轴不远。

第二，DIFF 快线与 DEA 慢线之间的距离呈现出逐步温和放大态势，即 MACD 柱线位于 0 轴上方，且逐步缓慢伸长。

第三，DIFF 快线与 DEA 慢线若能沿着 MACD 柱线上升，则意味着股价上涨趋势能够保持的时间可能较为长久。

如图 3-11 所示，赛为智能的股价在 2015 年 3 月中旬后出现了一波震荡

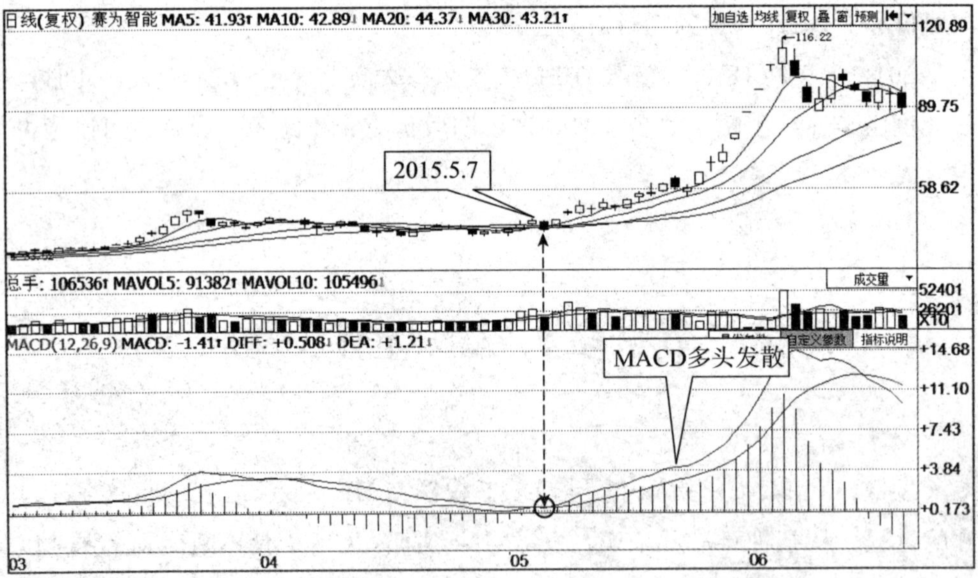

图 3-11 赛为智能（300044）MACD 指标走势图

调整走势，DIFF 快线和 DEA 慢线同步下降。此后 DIFF 快线下降至 0 轴附近时拐头向上，并于 5 月 7 日上穿 DEA 慢线，在 0 轴附近形成黄金交叉。这预示该股之后将发动一波上涨行情，投资者可于此时买入该股。

其后随着股价的上涨，DIFF 快线与 DEA 慢线呈多头发散排列态势，MACD 柱线位于 0 轴上方且呈温和伸长态势。DIFF 快线和 DEA 慢线紧贴 MACD 柱线温和上扬，预示该股走势较稳，后期涨幅可能较大，投资者可加大仓位。

2. 多头发散的原理

多头发散走势之所以能够推动股价持续上涨，主要源于道氏理论中的趋势运动原理。股价朝某一方向运动时，继续保持原有的运动方向会比较容易。也就是说，处于上涨趋势的股票，继续上涨会比较容易。当 MACD 指标呈多头排列的初期，往往是投资者入场的绝佳时刻。

多头发散，说明 DIFF 快线上升的速度快于 DEA 慢线的上升速度，也就意味着多头的力量在持续增强。众所周知，任何一方都不可能永远主导市场。若想长久地获得支配地位，只有通过持续性的拉升，即投入的资金缓慢地、持续地放大。

反之，若短期内投入资金量过大，则 DIFF 快线与 DEA 慢线之间的距离会迅速拉大。但物极必反，盛极而衰，这种态势肯定是无法持续的。

投资者按照 MACD 指标多头排列规则选择股票时，一定要选择那些具有持续上扬潜力的股票，即 DIFF 快线与 DEA 慢线之间的距离呈温和放大的股票。

当一只股票的 DIFF 快线和 DEA 慢线之间的距离由温和放大转为剧烈放大时，说明股价上涨速度加快，股价的顶点也就即将到来了。

3. 多头发散的操作建议

DIFF 快线与 DEA 慢线形成多头发散形态时，在具体操作方面需要注意以下几点。

第一，发散的起始点。DIFF 快线与 DEA 慢线必然从某一点开始逐步走向发散，而这个起点的位置至关重要。若起点位于0轴下方，说明此时空方仍占主导地位，投资者买入股票的仓位不宜过大；若起点位于0轴上方附近位置，则可加大仓位；若起点位于0轴上方高位，则宜慎重持仓。

第二，MACD指标呈多头发散时，若DIFF快线上升速度非常快，投资者只需持股待涨。发现股价有回调迹象时，可先立即出货；若DIFF快线上升速度比较温和，则可耐心持股。

第三，MACD指标呈多头发散时，若DIFF快线与DEA慢线之间的距离先前保持温和放大态势，在某一点位突然剧烈放大，则说明股价有加速上涨的态势，投资者可加仓跟进，并随时做好获利了结的准备。

如图3-12所示，德力股份的股价自2015年初启动了一波震荡上涨行情。2015年1月8日，DIFF快线自下而上穿越DEA慢线后，一直在DEA慢线上方运行，且距离越来越大，形成了MACD指标多头发散形态，这说明该股股价将持续上涨。由于此时DIFF快线和DEA慢线位于0轴下方，空方仍占据主导地位，因此投资者可先部分持仓。

随后该股股价出现了震荡回调，DIFF快线向DEA慢线靠拢，但因受

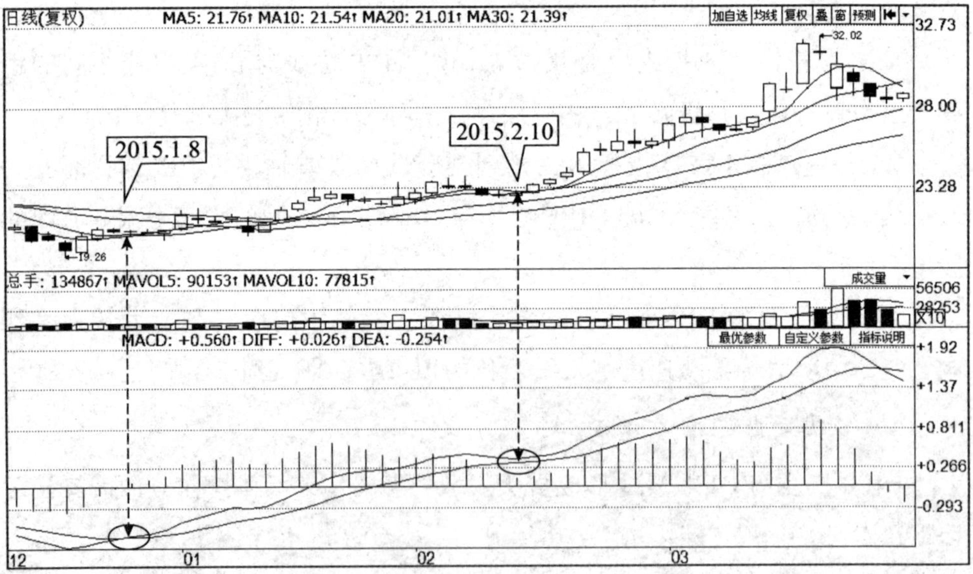

图3-12 德力股份（002571）MACD指标走势图

DEA 慢线的支撑作用再度发散。该发散启动点位于 0 轴上方，因此投资者可于此时加仓买入该股。随后，该股又发动了一波快速上涨行情。

二、空头发散的原理及操作建议

空头发散是指 DIFF 快线位于 DEA 慢线下方，且两者之间的距离逐渐变大的过程。空头发散意味着空头实力逐渐增强，股价也会逐步下跌。

1. 空头发散的特征

空头发散往往能够引领股价发动一波下跌行情。通常情况下，空头发散具有以下几项特征。

第一，DIFF 线自上而下穿越 DEA 慢线，或 DIFF 快线自低位上涨至 DEA 慢线处，因受到 DEA 慢线的阻力而再度下跌。

第二，DIFF 快线与 DEA 慢线之间的距离，越是呈现出逐步温和放大的态势，其下跌的时间可能持续得越久；反之，若 DIFF 快线与 DEA 慢线之间的距离呈现剧烈放大态势，则持续时间不会太久。

如图 3-13 所示，九安医疗的股价在 2015 年 6 月中旬随着大盘的暴跌而

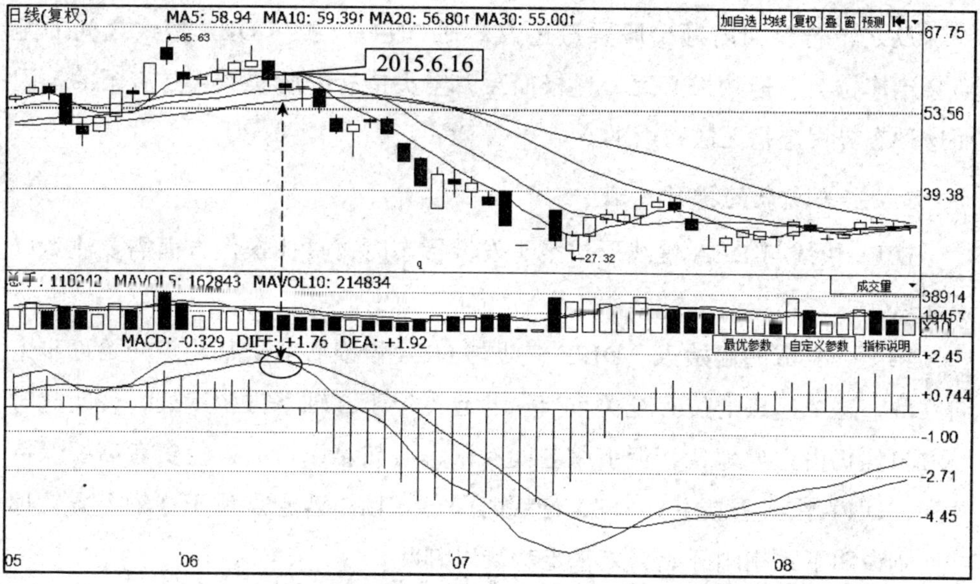

图 3-13 九安医疗（002432）MACD 指标走势图

出现了一波快速下跌行情，MACD 指标也同步快速下跌。

6月16日，DIFF快线自高位向下跌穿DEA慢线，形成了死亡交叉。随后，DIFF 快线一直位于 DEA 慢线下方运行，且两者之间距离越来越大，形成空头发散形态，这说明股价下跌行情还会持续。

由于 DIFF 快线拉升的速度和幅度都比较快，因此这种下跌态势一般不会持续时间太久。

2. 空头发散的原理

空头发散走势之所以能够推动股价持续下跌，主要源于道氏理论中的趋势运动原理。股价朝某一方向运动时，继续保持原有的运动方向会比较容易。也就是说，处于下跌趋势的股票，继续下跌会比较容易。当 MACD 指标处于空头排列的初期阶段时，往往是投资者离场的绝佳时机。

空头发散说明 DIFF 快线下跌的速度要快于 DEA 慢线的下跌速度，也就意味着空头的力量在持续增强。众所周知，任何一方都不可能永远主导市场，因而空头若想长久地获得支配地位，只能通过可持续性地打压，即抛出的股票缓慢地、持续地放大。

反之，若短期内抛出股票量过大，则 DIFF 快线与 DEA 慢线之间的距离会迅速拉大。但物极必反，盛极而衰，空头持有的股票数量是有限的，因而这种态势肯定是无法持续的。

3. 空头发散的操作建议

DIFF 快线与 DEA 慢线形成空头发散形态时，具体操作方面需要注意以下几点。

第一，发散的起始点。DIFF 快线与 DEA 慢线必然从某一点开始逐步走向发散，这个起点的位置至关重要。若起点位于 0 轴下方较远处，说明此时空方虽然仍占主导地位，但下跌空间有限，必然难以持久，投资者需要保持关注，DIFF 快线重新上穿 DEA 慢线时即可入场；若起点位于 0 轴上方较远处，则说明下跌刚刚开始，未来走势难以判断。

第二，MACD 指标呈空头发散时，无论 DIFF 快线下跌速度快还是慢，投资者都不宜入场，宜持币观望。

如图 3-14 所示，同花顺的股价自 2015 年 6 月启动了一波暴跌走势。6 月 11 日，DIFF 快线自高位向下跌穿了 DEA 慢线，此后 DIFF 快线一直位于 DEA 慢线下方，且距离越拉越大，这说明空头排列形态已经形成，投资者宜出清该股。

此后 DIFF 快线下跌的速度越来越快，说明这种下跌态势虽然很猛烈，但不会持续太长时间。半个月后，股价开始企稳，DIFF 快线也同步反弹向上。

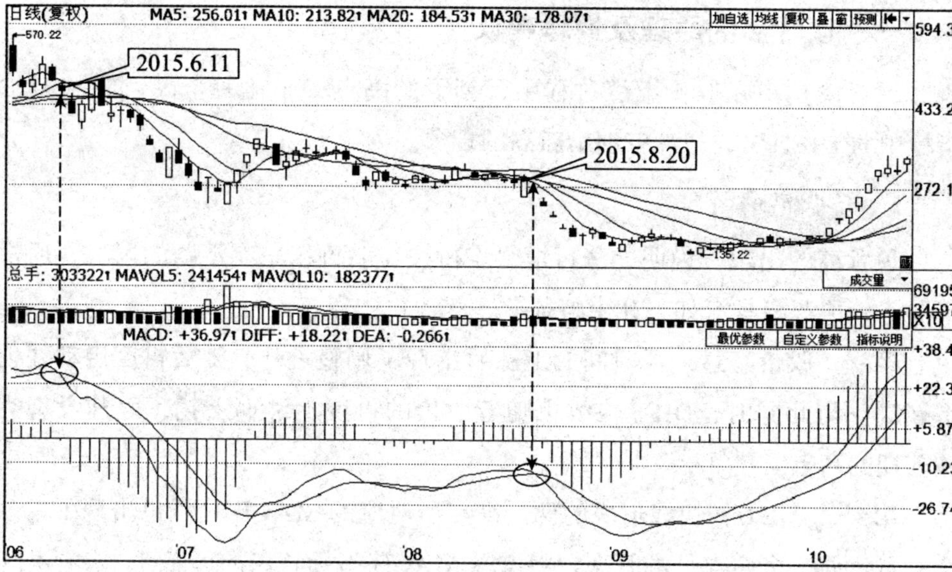

图 3-14 同花顺（300033）MACD 指标走势图

2015 年 8 月 20 日，处于反弹走势中的同花顺遇到均线的强大阻力再度下跌。与此同时，DIFF 快线再度下穿 DEA 慢线，并形成了空头排列。发散的启动点位于 0 轴下方较远处，这说明此时的下跌可能是该股最后一次下跌，未来很可能会出现筑底行情，投资者宜保持对该股的关注。

第三节 顶背离与底背离

MACD 指标背离，是指在股价上涨（下跌）过程中不断创出新高（低），但 MACD 指标中 DIFF 快线却没有创出新高（低）的一种现象。

MACD 指标背离主要包括顶背离和底背离两种。

一、顶背离的原理及操作建议

顶背离是指在股价上涨过程中，创下的高点一个比一个高，但 MACD 指标中的 DIFF 快线却没有创出新高的现象。

1. 顶背离的特征

顶背离的出现，说明上涨行情很难持续，股价未来有下跌的风险。通常情况下，顶背离具有如下几个特征。

第一，股价经过一段时间的上涨后出现了调整走势，随后再度启动并创下新高。与此同时，DIFF 快线也随着股价的再度上涨而上扬，但却没有突破前期的高点。

第二，若 DIFF 快线形成的两个高点所对应的 MACD 柱线也出现了后一个高点比前一个高点低的状态，将增强 MACD 指标背离的可靠性。

如图 3-15 所示，东方银星的股价在 2015 年上半年走出了一波震荡上涨行情。该股股价在 4 月 24 日和 5 月 29 日分别创下了两个短期高点，且后一个高点远远高于前一个。与此同时，DIFF 快线创下的两个高点却没有形成一个比一个高的态势，这说明股价与 MACD 指标出现了顶背离，未来股价下跌的概率很高。

2. 顶背离的原理——能量与速度原理

顶背离的形成主要基于能量与速度原理。

DIFF 快线本质上是 12 日指数移动平均线和 26 日指数移动平均线之间

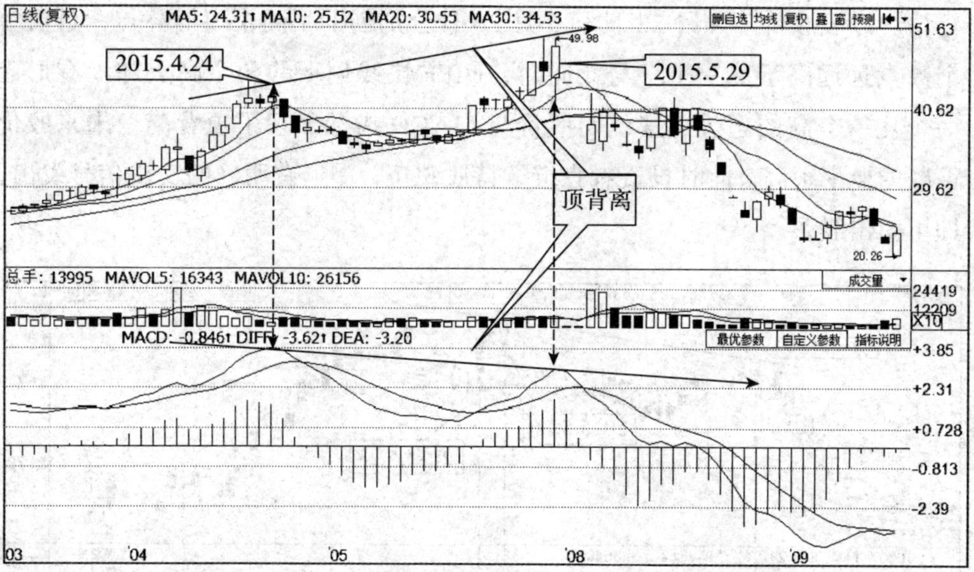

图 3-15　东方银星（600753）MACD 指标背离示意图

的差值，因而 DIFF 快线的上升幅度在很大程度上取决于上升动能的变化。也就是说，只有当股价上涨速度越来越快时，DIFF 快线才会越升越高。

股价则不然，只要加速度为正值，那么股价仍旧可以上涨。基于此，当股价上升到高位，多方能量不足，加速度开始降低时，股价仍旧可以创出新高，而 DIFF 快线则无法创出新高。

3. 顶背离的操作建议

股价与 MACD 指标出现顶背离时，具体操作方面需要注意以下几点。

第一，成交量的变化。若股价与 MACD 指标出现顶背离时，又同步与成交量指标出现顶背离，则意味着股价下跌的可能性非常大。

第二，股价与 MACD 指标出现顶背离的次数越多，越说明股价下跌的可能性非常大。

第三，顶背离形成后，DIFF 快线自上而下穿越 DEA 慢线形成交叉时，投资者可以卖出部分股票。若 DIFF 快线跌破 0 轴，则宜清空仓位。

如图 3-16 所示，国际医学的股价在 2015 年上半年走出了一波震荡上涨行情。该股股价于 4 月 23 日和 5 月 26 日分别创下了两个短期高点，且后一个高点远远高于前一个。与此同时，DIFF 快线创下的两个高点却没有形成一个比一个高的态势，这说明股价与 MACD 指标出现了顶背离，未来股价下跌的概率很高。此时投资者宜继续持股观望，一旦有明确的卖出信号发出，即可卖出股票。

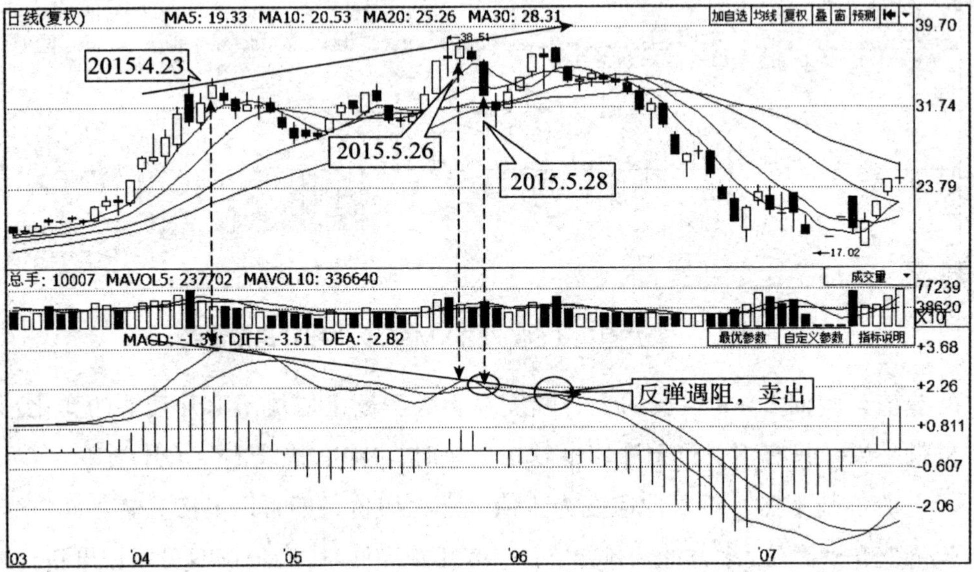

图 3-16 国际医学（000516）MACD 指标走势图

2015 年 5 月 28 日，国际医学的股价大幅下跌，并以跌停报收。与此同时，DIFF 快线自上而下穿越 DEA 慢线，形成了高位死叉。这说明股价上涨趋势很有可能会结束，投资者可在当日卖出部分股票。其后该股股价出现反弹，DIFF 快线同步反弹至 DEA 慢线处遇阻再度下跌，投资者可于此时清空股票。

其后，DIFF 快线与 DEA 慢线形成了空头发散形态，预示股价将出现较长时间的下跌。

二、底背离的原理及操作建议

底背离是指在股价下跌过程中创下的低点一个比一个低，但 MACD 指标中的 DIFF 快线却没有创出新低的现象。

1. 底背离的特征

出现底背离，说明下跌行情很难持续，股价未来存在筑底反弹的可能。通常情况下，底背离具有如下几个特征。

第一，股价经过一段时间的下跌后出现了反弹走势，随后再度启动下跌并创下新低。与此同时，DIFF 快线也随着股价的再度下跌而下降，却没有突破前期的低点。

第二，若 DIFF 快线形成的两个低点对应的 MACD 柱线也出现了后一个低点比前一个低点高的状态，将增强 MACD 指标底背离的可靠性。

如图 3-17 所示，浙江医药的股价在 2014 年 5 月到 6 月期间走出了一波震荡下跌行情。该股股价在 5 月 5 日和 6 月 19 日分别创下了两个短期低点，且后一个低点远远低于前一个低点。与此同时，DIFF 快线创下的两个低点却没有形成一个比一个低的态势，这说明股价与 MACD 指标出现了底背离，未来股价反弹的概率很高。

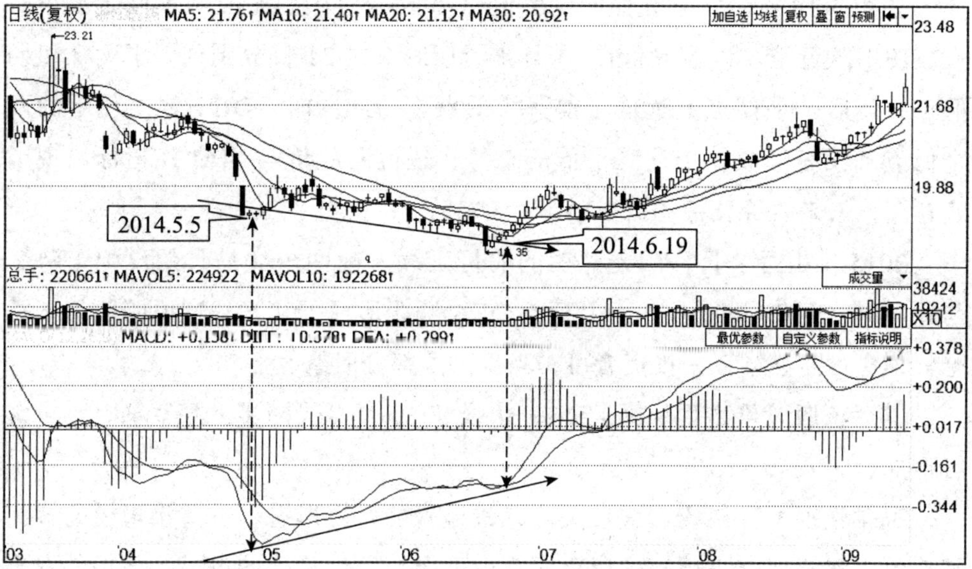

图 3-17 浙江医药（600216）MACD 指标底背离示意图

2. 底背离的原理——能量与速度原理

与顶背离相同，底背离的形成主要基于能量与速度原理。

DIFF 快线持续走出新低是需要加速度越来越大的，而股价则不然，只要有股票抛出，且加速度为正值，那么股价仍旧可以下跌。

基于此，当股价下降到低位，空方能量显示不足，加速度有所降低时，股价仍旧可以创出新低，而 DIFF 快线则无法创出新低。

3. 底背离的操作建议

股价与 MACD 指标出现底背离时，具体操作方面需要注意以下几点。

第一，成交量的变化。若股价与 MACD 指标出现底背离，又同步与成交量指标出现底背离，则意味着股价反弹的可能性非常大。

第二，股价与 MACD 指标出现底背离的次数越多，越能说明股价反弹的可能性非常大。

第三，形成底背离后，DIFF 快线自下而上穿越 DEA 慢线形成交叉时，投资者可买入部分股票。若 DIFF 快线向上突破 0 轴，则可加仓买入。

如图 3-18 所示，阳光照明的股价在 2014 年 11 月到 12 月期间走出了一波震荡下跌行情。该股股价在 11 月 14 日和 12 月 31 日分别创下了两个短期低点，且后一个低点远远低于前一个低点。与此同时，DIFF 快线创下的两个低点却没有形成一个比一个低的态势，这说明股价与 MACD 指标出现了底背离，未来股价反弹的概率很高。

2015 年 1 月 8 日，阳光照明的股价延续了前两个交易日的反弹走势。与此同时，DIFF 快线自下而上穿越 DEA 慢线形成了交叉，这说明股价下跌趋势很有可能会结束，投资者可在当日买入部分股票。

其后该股股价出现反弹，DIFF 快线和 DEA 慢线同步上穿 0 轴时，投资者可加仓买入。

通常情况下，投资者应该关注比较显著的背离形态，一些小规模的背离甚至可以忽略掉。小规模的背离尽管也可能会产生正确的信号，但是其发出错误信号的概率更高。

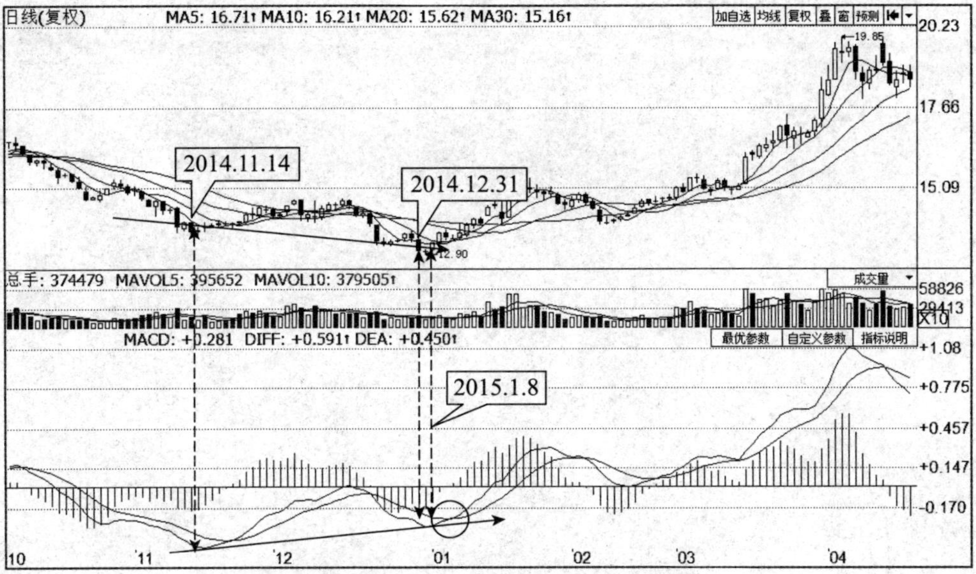

图 3-18 阳光照明（600261）MACD 指标走势图

第四章

MACD 指标超级实战技巧

本章将介绍一些以 MACD 指标为核心的综合实战技巧，以便于读者在股市交易实战中更好地应用 MACD 指标。

第一节 MACD 指标实战应用技巧

MACD 指标中的 DIFF 快线、DEA 慢线、MACD 柱线及其与 0 轴位置关系的不同组合，可能发出各类对投资者有交易价值的信号。

一、二度金叉猎杀强势股

二度金叉猎杀强势股，是指当 MACD 指标中的 DIFF 快线与 DEA 慢线连续两次形成黄金交叉时，预示股价将会发动一波快速上涨行情。

很多涨停股在启动前会出现 MACD 指标二度金叉的形态。

1. 形态描述

DIFF 快线自下而上穿越 DEA 慢线，且交叉点位于 0 轴上方，这时出现一个黄金交叉。当黄金交叉出现之后，经过一段时间的上涨，DIFF 快线出现短暂的下跌，且在下跌过程中出现了一个死叉。不久，DIFF 快线重新出现上升势头，并再次出现黄金交叉。

当这种在短期内连续出现黄金交叉的情况出现时，往往意味着股价将会有一段相当可观的上涨。

2. 操作建议

二度金叉猎杀强势股的具体要求如下。

第一，DIFF 快线与 DEA 慢线两次形成黄金交叉时，必须全部位于 0 轴上方。

第二，两个金叉之间的死叉时间不能太长，而且越短越好。

第三，两个金叉出现期间，成交量不能出现明显放大。

第四，在股价重新上涨的同时，MACD 指标出现第二个黄金交叉，预示该股马上要进行大幅拉升，投资者宜迅速跟进买入股票。

如图 4-1 所示，苏宁云商的股价在 2015 年上半年出现了一波震荡上涨行情。该股 MACD 指标在 2015 年 4 月 23 日和 5 月 4 日分别形成了黄金交叉形态。此时 DIFF 快线和 DEA 慢线均位于 0 轴上方不远处，且两次黄金交叉之间的死叉时间不长，期间又无成交量异常放大的情况，这说明该股股价很快就会发动一波快速上涨行情。

5 月 4 日，该股走出第二个黄金交叉时，投资者可考虑买入该股。其后该股发动了一波快速上涨走势，短期涨幅超过 60%。

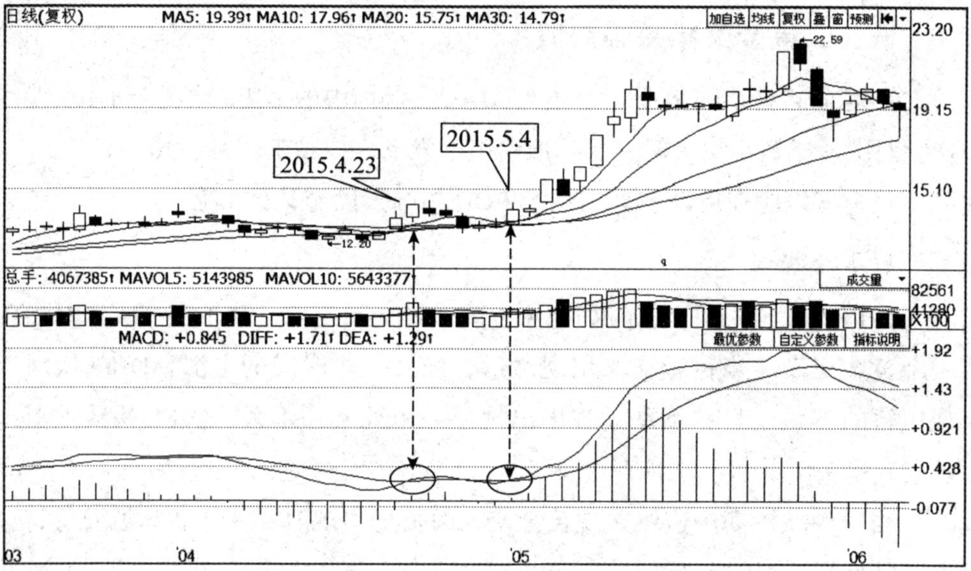

图 4-1 苏宁云商（002024）MACD 指标走势图

二、金叉不死，必有后“福”

金叉不死是指当 MACD 指标出现金叉形态后，DIFF 快线不升反降，遇 DEA 慢线支撑再度上升的形态。该形态也属于典型的看涨形态。

1. 形态描述

DIFF 快线自下而上穿越 DEA 慢线，且交叉点位于 0 轴上方，这时出现一个黄金交叉。当黄金交叉出现之后， DIFF 快线出现短暂的下跌，且在下跌至 DEA 慢线附近（没有跌破）时，因受 DEA 慢线的支撑而再度上升。

这种形态出现时，往往意味着股价将会有一段相当可观的上涨。

2. 操作建议

金叉不死，必有后“福”的具体操作要求如下。

第一，DIFF 快线与 DEA 慢线形成黄金交叉时，必须全部位于 0 轴上方。

第二，DIFF 快线下跌至 DEA 慢线处时，成交量不应该出现明显放大，且以缩量为佳。

第三，DIFF 快线下跌至 DEA 慢线处时，股价最好能在某一重要点位处获得支撑。

第四，股价重新上涨的同时，DIFF 快线再度上扬，投资者宜迅速跟进买入股票。

如图 4-2 所示，综艺股份的股价在 2015 年上半年出现了一波震荡上涨行情。该股 MACD 指标在 2015 年 4 月 29 日走出了黄金交叉形态，此时 DIFF 快线和 DEA 慢线均位于 0 轴上方不远处，这说明股价短期有走强的可能。

随后，该股股价不升反降，K 线连续跌破了 5 日均线和 10 日均线，但在 20 日均线处获得支撑。2015 年 5 月 7 日， DIFF 快线向 DEA 慢线靠拢，在将要形成死叉且未汇合时再度上扬，形成多头发散态势，这说明该股股价未来将发动一波快速上涨行情。

综艺股份走出黄金交叉形态时，投资者可考虑第一次建仓买入该股。随后 DIFF 快线受到 DEA 慢线支撑再度上扬时，可加仓该股。

三、低位双金叉 + 突破 0 轴

低位双金叉 + 突破 0 轴，是指 DIFF 快线与 DEA 慢线在 0 轴下方连续

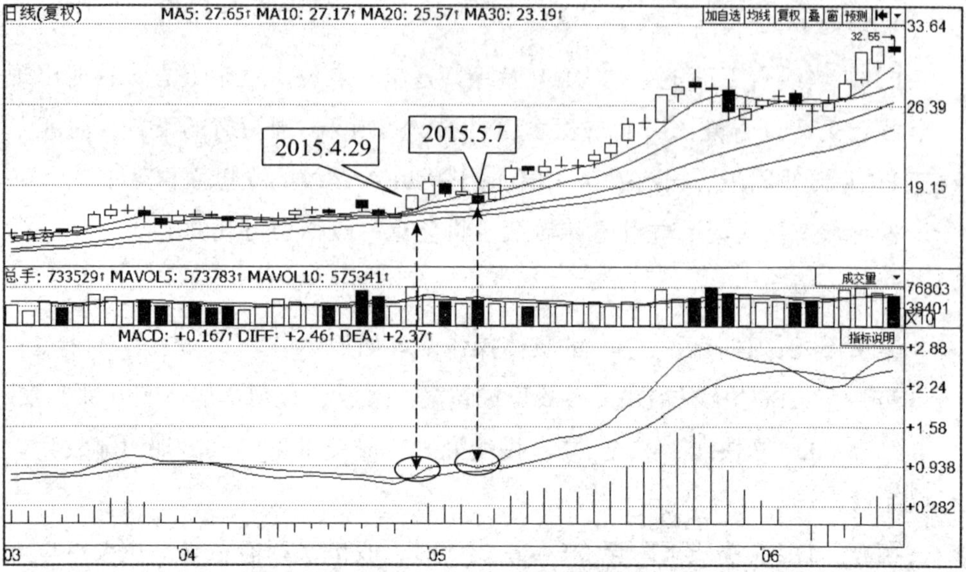

图 4-2 综艺股份（600770）MACD 指标走势图

形成两个金叉后，一举向上突破 0 轴。该形态也属于典型的看涨形态。

1. 形态描述

DIFF 快线自下而上穿越 DEA 慢线，且交叉点位于 0 轴下方，这时出现一个黄金交叉。其后 DIFF 快线短暂上升后立即回调，并与 DEA 慢线形成死叉。之后 DIFF 快线又一次拐头向上，并与 DEA 慢线形成第二个金叉。其后，DIFF 快线与 DEA 慢线同步向上穿越 0 轴。该形态预示股价短期将大幅上涨。

2. 操作建议

“低位双金叉 + 突破 0 轴”的具体要求如下。

第一，DIFF 快线与 DEA 慢线形成的两个黄金交叉点，必须全部位于 0 轴下方，且后一个交叉点应该高于前一个。

第二，DIFF 快线与 DEA 慢线形成死叉时，成交量不应该出现明显放大。

第三，DIFF 快线与 DEA 慢线形成死叉时，股价最好能在某一重要点位处获得支撑。

第四，形成第二个交叉后，投资者可进行第一次建仓。DIFF 快线和

DEA 慢线先后突破 0 轴时，投资者宜迅速跟进，加仓该股。

如图 4-3 所示，亚星锚链的股价在 2015 年上半年出现了一波震荡上涨行情。该股 MACD 指标在 2015 年 1 月 21 日走出了黄金交叉形态，此时 DIFF 快线和 DEA 慢线均位于 0 轴下方，这说明股价短期有走强的可能，但空方仍占据主导地位。

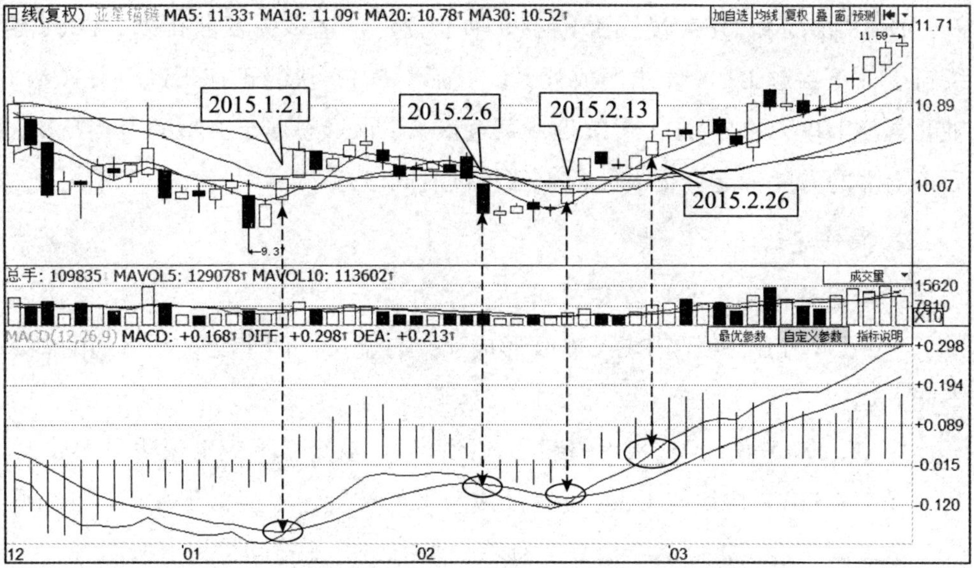

图 4-3　亚星锚链（601890）MACD 指标走势图

随后该股股价不升反降，2 月 6 日，DIFF 快线自上而下穿越 DEA 慢线形成死亡交叉。这说明股价短期将走弱，投资者宜谨慎观望。

随后 DIFF 快线又一次开始拉升，并于 2 月 13 日自下而上再度穿越 DEA 慢线形成金叉。此后 DIFF 快线和 DEA 慢线先后突破 0 轴，这说明多空力量对比已经发生逆转，股价将发动一波上涨走势。

DIFF 快线与 DEA 慢线第二次交叉点要高于第一次交叉点。第二次出现金叉时，投资者可买入部分股票。待 DIFF 快线和 DEA 慢线双双突破 0 轴时，投资者可加仓买入该股。

四、上档盘整再起飞

上档盘整是指股价上涨一段时间后，DIFF 快线在高位与 DEA 慢线形成死叉后，再次上攻形成高位金叉。此形态属于谨慎看涨形态，即在满足一定条件时才属于看涨形态。

1. 形态描述

DIFF 快线和 DEA 慢线都位于 0 轴上方，且呈多头发散排列，DIFF 快线自上而下穿越 DEA 慢线形成死叉。其后，DIFF 快线迅速下跌并在跌破 0 轴时再度上攻，并与 DEA 慢线形成黄金交叉。该形态属于典型的上档盘整，后市上涨的力度可能会很大，但上涨持续时间较短。

2. 操作建议

上档盘整再起飞的具体要求如下。

第一，DIFF 快线与 DEA 慢线形成死叉与金叉，两个交叉点之间的距离不能太远。

第二，DIFF 快线与 DEA 慢线形成死叉时，成交量不应出现明显的放大。

第三，DIFF 快线与 DEA 慢线形成金叉的位置，不能低于死叉出现前第一个金叉的位置，否则将会演变为顶背离形态，上涨空间极为有限。

第四，形成金叉后，投资者可迅速跟进买入该股。若股价上涨一段时间后出现滞涨走势，则应立即出货。

如图 4-4 所示，亿阳信通的股价在 2015 年上半年出现了震荡上升走势。2015 年 4 月 14 日，DIFF 快线与 DEA 慢线在 0 轴上方形成黄金交叉，随后 DIFF 快线与 DEA 慢线呈多头发散排列。这说明该股股价上升势头良好。

2015 年 4 月 28 日，DIFF 快线自上而下穿越 DEA 慢线形成死亡交叉，预示着股价短期将出现回调走势。其后 DIFF 快线并未跌破 0 轴，而是很快重新开始上升。

5 月 8 日，DIFF 快线自下而上再度与 DEA 慢线形成黄金交叉，且此交叉点高于 4 月 14 日的黄金交叉点。这说明股价运行趋势良好，投资者可于此时买入该股。

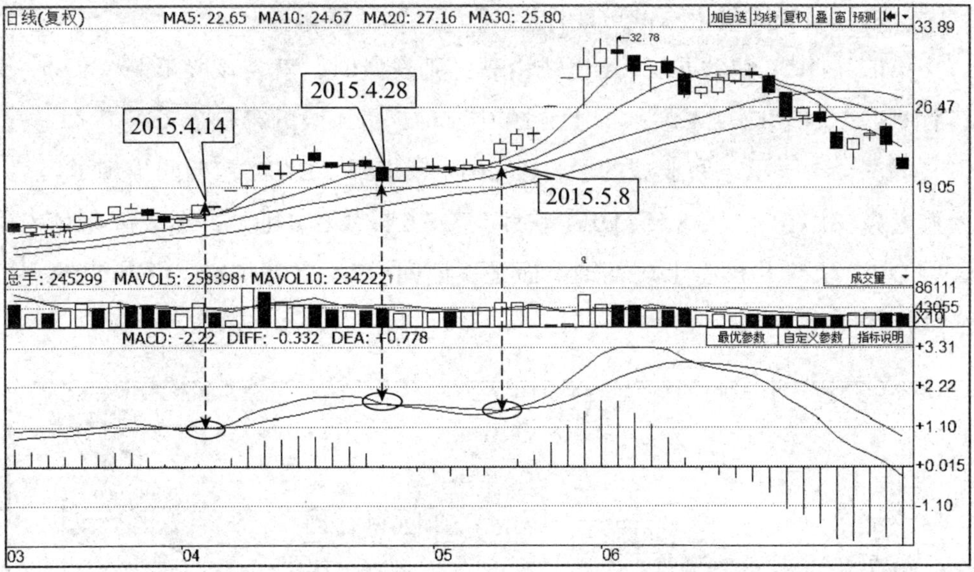

图 4-4　亿阳信通（600289）MACD 指标走势图

五、底部发散变多头

底部发散变多头，是指 DIFF 快线与 DEA 慢线形成黄金交叉后，由黏合转为多头发散的一种形态。该形态属于典型的看涨形态。

1. 形态描述

DIFF 快线和 DEA 慢线都位于 0 轴下方，DIFF 快线自下而上穿越 DEA 慢线形成金叉。其后 DIFF 快线没有上攻，而是向 DEA 慢线靠拢，两条线逐渐黏合在一起。随后，DIFF 快线与 DEA 慢线逐渐分离，且 DIFF 快线位于 DEA 慢线上方，形成多头发散排列，这预示着股价即将启动上涨。

2. 操作建议

底部发散变多头的具体要求如下。

第一，DIFF 快线与 DEA 慢线形成的金叉位于 0 轴下方。

第二，DIFF 快线与 DEA 慢线黏合在一起的时间越长，未来上涨的空间越大。

第三，DIFF 快线与 DEA 慢线逐渐走向多头发散排列时，若成交量同步放大，则可增加股价上涨的可能性。

第四，DIFF 快线与 DEA 慢线由黏合到发散时，就是该股第一个买点。其后 DIFF 快线和 DEA 慢线向上穿越 0 轴时，是该股的第二个买点。

如图 4-5 所示，商业城的股价在 2014 年末到 2015 年初期间出现了震荡盘整走势。2015 年 1 月 8 日，DIFF 快线与 DEA 慢线在 0 轴下方形成黄金交叉。随后 DIFF 快线并没有上攻 0 轴，而是逐渐向 DEA 慢线靠拢，并与 DEA 慢线黏合在一起。

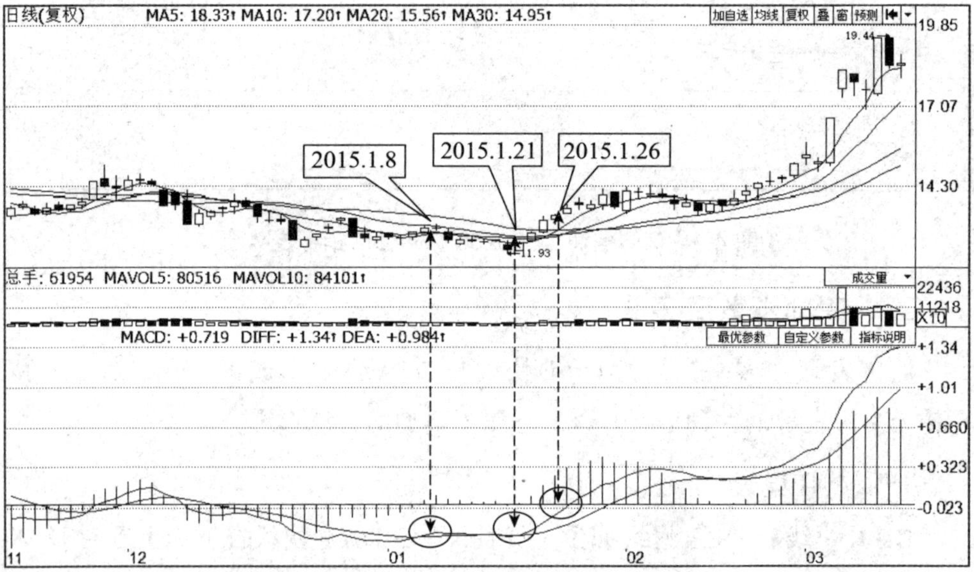

图 4-5 商业城（600306）MACD 指标走势图

2015 年 1 月 21 日，DIFF 快线拐头向上，与 DEA 慢线形成多头发散形态，预示着股价短期将出现上涨走势，投资者可在此时第一次买入该股。

其后的 1 月 26 日，DIFF 快线向上突破 0 轴。这说明多空实力对比已经发生了变化，多方开始占据主导地位，投资者可于此时加仓。

六、高空黏合空头发散

高空黏合空头发散，是指 DIFF 快线与 DEA 慢线在 0 轴上方黏合在一起，其后两者之间形成空头发散走势。该形态属于典型的看跌形态。

1. 形态描述

DIFF 快线和 DEA 慢线都位于 0 轴上方较远的位置，DIFF 快线与 DEA 慢线逐渐靠拢并黏合在一起。随后 DIFF 快线与 DEA 慢线逐渐分离，且 DIFF 快线位于 DEA 慢线下方，形成空头发散排列，预示着股价即将启动大幅下跌。

2. 操作建议

高空黏合空头发散的具体要求如下。

第一，DIFF 快线与 DEA 慢线形成的金叉位于 0 轴上方较远的位置，位置越高，未来下跌的幅度越大。

第二，DIFF 快线与 DEA 慢线黏合在一起的时间越长，未来下跌的空间越大。

第三，DIFF 快线与 DEA 慢线逐渐走向空头发散排列时，若成交量同步放大，则可增加股价下跌的可能性。

第四，DIFF 快线与 DEA 慢线由黏合到空头发散时，是该股第一个卖点。其后，DIFF 快线和 DEA 慢线向下穿越 0 轴时，是清空该股仓位之时。

如图 4-6 所示，国机汽车的股价在 2015 年 4 月到 6 月期间出现了震荡上涨走势。2015 年 4 月 16 日，处于上涨中的股价出现回调迹象，DIFF 快线自上而下穿越 DEA 慢线，在 0 轴上方形成死亡交叉。这说明该股股价短期有走弱的可能，投资者可考虑卖出部分股票。

随后 DIFF 快线并没有继续下跌，而是逐渐向 DEA 慢线靠拢，并与 DEA 慢线黏合在一起，期间 DIFF 快线与 DEA 慢线多次交叉。

2015 年 7 月 21 日，DIFF 快线拐头向下，与 DEA 慢线形成空头发散形态。这预示股价短期将出现下跌走势，投资者可在此时清空该股。

七、0 轴折返再升空

0 轴折返再升空，是指 DIFF 快线与 DEA 慢线在 0 轴上方形成死叉后跌破 0 轴，但很快 DIFF 快线拐头向上再度突破 0 轴，并与 DEA 慢线形成黄金交叉。该形态属于典型的看涨形态。

图 4-6 国机汽车（600335）MACD 指标走势图

1. 形态描述

DIFF 快线和 DEA 慢线都位于 0 轴上方，DIFF 快线与 DEA 慢线形成死亡交叉后，一路向下跌破 0 轴。随后 DIFF 快线拐头向上，一举突破 0 轴，同步与 DEA 慢线形成黄金交叉。

2. 操作建议

0 轴折返再升空的具体要求如下。

第一，DIFF 快线与 DEA 慢线形成的死叉位于 0 轴上方。

第二，DIFF 快线跌破 0 轴的时间不宜过长。

第三，DIFF 快线拐头向上突破 0 轴，与 DEA 慢线形成黄金交叉时，若成交量同步放大，则可增加股价上涨的可能性。

第四，DIFF 快线与 DEA 慢线形成黄金交叉时，是该股第一个买点；DIFF 快线和 DEA 慢线向上穿越 0 轴时，是该股的第二个买点。

如图 4-7 所示，成发科技的股价在 2015 年 1 月到 3 月期间出现震荡上涨走势。2015 年 1 月 30 日，处于上涨中的股价出现回调迹象，DIFF 快线自上而下穿越 DEA 慢线，在 0 轴上方形成死亡交叉。这说明该股股价短期有走弱的可能，投资者可考虑卖出部分股票。

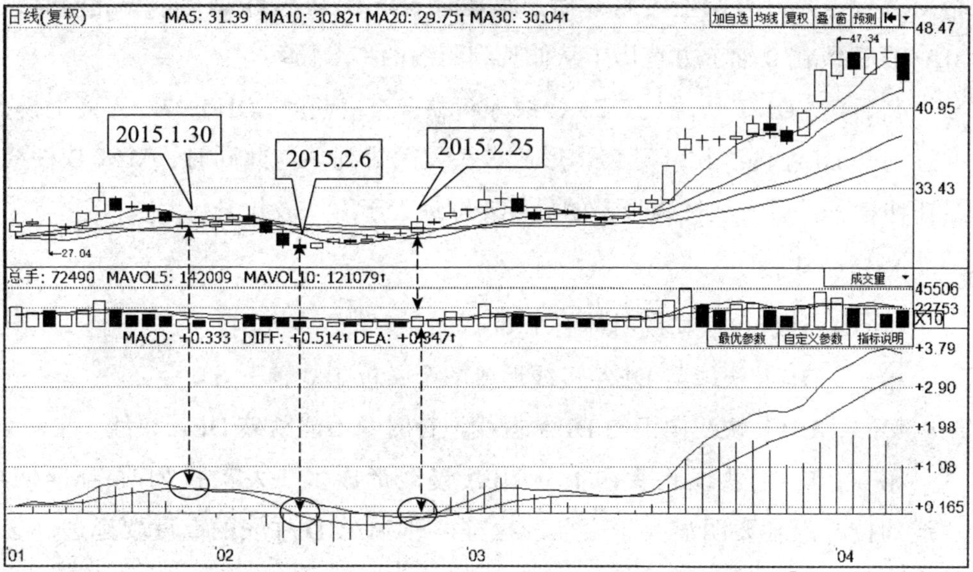

图 4-7　成发科技（600391）MACD 指标走势图

2 月 6 日，DIFF 快线跌破 0 轴，更加说明市场已经由多头主导转为空头主导。随后 DIFF 快线没有继续下跌，而是拐头向上。

2 月 25 日，DIFF 快线与 DEA 慢线形成黄金交叉，与此同时向上突破 0 轴。黄金交叉点正好位于 0 轴附近位置，这说明股价未来上涨的概率非常高，投资者可以考虑加大仓位买入该股。

八、MACD 柱线再起舞

MACD 柱线再起舞，是指 DIFF 快线与 DEA 慢线在 0 轴下方形成金叉后，迅速向 DEA 慢线靠拢。当两者黏合在一起后又迅速上扬，与此相对应，MACD 柱线在 0 轴上方经历了先小幅度拉升萎缩，然后再拉升的形态。该形态属于典型的看涨形态。

1. 形态描述

DIFF 快线和 DEA 慢线都位于 0 轴下方，DIFF 快线与 DEA 慢线形成黄金交叉后，并没有向上突破 0 轴，而是向下与 DEA 慢线靠拢。与此同时，MACD 柱线在 0 轴上方经历了从伸长到萎缩的一个循环。

其后，当 DIFF 快线与 DEA 慢线即将黏合在一起时，DIFF 快线再度上扬，并逐渐与 DEA 慢线拉开距离，形成多头发散排列。与此同时，MACD 柱线迅速伸长，且后一波柱线拉升的幅度要远远大于第一波拉升。

2. 操作建议

MACD 柱线再起舞的具体要求如下。

第一，DIFF 快线与 DEA 慢线形成的金叉位于 0 轴下方。

第二，DIFF 快线向下与 DEA 慢线汇合时，不能跌破 DEA 慢线。

第三，DIFF 快线拐头向上与 DEA 慢线形成多头发散排列时，MACD 柱线的拉升强度要明显大于之前的拉升，即 MACD 柱线的高度要远远高于前一波高度。

第四，DIFF 快线与 DEA 慢线形成多头发散排列时，是该股第一个买点；DIFF 快线和 DEA 慢线向上穿越 0 轴时，是该股的第二个买点。

如图 4-8 所示，青海华鼎的股价在 2015 年 1 月到 2 月期间出现了底部震荡走势。2015 年 1 月 6 日，处于调整中的股价出现反弹迹象，DIFF 快线自下而上穿越 DEA 慢线，在 0 轴下方形成黄金交叉，这说明该股股价短期有走强的可能。

由于此时 DIFF 快线和 DEA 慢线仍位于 0 轴下方，空头仍占据主导地位，因此投资者宜密切关注股价和 MACD 指标的变化。此时，MACD 柱线在 0 轴上方经历了小幅伸长的过程。

1 月 15 日，DIFF 快线自高位向下与 DEA 慢线黏合，之后又再度发散，MACD 柱线也由逐渐萎缩变为伸长走势。随后 DIFF 快线拐头向上，且上涨势头较猛，MACD 柱线伸长强度明显增强，投资者可在此时跟进买入该股。

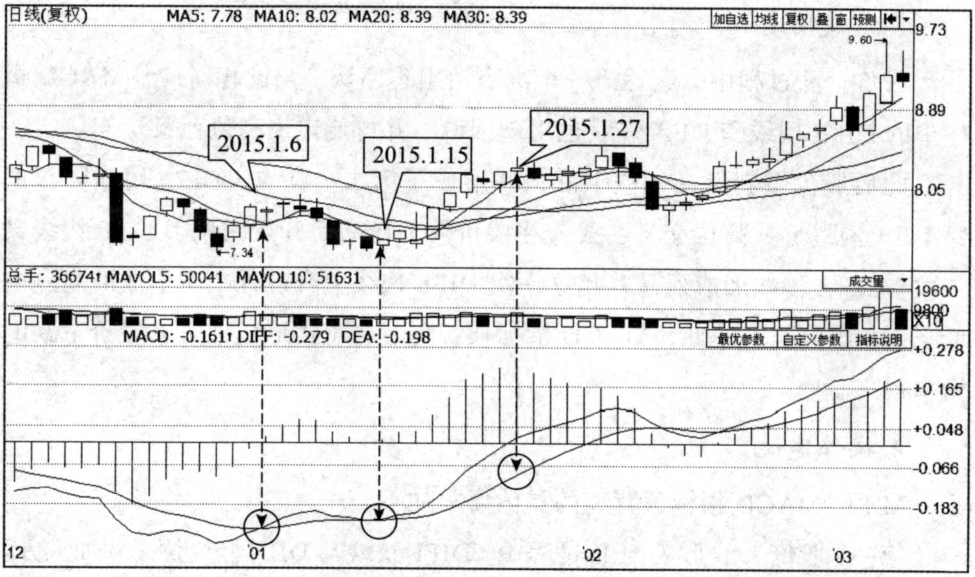

图 4-8 青海华鼎（600243）AMCD 指标走势图

1 月 27 日，DIFF 快线与 DEA 慢线向上突破 0 轴，这说明股价未来上涨的概率非常高，投资者可以考虑加大仓位。

第二节 MACD 指标与 K 线组合应用技巧

K 线的一些特殊形态往往能够发出较为明确的交易信号，如顶部形态、底部形态等。将 MACD 指标与 K 线特殊形态结合起来分析，可以让这些交易信号更加准确。

一、M 顶 +MACD 顶背离

K 线组合出现 M 顶形态，说明股价已经上涨至顶部位置，即将启动下跌。若两个顶部对应的 MACD 指标呈现顶背离形态，则可进一步增强卖出信号的准确性。该形态属于典型的看跌形态。

1. 形态描述

股价上涨过程中，到达第一个高点后出现回调。与此相对应，MACD 指标中的 DIFF 快线和 DEA 慢线也出现回调，并可能走出高位死叉形态。

此后股价重新发动一波上涨，并形成了第二个高点。DIFF 快线同步上穿 DEA 慢线形成高位交叉，接着在股价创下新高后开始回调，DIFF 快线又一次与 DEA 慢线形成死叉，且这一次 DIFF 快线上升过程中所形成的高点要低于前一次高点。至此，MACD 指标顶背离形态正式形成，未来股价下跌的概率很高。

2. 操作建议

M 顶 +MACD 指标顶背离的具体要求如下。

第一，股价 K 线形成 M 顶过程中，DIFF 快线与 DEA 慢线位于 0 轴上方。

第二，DIFF 快线与 DEA 慢线形成的两个死叉一个比一个低。

第三，形成 M 顶的第一个高点后，股价回调时成交量同步放大，将增加股价继续下跌的可能性。

第四，M 顶形成后，股价跌破颈线位是该股的一个卖点。DIFF 快线第二次与DEA形成死叉时，也是该股的卖点。DIFF 快线与 DEA 慢线跌破 0 轴时，是该股的清仓线。

如图 4-9 所示，新农开发的股价在 2015 年 6 月中下旬出现了明显的筑顶迹象。2015 年 6 月 12 日和 6 月 29 日，该股分别创下了两个顶部高点，形成了 M 顶形态。

按照 M 顶形态的操作要求，通常要等到股价跌破颈线位，才能正式确认 M 顶形态形成，不过此时股价已经下跌较大的幅度了。

如果结合 MACD 指标进行分析，投资者就可以提前做出卖出股票的判断。

首先，随着股价 M 顶形态的出现，MACD 指标在 6 月 16 日和 7 月 2 日分别出现了两个死亡交叉，都是比较明显的卖出信号。

其次，DIFF 快线在死叉前创下的两个高点一个比一个低，这说明股价

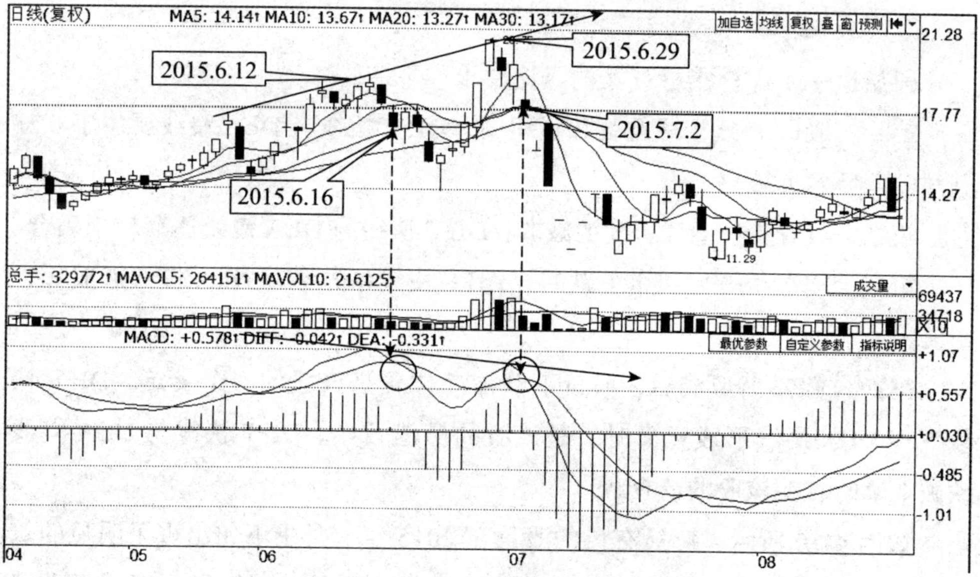

图 4–9　新农开发（600359）MACD 指标走势图

与 MACD 指标出现了顶背离形态。

因此，DIFF 快线与 DEA 慢线形成死亡交叉的 7 月 2 日，投资者就应该卖出股票，而不是等到跌破颈线时再卖出。

二、圆弧顶 +MACD 死叉

K 线组合出现圆弧顶形态时，说明股价已经上涨至顶部位置，且出现了明显的滞涨。若顶部位置对应的 MACD 指标呈现死亡交叉形态，则投资者可以提前卖出股票。该形态属于典型的看跌形态。

1. 形态描述

股价上涨到高位后，上涨速度明显放缓。此后又出现了缓慢下跌的迹象，形成了一个类似圆弧形的顶部。

与此相对应，MACD 指标中的 DIFF 快线和 DEA 慢线在上升至高位后也出现了回调，并出现了死亡交叉形态。死亡交叉形态的出现，意味着股价上涨趋势已经结束，马上将开始下跌行情。

2. 操作建议

圆弧顶 +MACD 指标死叉的具体要求如下。

第一，股价 K 线形成圆弧顶过程中，DIFF 快线与 DEA 慢线要位于 0 轴上方，且呈多头排列。

第二，随着股价上涨速度的减弱，DIFF 快线与 DEA 慢线逐渐趋于黏合。

第三，当股价开始缓慢下跌时，DIFF 快线率先穿越 DEA 慢线形成死亡交叉。

第四，圆弧顶形成后，股价下跌加速位置是该股的一个卖点。DIFF 快线下穿 DEA 慢线形成死叉时，是该股的最佳卖点。DIFF 快线与 DEA 慢线跌破 0 轴时，是该股的清仓线。

如图 4-10 所示，广晟有色的股价在 2015 年 6 月中下旬出现了明显的筑顶迹象。从 2015 年 6 月初开始，该股上涨速度明显减弱，但仍旧处于上涨趋势中，投资者可以继续持股。此时，DIFF 快线逐渐向 DEA 慢线靠拢，说明多方力量有所不足，投资者宜谨慎。

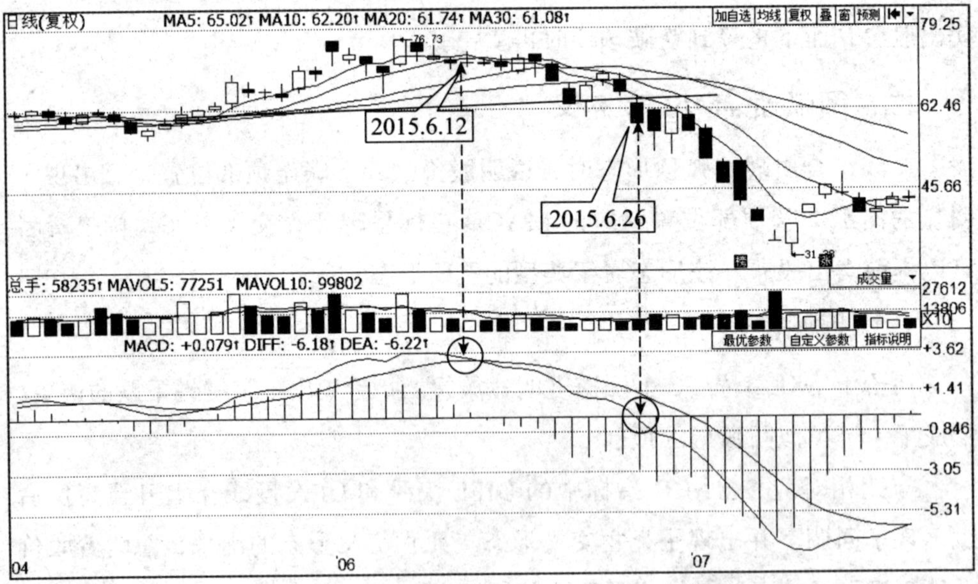

图 4-10 广晟有色（600259）MACD 指标走势图

此后，该股股价又出现了缓慢下跌走势，显示有形成圆弧顶的态势。此时投资者可以观察 MACD 指标的走势。2015 年 6 月 12 日，DIFF 快线向下穿越 DEA 慢线形成高位死亡交叉，此时就是该股一个较明确的卖点。

按照圆弧顶的分析方法，该股 6 月 26 日开始快速下跌，并跌破了圆弧顶的颈线，属于比较明确的卖出信号，但此时股价已经距高点有一段距离了。也就是说，MACD 指标死叉发出的卖出信号，要比圆弧顶形态给出的卖出信号早数个交易日。

三、头肩顶 +MACD 顶背离

K 线组合出现头肩顶形态时，说明股价已经上涨至顶部位置，即将启动下跌。若右肩低于左肩，将增加股价下跌的概率。头肩顶顶部对应的 MACD 指标若呈现顶背离形态，则可进一步提升卖出信号的准确性。该形态属于典型的看跌形态。

1. 形态描述

股价上涨至顶部位置后，连续形成了三个高点，且中间的高点明显高于其他两个，这三个高点就形成了头肩顶形态。

与此对应，MACD 指标中的 DIFF 快线在股价高点位置也形成三个高点。若第二个高点明显低于第一个高点，则说明 MACD 指标与股价形成了顶背离形态，寓示股价上涨难以持续，未来股价下跌的概率很高。

2. 操作建议

头肩顶 +MACD 顶背离的具体要求如下。

第一，股价 K 线形成头肩顶过程中，DIFF 快线与 DEA 慢线位于 0 轴上方。

第二，DIFF 快线形成的高点一个比一个低。

第三，头肩顶的左肩形成后，DIFF 快线会同步下跌，之后随着股价上涨再度上攻。头部形成后，DIFF 快线会再次拐头向下，并与 DEA 慢线形成死叉，不过此时形成的高点要低于左肩对应的高点。右肩形成时，DIFF 快线上攻力度较弱，根本无力上穿 DEA 慢线。

第四，头肩顶形成后，股价跌破颈线位是该股的一个卖点。头部成型，MACD 指标与股价形成顶背离后，DIFF 快线跌破 DEA 慢线形成死叉时，是该股的最佳卖出点。

如图 4-11 所示，杭氧股份的股价在 2013 年 1 月到 3 月期间形成了典型的头肩顶形态。2013 年 1 月 21 日和 2 月 20 日，该股股价分别创下了两个顶部高点，形成了头肩顶左肩和头部。随后，股价经过短暂的回调再度反弹向上，不过这次回调力度较小，很快又因遇到阻力而下跌，至此头肩顶的右肩形成。2013 年 3 月 18 日，该股股价跌破头肩顶的颈线位，投资者可于此时卖出该股。

图 4-11 杭氧股份（002430）MACD 指标走势图

如果结合 MACD 指标进行分析，投资者就可以提前做出卖出股票的判断。

首先，随着股价头肩顶左肩和头部形态的出现，MACD 指标分别出现了两个死亡交叉，都是比较明显的卖出信号。

其次，DIFF 快线在死叉前创下的两个高点一个比一个低，这说明股价与 MACD 指标出现了顶背离形态。

在 DIFF 快线与 DEA 慢线形成第二个死亡交叉的 2 月 27 日，投资者就应该卖出股票，而不是等到跌破颈线时卖出。

其后，在股价形成右肩的过程中，DIFF 快线也同步上攻，但力度很弱，刚刚突破 DEA 慢线立即下跌。这说明此次反弹力度有限，投资者宜回避。

四、W 底 +MACD 底背离

K 线组合出现 W 底形态时，说明股价已经下跌至底部位置，即将启动上涨。若两个底部对应的 MACD 指标呈现底背离形态，则可进一步增强买入信号的准确性。该形态属于典型的看涨形态。

1. 形态描述

股价下跌过程中，到达第一个低点后出现反弹。与此相对应，MACD 指标中的 DIFF 快线和 DEA 慢线也出现反弹，并可能走出低位金叉形态。此后股价重新发动一波下跌，并形成了第二个低点，DIFF 快线同步跌破 DEA 慢线形成交叉。

接着，股价在创下新低后开始回调，DIFF 快线又一次与 DEA 慢线形成金叉，且这一次 DIFF 快线下跌过程中形成的低点高于前一次。至此 MACD 指标底背离形态正式形成，未来股价上涨的概率很高。

2. 操作建议

W 底 +MACD 指标底背离的具体要求如下。

第一，股价 K 线形成 W 底过程中，DIFF 快线与 DEA 慢线位于 0 轴下方。

第二，DIFF 快线与 DEA 慢线形成的两个底部金叉一个比一个高。

第三，W 底的第二个低点形成后，股价反弹时成交量同步放大，将增加股价继续上涨的可能性。

第四，W 底形成后，股价突破 W 底颈线位，是该股的一个买点。DIFF 快线第二次与 DEA 形成金叉时，也是该股的买点。DIFF 快线与 DEA 慢线向上突破 0 轴时，是该股的加仓线。

如图 4-12 所示，中信证券的股价在 2012 年 8 月到 12 月期间出现了 W

底形态。该股股价分别于 8 月 28 日和 11 月 30 日创下了阶段最低点，且后一个低点明显低于前一个。

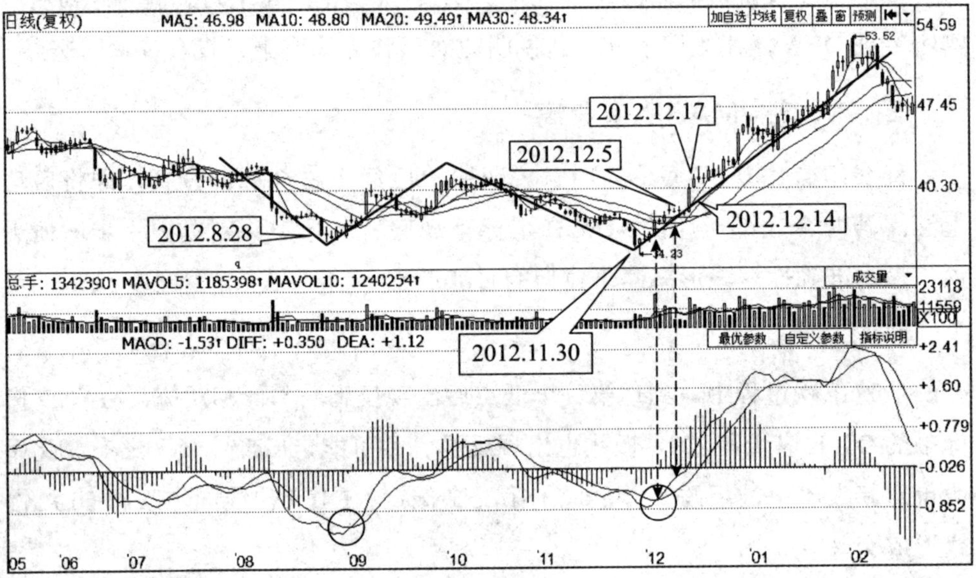

图 4-12 中信证券（600030）MACD 指标走势图

与此同时，MACD 指标中的 DIFF 快线也同步创下了两个阶段新低，不过后一个低点要高于前一个。至此，MACD 指标与股价形成了底背离形态，预示股价即将启动一波反弹走势。

2012 年 12 月 5 日，处于底部位置的 DIFF 快线向上突破 DEA 慢线，形成黄金交叉形态，预示股价反弹将开始。不过此时 DIFF 快线仍位于 0 轴下方，因而投资者可考虑少量建仓。

12 月 14 日，DIFF 快线率先突破 0 轴，下一个交易日股价 K 线成功突破颈线位。这都属于典型的买入信号，投资者可于此时加仓该股。

五、圆弧底 +MACD 金叉

K 线组合出现圆弧底形态时，说明股价已经下跌至底部位置，且出现了明显的下跌停滞。若底部位置对应的 MACD 指标呈现黄金交叉形态，则投资者可提前买入股票。该形态属于典型的看涨形态。

1. 形态描述

股价回调或下跌到低位后，下跌速度明显放缓，此后又出现了缓慢上涨的迹象，形成了一个类似圆弧形的底部。

与此相对应，MACD 指标中的 DIFF 快线和 DEA 慢线在下降至低位后也出现了反弹，并出现了黄金交叉形态。黄金交叉形态的出现，意味着股价下跌趋势已经结束，马上将开始上涨行情。

2. 操作建议

圆弧底 +MACD 指标金叉的具体要求如下。

第一，股价 K 线形成圆弧底的过程中，DIFF 快线与 DEA 慢线位于 0 轴下方，且呈空头排列。

第二，随着股价下跌速度的减弱，DIFF 快线与 DEA 慢线逐渐趋于黏合。

第三，当股价开始缓慢上涨时，DIFF 快线率先穿越 DEA 慢线形成黄金交叉。

第四，圆弧底形成后，股价上涨加速位置是该股的一个买点。DIFF 快线上穿 DEA 慢线形成金叉时，是该股的最佳买点。DIFF 快线与 DEA 慢线向上突破 0 轴时，是该股的加仓线。

如图 4-13 所示，五矿发展的股价在 2015 年 1 月到 3 月期间出现了圆弧底形态。该股股价自 2015 年 1 月 6 日开始了一波调整走势，且下跌的力度由强到弱。股价创下阶段低点后，开始逐渐反弹向上。

与此同时， MACD 指标中的 DIFF 快线也自低点反弹向上，并于 2 月 13 日向上突破了 DEA 慢线，形成黄金交叉形态。此交叉点位于 0 轴下方，投资者可先部分买入该股。

2015 年 3 月 3 日，DIFF 快线率先突破 0 轴，此时投资者可加仓买入该股。此后该股迅速上涨，并于 3 月 20 日成功突破了圆弧底下跌起始位即颈线位，保守型投资者可在此日加仓该股。

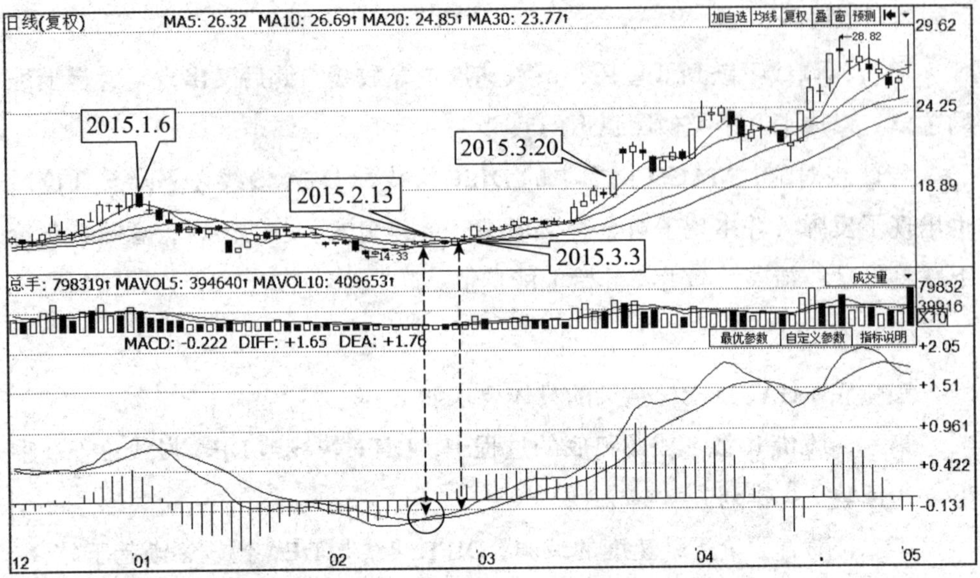

图 4-13 五矿发展（600058）MACD 指标走势图

六、头肩底 +MACD 底背离

K 线组合出现头肩底形态时，说明股价已经下跌至底部位置，即将启动上涨。若右肩高于左肩，将增加股价上涨的概率。若底部对应的 MACD 指标呈现底背离形态，则可进一步提升买入信号的准确性。该形态属于典型的看涨形态。

1. 形态描述

股价下跌至底部位置后，连续形成了三个低点，且中间的低点明显低于其他两个，这三个低点就形成了头肩底形态。

与此相对应，MACD 指标中的 DIFF 快线在股价出现低点时也形成三个低点。若第二个低点明显低于第一个，则说明 MACD 指标与股价形成了底背离形态。这说明股价下跌难以持续，未来股价上涨的概率很高。

2. 操作建议

头肩底 +MACD 底背离的具体要求如下。

第一，股价 K 线在形成头肩底的过程中，DIFF 快线与 DEA 慢线位于 0

轴下方。

第二，DIFF 快线形成的低点一个比一个高。

第三，头肩底的左肩形成后，DIFF 快线会同步反弹向上，之后随着股价的下跌再度下降。头部形成后，DIFF 快线会再次拐头向上，并与 DEA 慢线形成金叉，不过此时形成的低点要高于左肩对应的低点。右肩形成时，DIFF 快线回调力度较弱，有时根本无力下穿 DEA 慢线（右肩形成时，DIFF 快线有时根本就没有下降，或稍稍下降一点儿便上升，表明多头实力已经明显增强）。

第四，头肩底形成后，股价向上突破颈线位，是该股的一个买点。头部成型，MACD 指标与股价形成底背离后，DIFF 快线向上突破 DEA 慢线形成金叉时，是该股的最佳买点。

如图 4-14 所示，锦富新材的股价在 2011 年 10 月到 2012 年 4 月期间出现了头肩底形态。该股股价分别于 2011 年 10 月 24 日、2012 年 1 月 17 日、3 月 29 日创下了三个阶段低点，且 1 月 17 日创下的低点要明显低于其他两个，这说明头肩底形态正式形成。

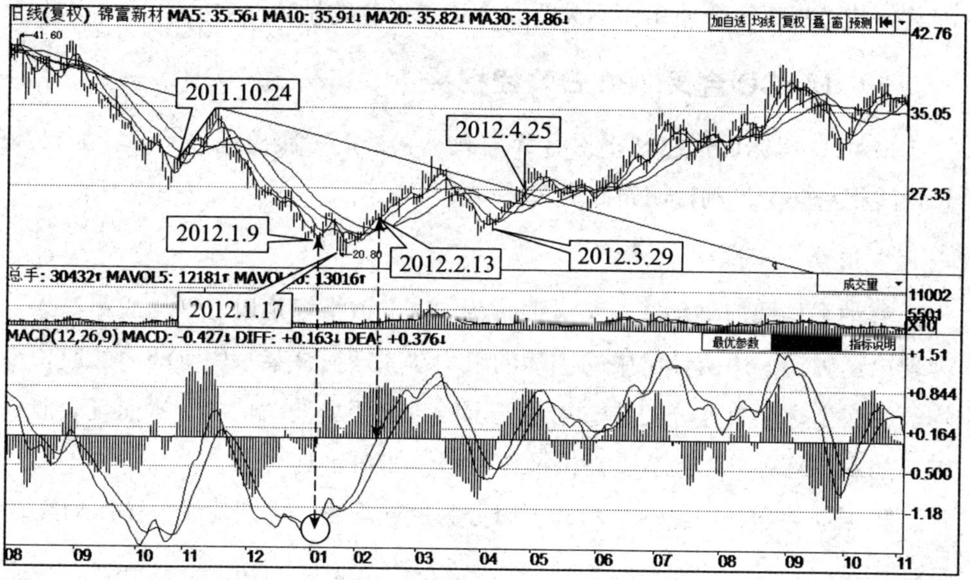

图 4-14 锦富新材（300128）MACD 指标走势图

与此同时，MACD 指标中的 DIFF 快线也同步创下了三个阶段新低，不过后一个低点都要高于前一个。至此，MACD 指标与股价形成了底背离形态，预示股价即将启动一波反弹走势。

2012 年 1 月 9 日，处于底部位置的 DIFF 快线向上突破 DEA 慢线形成黄金交叉形态，预示股价反弹将开始。不过此时 DIFF 快线仍位于 0 轴下方，且股价仍处于下跌趋势中，因而投资者可考虑少量建仓。2 月 13 日，DIFF 快线率先突破 0 轴，投资者可于此时加仓该股。

2012 年 4 月 25 日，该股股价顺利突破头肩底颈线位，说明该股股价上涨趋势正式形成，投资者可再次加仓买入。

第三节　MACD 指标综合实战应用技巧

在股票日常交易过程中，为了提升交易信号的准确性，将 MACD 指标和其他技术指标组合使用，不失为一个比较安全的做法。

一、MACD 金叉 +30 日均线拐头

MACD 指标低位出现多次金叉与死叉，最后一次出现金叉时，如果 30 日均线拐头向上，则说明筑底完成。

1. 均线——MA

移动平均线简称均线，英文简称为 MA，该指标是以“平均成本概念”为理论基础，采用统计学中的“移动平均”原理，将某一段时间内的股价平均值画在坐标轴上连成曲线，用来显示股价的历史波动情况，进而反映股价未来的发展趋势，为投资者提供操作依据，如图 4-15 所示。

根据周期参数的长短，均线可以分为短期均线、中期均线、长期均线。

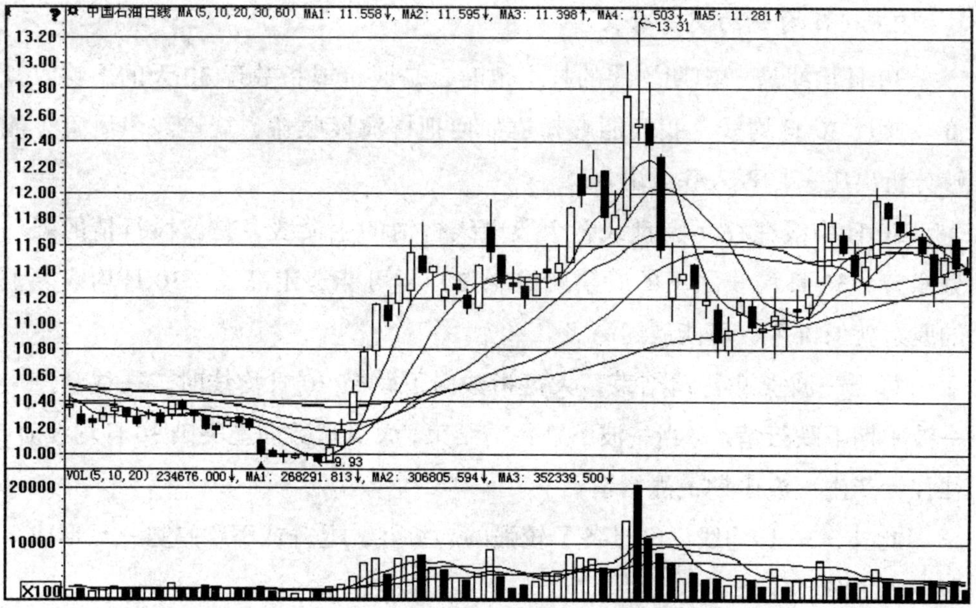

图 4-15 移动平均线（MA）

（1）短期均线。

短期均线中最常用的是 5 日均线和 10 日均线，分别代表一周或两周的平均价。短期均线揭示了市场的短期震荡，投资者可以以此做出短线买卖的决策。

（2）中期均线。

中期均线中最常用的是20日、30日和60日均线，20日均线代表一个月（4周）的平均股价，在中短线操作时常会用到。30 日均线和 60 日均线（季线）的波动更具稳定性，能指出市场的中期波动方向，是投资者中线操作的重要依据。

（3）长期均线。

长期均线中最常用到是 120 日均线和 250 日均线。250 日与股市一年的开市时间相差不多，因而常被称为年线；120 日一般代表了半年的周期，因而常被称为半年线。长期均线指明了行情的长期趋势，具有相当高的稳定性。

2. 30日均线的交易含义

30日均线属于中期均线的技术范畴，是股价或指数近30天的平均收盘价。通过30日均线，我们能够知道如何把握波段收益、规避波段风险，能够分析出庄家是否入驻或出货。

30日均线往往是大盘或者个股中线行情的生命线，是波段行情的强弱分水岭。30日均线之下的股票就像麻雀，不可能远走高飞。30日均线之上的股票就像雄鹰，可能展翅高飞。

每当一波上涨行情结束，大盘指数向下跌破30日均线时，往往会产生一波中期下跌行情。每当一波下跌行情结束，大盘指数向上突破30日均线时，往往会产生一波中期上涨行情。

此外，30日均线已经具备了较强的趋势性，上升或下跌趋势一旦形成，短期内很难改变。

概括起来说，30日均线对股价走势的影响包括以下几项。

（1）股价与30日均线双双上升或下降。

如果股价和30日均线皆呈上升趋势，表明上涨行情仍将继续，投资者可以适度追涨。如果股价和30日均线皆呈下降趋势，表明下跌行情仍将继续，投资者应坚决空仓。

（2）30日均线由走平到拐头。

30日均线处于低位并开始走平时，可能是主力进场建仓的信号。当30日均线由走平开始向上翘头时，表明主力建仓基本结束，中期趋势向好，投资者可大胆买入。

当股价上涨到一定高度后，如果30日均线有走平的迹象，说明股价滞涨，有可能是庄家刚开始出货，此时持股者可以先卖出部分股票。如果之后30日均线掉头向下，投资者应毫不犹豫地清空仓位。

（3）股价突破30日均线是最佳买卖点。

在低价位区间，股价自下而上突破30日均线时，往往是中长线最佳买入点。在高价位区间，股价自上而下跌破30日均线时，往往是中长线最佳卖出点。股价向上突破 30 日均线时，必须要有成交量放大的配合，否则买入信号的可靠性会降低。

有时股价完成向上突破后，会回抽到 30 日均线附近进行确认。如果股价重新回到 30 日均线以下，则说明此次突破是假突破，前期买入的投资者应果断止损。如果股价没有重新回到 30 均线以下，则证明突破有效，投资者可以在股价再次企稳回升之时加仓买入。

（4）股价回调不破 30 日均线。

在上升趋势中，30 日均线是庄家的护盘线。股价回档却没能跌破 30 日均线，且成交量明显萎缩，则股价再度上涨时是较佳的买入时机。

在下跌趋势中，30 日均线是较强的阻力线。股价反弹却没能突破 30 日均线，则股价再度下跌时是较好的卖出时机。

一般情况下，股价冲过 30 日均线后，至少要回调至 30 日均线一次。

3. 操作建议

30 日均线对股价运行趋势具有重要的指示作用，MACD 金叉则可在 30 日均线发出趋势向好的前提下帮助捕捉波段买入信号。

MACD 金叉 +30 日均线拐头的操作建议如下。

第一，股价在底部区域出现盘整走势，且 MACD 指标多次出现金叉与死叉，此时仍属于筑底阶段。

第二，MACD 指标出现金叉后，DIFF 快线继续上攻，无意回调时，若 30 日均线同时拐头向上，则意味着股价即将启动上涨。

第三，若 30 日均线拐头时，MACD 指标同步出现金叉，则此时为最佳买点。若 30 日均线拐头时，MACD 指标呈多头发散状态，可以直接追涨买入。DIFF 快线与 DEA 慢线能够自上而下突破 0 轴时，则属于该股的加仓点。

如图 4-16 所示，西部证券的股价在 2014 年中出现了震荡筑底迹象，MACD 指标在 0 轴下方多次出现金叉与死叉形态，这说明股价正在选择未来突破的方向。

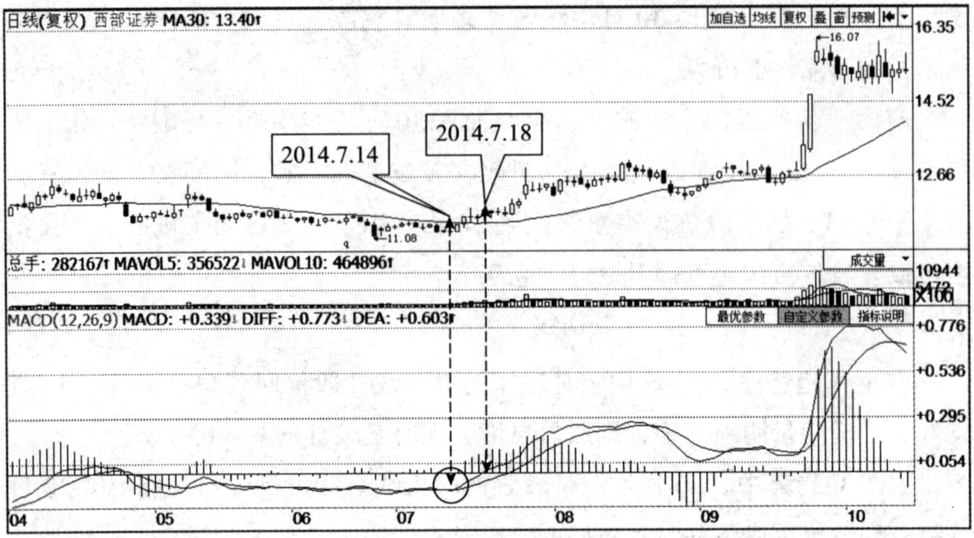

图 4-16 西部证券（002673）MACD 指标与 30 日均线组合走势图

2014 年 7 月 14 日，DIFF 快线向上突破了 DEA 慢线，形成黄金交叉，并且此时 30 日均线由下倾转为走平，说明股价有企稳向好的可能，投资者可于次日少量买入该股。

2014 年 7 月 18 日，DIFF 快线向上突破 0 轴，说明市场已经转为多头主导，此时 30 日均线出现拐头向上迹象，投资者可在此时加仓买入该股。

二、MACD 金叉 +KDJ 金叉

MACD 指标在 0 轴附近出现黄金交叉前，KDJ 指标已经先行出现黄金交叉，则意味着股价未来上涨的可能性较大。

1. 随机指标——KDJ

随机指标，英文简称为 KDJ，是一种中短线分析工具，主要用来反映市场上买卖力量的强弱和超买超卖现象，能够在股价尚未上升或下降之前发出准确的买卖信号。

该指标由乔治·兰恩博士首创，是根据统计学原理，将某个周期内出现过的最高价、最低价及最后一个收盘价作为基本数据，来计算最后一个计算

周期的未成熟随机值 RSV，然后根据平滑移动平均的方法确定 K 值、D 值与 J 值，并绘制成相应的曲线图来研判行情，如图 4-17 所示。

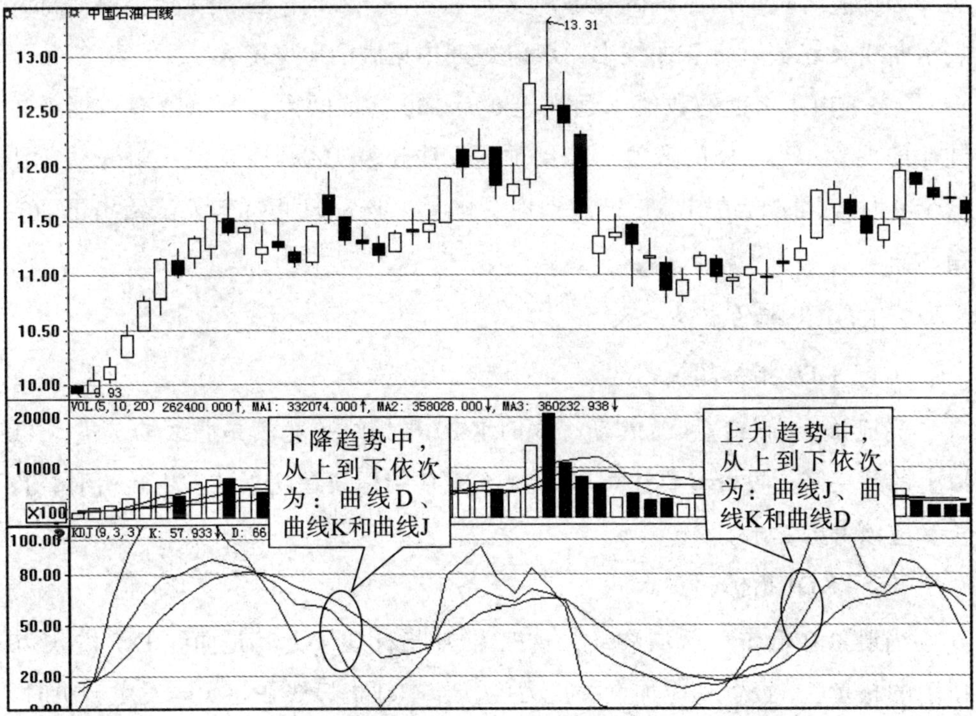

图 4–17　KDJ 指标图示

一般来讲，KDJ 指标具有如下几项特性。

（1）KDJ 指标由 K、D、J 三条曲线组成，其中波动最快的为曲线 J，其次是曲线 K，曲线 D 最为平滑，安全性也最好。

（2）K 值和 D 值的取值范围均在 0 ～ 100 之间（KDJ 指标的标准取值范围为 0~100%。很多炒股软件为了方便投资者应用，都省略了后面的百分号。本书下面介绍 KDJ 相关数值也同样省略了百分号），50 是 KDJ 指标值的多空分界线。当 KDJ 指标处于 50 中轴线之上时，表示市场处于多头行情中；当 KDJ 指标处于 50 中轴线之下时，表示市场处于空头行情中。

（3）KDJ 指标也是非常重要的超买超卖指标。当 KD 值＜ 20 时，为超卖状态；当 K D 值＞ 80 时，为超买状态。

（4）当 J 值＞ 100 时，曲线 J 会接触到顶部，表示曲线 K 已经远高于曲线 D，股价短期内见顶的概率增大；当 J 值＜ 0 时，曲线 J 会接触底部，表示曲线 K 已经远低于曲线 D，股价短期内见底的概率增大。

（5）由于 KD 的数值永远处于 0 ～ 100 的区间内，所以就有可能产生钝化的现象。当 KD 的数值已经到顶而无法超越 100，或是已经触底而无法低于 0 时，此时行情虽然依旧激烈地变化着，但 KDJ 指标却无法给出正确的指示。

2. KDJ 指标的交易含义

（1）KDJ 指标超买。

当股价在高价位区域波动，这时 KDJ 指标线（尤其是曲线 D）进入 80 以上的超买区，投资者要注意风险。当 KDJ 指标线在超买区发生转折时，投资者应该考虑卖出。

（2）KDJ 指标超卖。

当股价在低价位区域波动，这时 KDJ 指标线（尤其是曲线 D）进入 20 以下的超卖区，投资者应加大关注力度。当 KDJ 指标线在超卖区发生转折时，激进的投资者可以适当建仓。

（3）KDJ 指标低位金叉。

当 K 值和 D 值均小于 30（小于 20 更好），曲线 K 从下向上穿越曲线 D，则 KDJ 指标形成低位金叉，表示短期内人气聚集，股价有上涨的可能，是买入信号。在低位时，曲线 K 和曲线 D 可能会重复金叉多次。短时间内形成金叉的次数越多，买入信号越强烈。

（4）KDJ 指标高位死叉。

当 K 值和 D 值均大于 70（大于 80 更好），曲线 K 从上向下穿越曲线 D，则 KDJ 指标形成高位死叉，表示短期内人气涣散，股价有下跌的可能，是卖出信号。在高位时，曲线 K 和曲线 D 可能会重复死叉多次。短时间内形成死叉的次数越多，卖出信号越强烈。

（5）KDJ 指标与股价出现底背离。

当股价再次下跌时创出新低，而 KD 值在再次下降时却没有创出新低，称为底背离。这种现象暗示股价下跌行情即将结束，为买入信号。

（6）KDJ 指标与股价出现顶背离。

当股价再次上升时创出新高，而 KD 值再次上升时却没有创出新高，称为顶背离。这种现象暗示股价上涨行情即将结束，为卖出信号。

3. 操作建议

MACD 指标经常作为波段操作的重要参考指标，而 KDJ 指标因其灵敏度较高，常常被作为捕捉超短线买卖信号的利器。

MACD 金叉 +KDJ 金叉的操作建议如下。

第一，股价处于阶段底部或回调时，KDJ 指标率先走出黄金交叉形态，随后 MACD 指标也呈黄金交叉形态，两个金叉相隔的时间最好不要超过 3 个交易日。

第二，KDJ 金叉值小于 50，MACD 金叉位于 0 轴上方附近位置，MACD 金叉时成交量出现明显放大更佳。

第三，若两个金叉出现时，股价位于 20 日均线上方更好。

第四，20 日均线向上，MACD 指标出现金叉时，为该股的最佳买点。

如图 4-18 所示，兔宝宝的股价在 2015 年上半年出现震荡上涨行情。2015 年 4 月底到 5 月初期间，该股出现了短暂的回调，MACD 指标和 KDJ 指标同步出现死亡交叉形态。

2015 年 5 月 11 日，该股 KDJ 指标率先触底反弹，并形成了低位黄金交叉形态。此交叉点位于 50 线下方，说明该交叉点的含金量较高，投资者宜密切关注随后该股股价走势。

5 月 13 日，该股股价连续 3 个交易日上攻，MACD 指标在该日出现黄金交叉形态。此交叉点位于 0 轴上方附近，同样含金量十足。

至此，KDJ 金叉与 MACD 金叉共振出现，此时股价已经顺利突破 20 日均线，这说明短期内会有一波快速上涨行情。

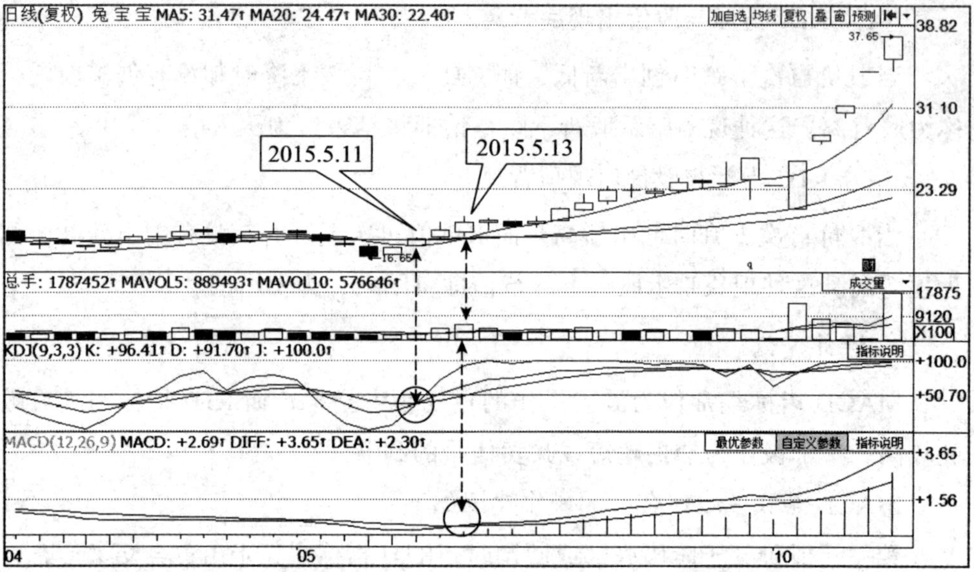

图 4-18 兔宝宝（002043）MACD 金叉与 KDJ 金叉共振

三、MACD 底背离 +CCI 向上突破 ±100

MACD 指标出现底背离形态，预示股价即将展开反弹。此时 CCI 指标向上突破 +100 线或 -100 线，则是较为明确的买入信号。

1. 顺势指标——CCI

顺势指标，英文简称为 CCI，由美国股市分析家唐纳德·兰伯特所创，是一种重点研判股价偏离程度的分析工具。该指标用目前股价的波动程度和常态分布范围比较，研判市场的超买超卖状态，用以捕捉趋势反转点。

CCI 指标看起来非常简单，仅仅由一条指标线构成。与很多波动范围在 0 ~ 100 之间的超买超卖指标（如 KDJ、RSI 等）不同，CCI 指标的运行区域没有限制，可以是从负无穷大到正无穷大之间的任何数值。如图 4-19 所示。

CCI 指标具有如下几项特性。

（1）CCI 指标有一个相对的技术参照区域：+ 100 和 – 100。当 CCI 指标运行到 + 100 以上时，进入超买区；当 CCI 指标运行到 – 100 以下时，进入超卖区；当 CCI 指标在 – 100 到 + 100 之间运行时，表示股价处于震荡区，

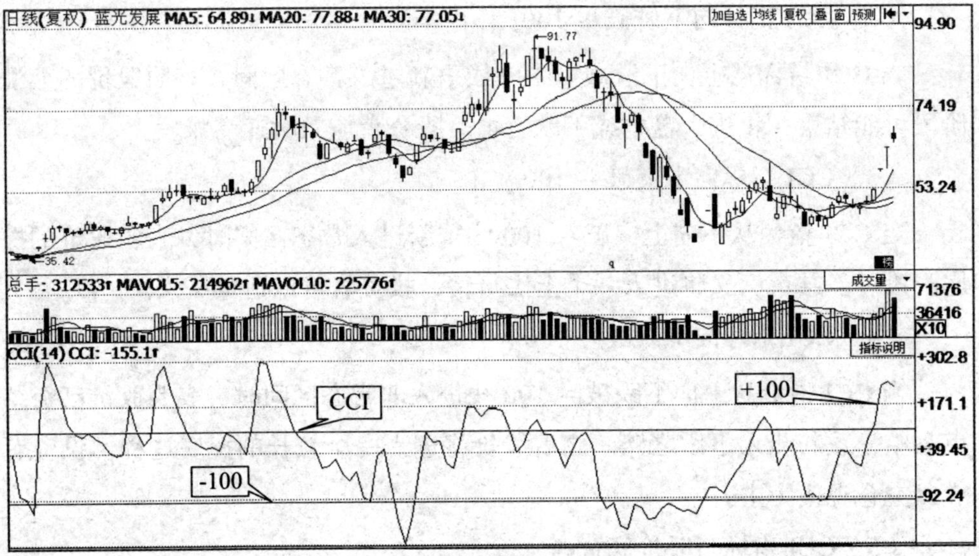

图 4-19 CCI 指标图示

这时该指标基本处于失效状态。因此，+ 100 是 CCI 的“天线”，－ 100 是 CCI 的“地线”。

（2）作为一种中短线的超买超卖指标，CCI 指标具有自己的独特之处。如果行情是超乎寻常的强势，走势不停地持续前进，很多超买超卖指标会突然失去方向，出现钝化现象。但 CCI 指标没有取值范围的限制，所以一般不会出现钝化现象，对于持续上涨或持续下跌的非常态行情，特别是那些短期内的暴涨暴跌走势研判非常有效。

（3）CCI 指标适用于股价突破后的连续上涨或者连续下跌行情。当股价在一个区间内连续反复震荡时，CCI 指标难以发出有效的买卖信号。

2. CCI 指标的交易含义

（1）CCI 指标向上突破＋ 100。

当 CCI 指标由下向上突破＋ 100 线进入非常态区间，表明股价脱离常态，进入异常波动的非常态走势，投资者可以实施中短线买入策略。如果股价同时在成交量放量配合下出现较大幅度的涨升，则买入信号更为可信。

（2）CCI 指标向下跌破＋ 100。

当 CCI 指标从上向下跌破＋ 100 线重新进入常态区间，表明股价的上涨阶段可能结束，将进入盘整或下跌行情，投资者应及时逢高派发。

（3）CCI 指标向上突破－ 100。

当 CCI 指标从下向上突破－ 100 线重新进入常态区间时，表明股价的探底阶段可能结束，又将进入一个上涨行情，投资者可以适量买入。

（4）CCI 指标向下跌破－ 100。

当 CCI 指标从上向下跌破－ 100 线进入非常态区间时，表明股价已经结束盘整，重新步入下跌之路。之后股价将进入一个较长的探底过程，投资者应以空仓观望为主。

（5）CCI 指标与股价底背离。

CCI 曲线处于－ 100 之下的非常态区间，在股价与 CCI 同时创出新低后，如果股价再次创出新低而 CCI 指标却止跌企稳，就形成底背离现象。底背离是行情见底信号，投资者可以适量买入股票。一般要反复出现几次底背离，才能确认趋势反转。

（6）CCI 指标与股价顶背离。

CCI 曲线处于＋ 100 以上的非常态区间，在股价与 CCI 同时创出新高后，如果股价再次创出新高而 CCI 指标却出现回落，就形成顶背离现象。顶背离是行情见顶信号，投资者应尽快卖出股票。

3. 操作建议

MACD 指标经常作为波段操作的重要参考指标，而 CCI 指标是寻找强势动能的最佳助手。也就是说，CCI 指标可以捕捉到异常的上涨或下跌动能。当 MACD 指标形成底背离形态时，说明股价将启动上涨。此时，若 CCI 指标发出强势买入信号，则未来股价上涨的概率会更高。

MACD 底背离 + CCI 向上突破 ±100 的操作建议如下。

第一，股价处于阶段底部，或回调时出现了两个明显的低点，且后一个低于前一个，而 MACD 指标形成的两个低点却是后一个高于前一个，这说明 MACD 指标与股价形成了底背离。

第二，MACD 指标出现底背离后，CCI 指标向上突破 +100 线或 -100 线，说明股价上升动能得到加强。

第三，CCI 指标向上突破 +100 线或 -100 线时，MACD 柱线应位于 0 轴上方，呈伸长形态。

第四，CCI 指标向上突破 +100 线或 -100 线时，为该股的最佳买点。

如图 4-20 所示，德力股份的股价在 2014 年中到 2015 年初出现震荡下跌行情。2014 年 11 月和 2015 年 1 月，该股股价分别出现了两个短期低点，且后一个低点低于前一个低点。MACD 指标也同步出现了两个低点，不过后一个要高于前一个。这说明 MACD 指标与股价形成了底背离形态。

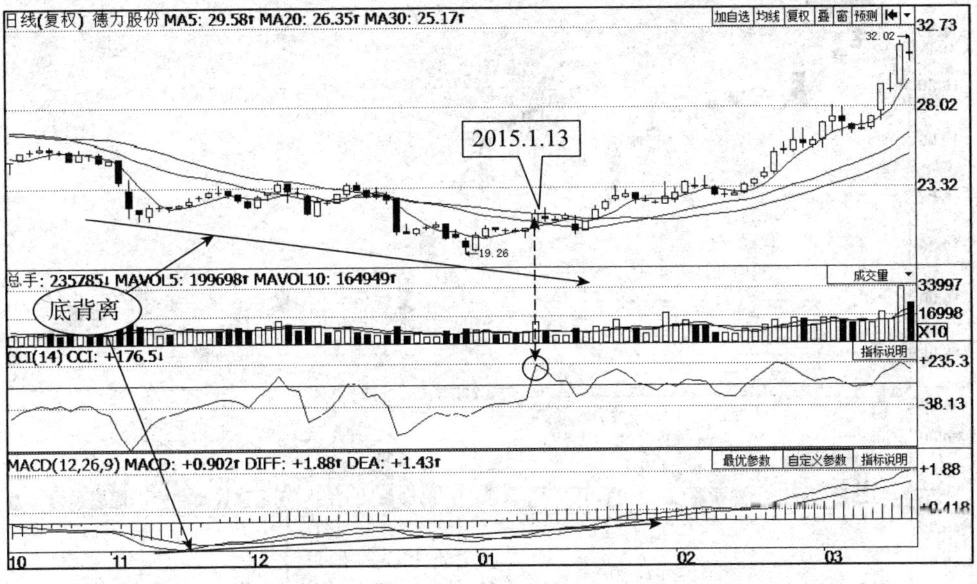

图 4-20　德力股份（002571）MACD 底背离与 CCI 买入信号

2015 年 1 月 13 日，该股 CCI 指标自常态区间向上突破 +100 线，说明股价上涨动能进入了超强区间。此时，MACD 指标中的 DIFF 快线正在向右上方倾斜，MACD 柱线位于 0 轴上方且逐渐变长，说明股价将发动一波快速上涨。投资者可在股价向上突破 +100 线后买入该股。

四、MACD 金叉 +RSI 超卖

MACD 指标在 0 轴附近出现黄金交叉前，RSI 指标早已进入超卖区间，则意味着股价未来上涨的可能性较大。

1. 相对强弱指标——RSI

相对强弱指标，又称力度指标，英文简称为 RSI，是由美国技术分析大师威尔斯·威尔德创立的。该指标通过比较一段时期内的收盘涨幅和总波动幅度之间的比值，来分析市场买卖意向和实力，从而对未来市场走势做出预测。

其基本原理是，在一个正常的股市中，多空买卖双方的力量必须得到均衡，股价才能稳定，如图 4-21 所示。

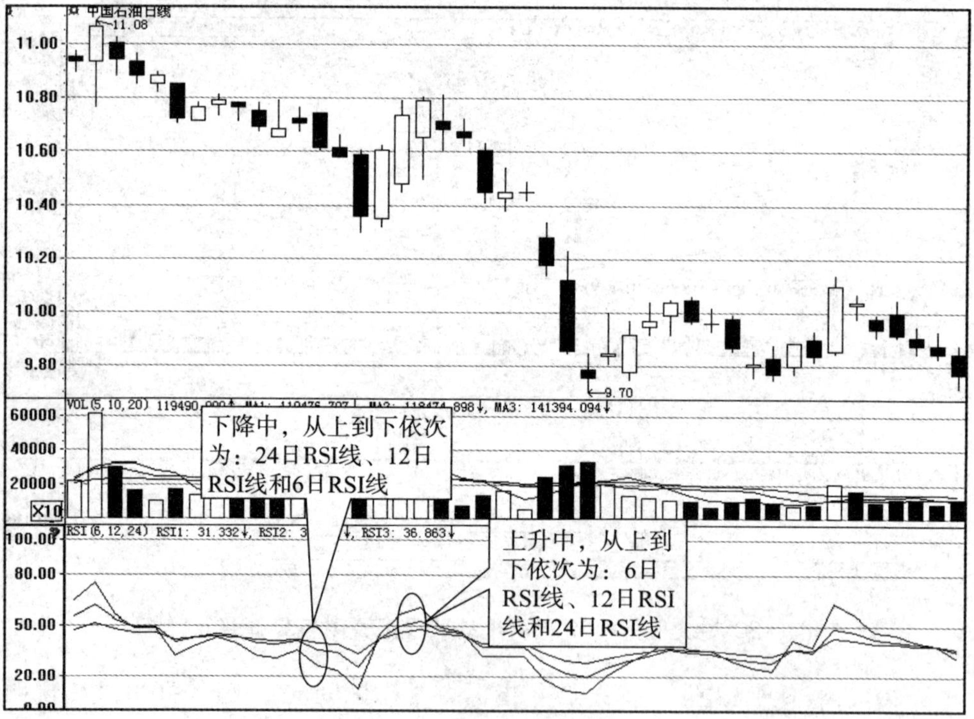

图 4-21 RSI 指标图示

RSI 指标具有如下几项特性。

（1）RSI 指标的波动较为频繁，但实用性较强，常被用来研判中短期趋势，以及预测阶段性顶部和阶段性底部。

（2）RSI 指标是向上和向下两种力量的比较，若向上的力量较大，则 RSI 曲线上升；若向下的力量较大，则 RSI 曲线下降。由此可以测算出市场走势的强弱。

（3）6 日 RSI 指标是一个短线技术指标，适合分析较短周期内的股价走势。如果要分析较长周期的股价走势时，投资者可以多参考 12 日 RSI 线和 24 日 RSI 线。

（4）RSI 指标的取值范围在 0 ~ 100 之间，RSI = 50 为强势市场与弱势市场分界点。RSI 曲线由上向下突破了 50 位置，代表市场已经转弱；RSI 曲线由下向上突破了 50 位置，代表市场开始走强。

（5）对于超买超卖区的界定，投资者可以根据市场具体情况而定。在一般市场行情中，RSI 数值（通常以 6 日 RSI 来判断）在 80 以上可以认为是超买，20 以下可以认为是超卖。但在牛市中，超买区可以定为在 90 以上，超卖区可以定在 30 以下；在熊市中，超买区可以定为 70 以上，超卖区可以定为 10 以下。

（6）由于设计上的原因，RSI 指标进入超买区或超卖区后，会出现钝化问题，这时尽管股价波动较大，但 RSI 的波动却非常缓慢。比如，在牛市中，RSI 值经常会升至 90 以上；在熊市中，RSI 值经常会降到 10 以下。所以，在较强的牛市或熊市中，如果 VR 等指标显示股价为强势，那么投资者应该放弃使用 RSI 指标。

（7）RSI 指标的取值范围分为 5 个区域，投资者可以根据指标值落入的区域来判断行情的强弱，如表 4-1 所示。

表 4-1 RSI 指标取值区域划分

取值范围	市场强弱	建议操作
80 ~ 100	极强	卖出
60 ~ 80	强	买入
40 ~ 60	适中	观望
20 ~ 40	弱	卖出
0 ~ 20	极弱	买入

2. RSI 指标的交易含义

（1）RSI 值大于 80，超买。

当 6 日 RSI 进入 80 以上区域时，说明市场进入超买状态，市场有短期回档的风险，投资者可先行减仓。当 6 日 RSI 向下跌破 80 位置时，投资者应果断卖出。

（2）6 日 RSI 值小于 20，超卖。

当 6 日 RSI 进入 20 以下区域时，说明市场进入超卖状态，市场有短期反弹的机会，投资者要密切关注股价动向，并可适量建仓。当 6 日 RSI 向上突破 20 位置时，投资者可短线买入。

（3）RSI 指标低位金叉。

如果短期 RSI 线在低位（通常为 50 以下）向上突破长期 RSI 线，则 RIS 指标形成金叉，为重要的买入信号。若金叉出现在 20 以下的超卖区，则信号更为可靠。当金叉出现在 50 以上的高位时，虽然也是看涨信号，但这种情况下股价上涨的空间十分有限，投资者不宜介入。

（4）RSI 指标高位死叉。

如果短期 RSI 线在高位（通常为 50 以上）向下跌破长期 RSI 线，则 RIS 指标形成死叉，为重要的卖出信号。若死叉出现在 80 以上的超买区，则信号更为可靠。当死叉出现在 50 以下的低位时，虽然也是看跌信号，但在这种情况下卖出的话，可能会卖在低价上。

（5）RSI 指标与股价发生底背离。

RSI 指标位于 50 以下的低位，RSI 曲线形成两个依次上升的低谷，而股价却还在下跌，从而形成底背离现象，这是较为强烈的买入信号。

（6）RSI 指标与股价发生顶背离。

RSI 指标位于 50 以上的高位，形成两个依次下降的高峰，而股价却还在上涨，从而形成顶背离现象，这是较为强烈的卖出信号。

3. 操作建议

RSI 指标进入超卖区间，意味着短期内股价将会反弹向上。若此时 MACD 指标出现黄金交叉，则意味着股价未来上涨的可能性较大。

MACD 金叉 +RSI 超卖的操作建议如下。

第一，股价处于阶段底部或回调时，RSI 指标率先进入超卖区间，说明市场下跌动能不足，随时有可能出现反弹走势。

第二，RSI 指标发出超卖信号后，DIIF 快线上穿 DEA 慢线形成黄金交叉形态，且该交叉点位于 0 轴附近，可印证股价即将上涨的判断。

第三，MACD 指标出现金叉时，6 日 RSI 指标应处于上升趋势中且突破 20 线。

第四，MACD 指标出现金叉时，为该股的最佳买点。

如图 4-22 所示，中京电子的股价在 2014 年底出现了一波快速杀跌走势，RSI 指标与 MACD 指标同步下降。2014 年 12 月 23 日，6 日 RSI 指标跌破了 20 线，说明该股已经进入了超卖区间，下跌动能难以持续，未来随时有上涨的可能。

2015 年 1 月 5 日，在超卖区间多日的 RSI 指标拐头向上突破了 20 线，这说明股价有企稳迹象，此时 MACD 指标已经出现向右上方倾斜的迹象。

1 月 14 日，DIFF 快线向上突破 DEA 慢线，形成黄金交叉形态，这说明股价上涨趋势已经确立，投资者可于当日第一次买入该股，并于 DIFF 快线向上突破 0 轴时加仓买入。

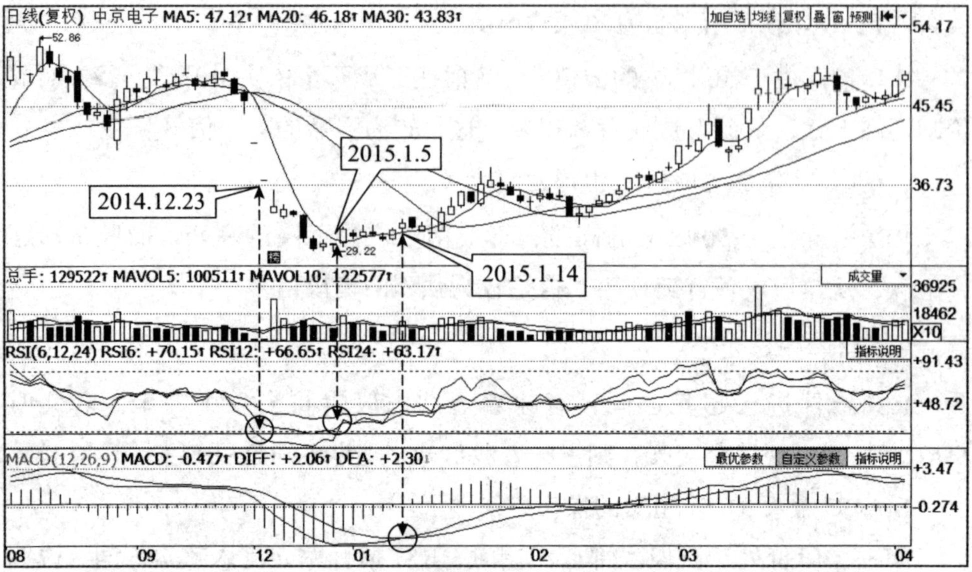

图 4-22 中京电子（002579）MACD 金叉与 RSI 超卖示意图

第五章

MACD 指标实战操盘技巧

识别股价运行趋势，判断顶部与底部，并找到恰当的买点与卖点，是 MACD 指标在交易实战中最主要的功能。

第一节 MACD 指标与上升、下降趋势识别

上升、下降或横盘，是股价运行的三种主要趋势。通常情况下，在某一时间段内，股价运行会以某种趋势为主。

基于前面对 MACD 指标的介绍，投资者可以发现，该指标在识别上升趋势和下降趋势方面效果较佳。

一、利用 MACD 指标识别上升趋势

目前，由于我国股市缺少做空机制，因而识别上升趋势就显得尤为重要。按照上升周期的长短，可以将上升趋势分为长线上升趋势和中短线上升趋势两种。

1. 长线上升趋势识别

长线上升趋势，是指股价在某一较长时间段内持续上升的一种趋势形态。当然，一轮股票上升行情能够持续多久，投资者并不可能事先做出判断，但通过建立相关的技术参数组合，以寻找正处于长线上升趋势的股票，则是可以实现的。

判断一只股票有无进入长线上升趋势，可以通过以下几项指标进行判断。

（1）60 日均线。

60 日均线是一条涵盖三个月（以交易日计算）股票收盘价均值的走势线，对股价长期走势具有重要的支撑或阻力作用。一只股票处于或即将进入长线上升趋势，需要满足以下三个条件。

第一，60 日均线向右上方倾斜或自底部拐头向上。

第二，股价 K 线位于 60 日均线上方。

第三，股价回调未有效跌破 60 日均线。

（2）DIFF 快线。

DIFF 快线位于 0 轴上方。

（3）MACD 柱线。

MACD 柱线大多数时间位于 0 轴上方，即呈红柱的时间明显多于绿柱。

通常情况下，满足以上三个条件时，就可以认定股价处于上涨趋势中。

如图 5-1 所示，苏宁云商的股价在 2014 年下半年启动了一波震荡上涨行情，MACD 指标也随之震荡攀升。

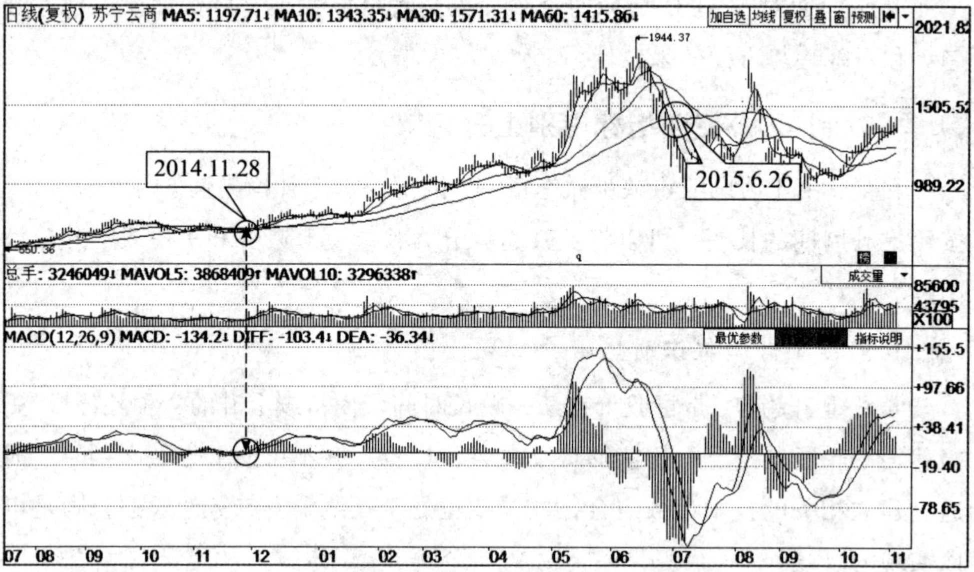

图 5-1 苏宁云商（002024）上升趋势走势图

2014 年 11 月 28 日，经过多日调整的苏宁云商股价 K 线向上突破了 60 日均线，且此时 60 日均线正处于上升趋势中，表示该股长期趋势向好。此时处于下跌趋势中的 DIFF 快线遇到 0 轴后拐头向上，MACD 柱线也同步向上拉升，这说明股价已经进入了长期上升趋势，长线投资者可以考虑买入该股并长期持有。

2015 年 6 月 26 日，该股股价跌破 60 日均线，同时 DIFF 快线也跌破了 0 轴，投资者可在此时卖出股票。此轮上升趋势持续了半年有余。

喜欢长期持股的投资者，可以将 60 日均线换成 120 日均线，其他技术指标不变，这样可以屏蔽很多次股价中线波动。

如图 5-2 所示，苏宁云商的股价在 2014 年下半年启动了一波震荡上涨行情。2014 年 7 月 29 日，DIFF 快线率先向上突破 0 轴，说明股价开始走强。但作为长线投资者，仍需要继续观察，等待发出其他买入信号。

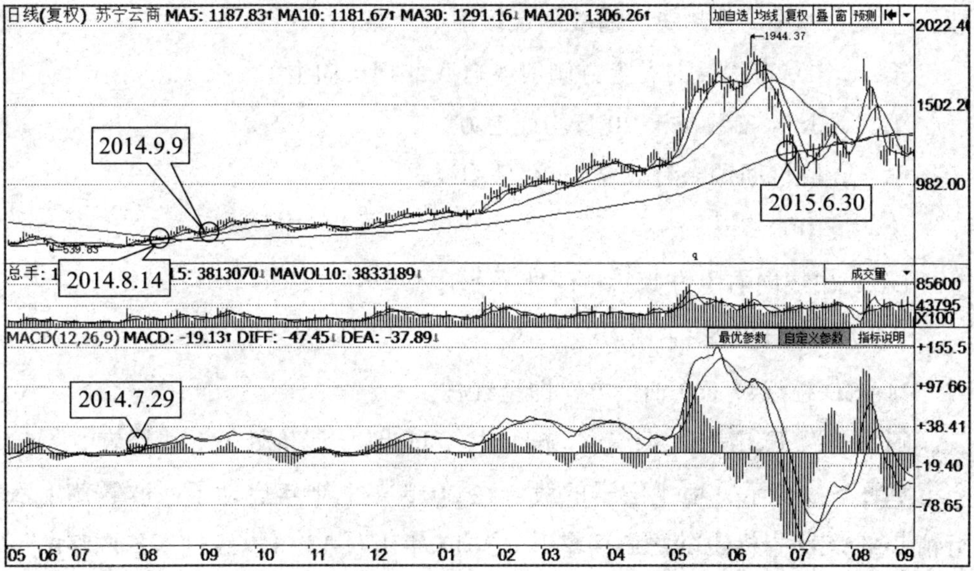

图 5-2 苏宁云商（002024）上升趋势走势图

8 月 14 日，股价 K 线向上突破了 120 日均线，这说明股价高于 120 日均线，进一步强化了股价走强的预期。9 月 9 日，120 日均线开始向上拐头，至此股价长期上升趋势确立，投资者可于此时进场买入股票。

2015 年 6 月 29 日，该股股价跌破 120 日均线，同时 DIFF 快线也跌破了 0 轴，投资者可以在此时卖出股票。

对比图 5-1 和图 5-2 可以发现，采用周期越长的均线，相关技术指标发出的买入或卖出信号越滞后，当然也越能准确反映长期运行趋势。

2. 中短线上升趋势识别

中短线上升趋势，是指股价在某一较短时间段内持续上升的一种趋势形态。与长线上升趋势相比，中短线上升趋势持续时间较短。判断一只股票有无进入中短线上升趋势，可以通过以下几项指标进行判断。

（1）20 日均线。

20 日均线是一条涵盖了一个月（以交易日计算）股票收盘价均值的走势线，因而对股价中短期走势具有重要的支撑或阻力作用。一只股票处于或即将进入中短线上升趋势，需要满足以下三个条件。

第一， 20 日均线向右上方倾斜或自底部拐头向上。

第二，股价 K 线位于 20 日均线上方。

第三，股价回调未有效跌破 20 日均线。

（2）DIFF 快线。

DIFF 快线向右上方倾斜，即处于上升态势中。

（3）MACD 柱线。

MACD 柱线位于 0 轴上方，即呈红柱。

通常情况下，满足以上三个条件时，可以认定股价处于上涨趋势中。

如图 5-3 所示，恒生电子的股价在 2015 年上半年启动了一波震荡上涨行情，MACD 指标也随之震荡攀升。2015 年 1 月 13 日，经过多日调整的恒生电子股价 K 线向上突破了 20 日均线。从 2 月 12 日开始，20 日均线开始拐头向上，这表示该股中短期趋势向好。

此时处于横向盘整趋势中的 DIFF 快线拐头向上，MACD 柱线也同步向上伸长，这都说明此时股价已经进入了中短期上升趋势，投资者可以考虑买入该股。

2015 年 4 月 24 日，该股股价跌破 20 日均线，同时 DIFF 快线也跌破了 0 轴，投资者可以在此时卖出股票。此轮上升趋势持续了两个月左右。

喜欢超短线持股的投资者，可以将 20 日均线换成 10 日均线，其他技术

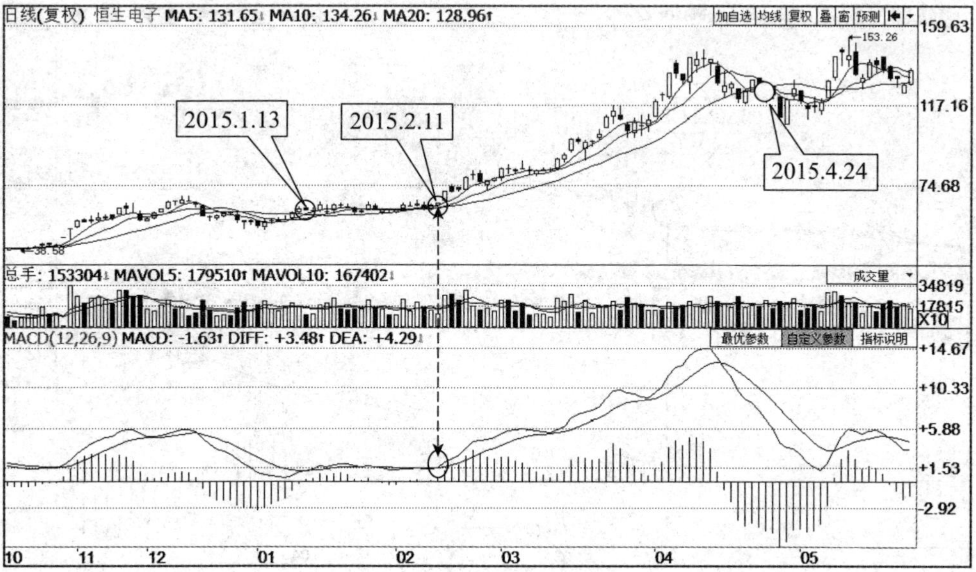

图 5-3　恒生电子（600570）上升趋势走势图

指标不变，这样投资者的持股时间更短，获利可能更高，不过也可能因为股价调整而错过某一段涨幅。

如图 5-4 所示，恒生电子的股价在 2015 年上半年启动了一波震荡上涨行情。2015 年 2 月 11 日，股价 K 线向上突破了 10 日均线，且 10 日均线出现拐头向上形态，这说明股价短线走势处于强势。

与此同时，MACD 指标的两条指标线由横向盘整状态转为多头发散排列，MACD 柱线也快速向上伸长，至此股价中短期上升趋势确立，投资者可于此时进场买入股票。

2015 年 4 月 16 日，该股股价跌破 10 日均线，同时 DIFF 快线自上而下跌破 DEA 慢线形成死叉，投资者可在此时卖出股票。

二、利用 MACD 指标识别下降趋势

在我国股市现行规则之下，股价处于下降趋势时，投资者无法从中获利。但准确识别下降趋势的开始和结束，却可以帮助投资者回避投资风险，保护好本金安全。

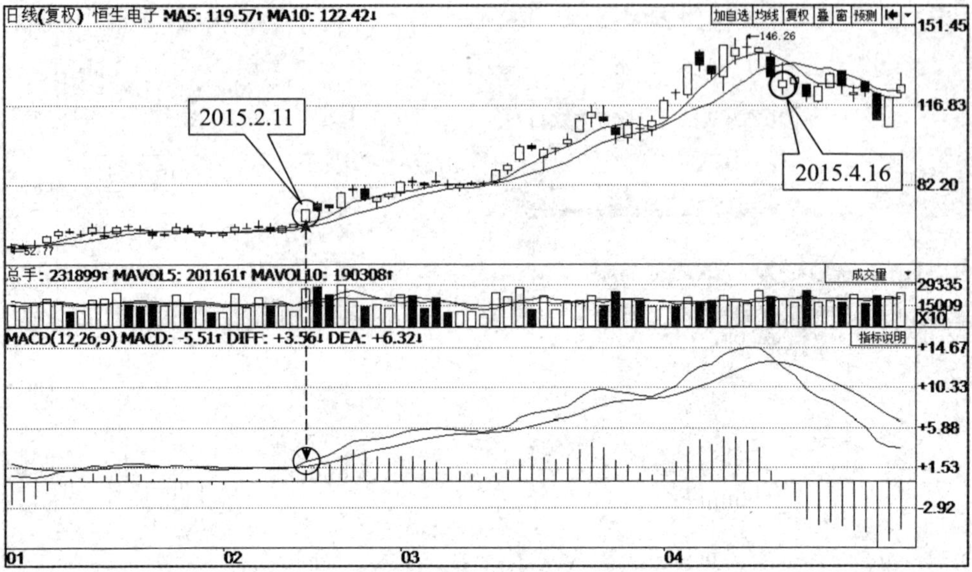

图 5-4 恒生电子（600570）上升趋势走势图

与上升周期相似，下降趋势也可以分为长线下降趋势和中短线下降趋势。

1. 长线下降趋势识别

长线下降趋势，是指股价在某一较长时间段内持续下跌的一种趋势形态。当然，一轮股票下跌行情能够持续多久，投资者并不可能事先做出判断，但通过建立相关的技术参数组合，却可以寻找到即将或正处于长线下跌趋势的股票，并远离这类股票。

判断一只股票是否进入长线下跌趋势，可通过以下几项指标进行判断。

（1）60 日均线。

一只股票处于或即将进入长线下降趋势，需要满足以下三个条件。

第一，60 日均线向右下方倾斜或自顶部拐头向下。

第二，股价 K 线位于 60 日均线下方。

第三，股价反弹未有效向上突破 60 日均线。

（2）DIFF 快线。

DIFF 快线位于 0 轴下方。

（3）MACD 柱线。

MACD 柱线大多数时间位于 0 轴下方，即呈绿柱的时间明显多于红柱。

通常情况下，满足以上三个条件时，可以认定股价处于下降趋势中。

如图 5-5 所示，中信证券的股价在 2015 年上半年启动了一波震荡上涨行情。随后，从 2015 年 5 月开始，逐渐出现筑顶迹象，并开始进入下降趋势，MACD 指标也随之震荡下降。

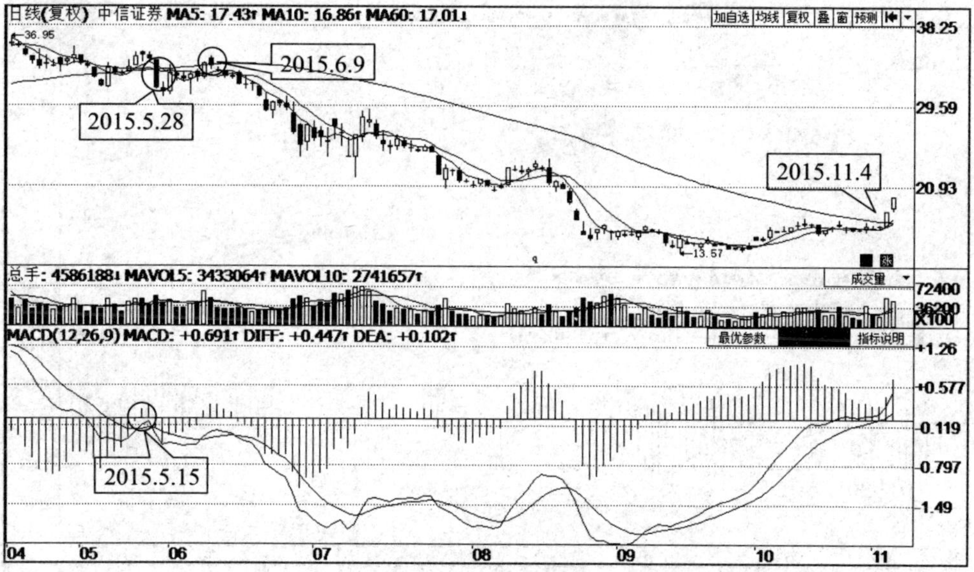

图 5-5 中信证券（600030）下降趋势走势图

2015 年 5 月 15 日，经过多日调整的中信证券股价 K 线在 60 日均线处受到强力支撑，并出现横盘态势，DIFF 快线却率先跌破了 0 轴，这说明股价走势呈弱势。短线投资者可选择出货，长线投资者可继续观察。

2015 年 5 月 28 日，中信证券的股价跌破 60 日均线，说明该股有长线走弱的可能。6 月 9 日，该股股价向上突破 60 日均线未果。与此同时，60 日均线出现拐头向下态势。至此，中信证券长线下降趋势正式成立，长线投资者宜卖出手中股票。

此轮下跌持续了半年左右的时间，一直到 2015 年 11 月 4 日，股价才重新站到60日均线上方。

与长线上升趋势相同，喜欢做长线投资的投资者也可将60日均线换成120日均线，其他技术指标不变，这样可以屏蔽很多次股价中线波动。

如图5-6所示，中信证券的股价在2015年下半年启动了一波震荡下跌行情。2015年5月15日，DIFF快线率先向下跌破0轴，说明股价开始走弱，但作为长线投资者仍可以继续观察，等待其他卖出信号的发出。

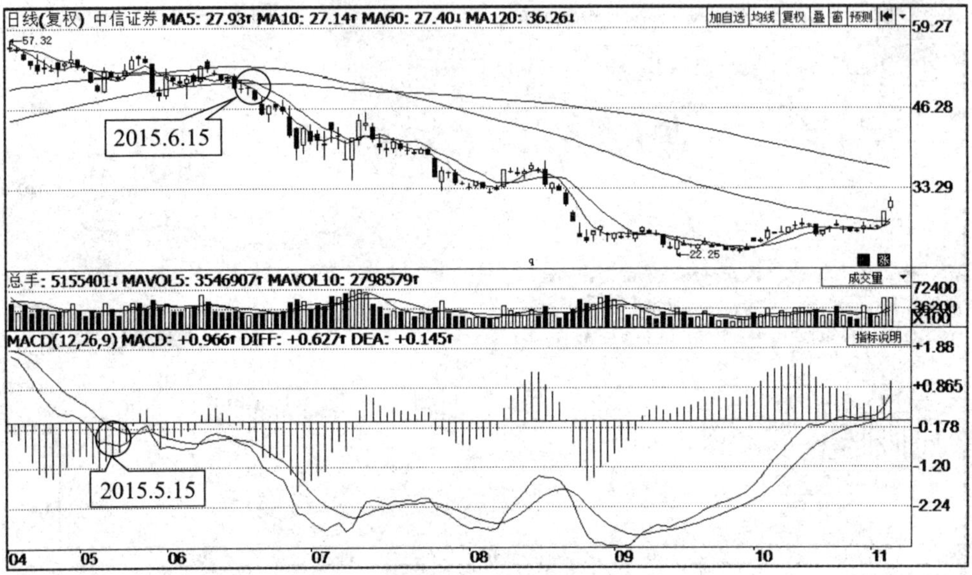

图5-6 中信证券（600030）下降趋势走势图

6月15日，股价K线向下跌破了120日均线，这说明股价低于120日均线。与此同时，120日均线出现拐头向下态势。至此股价长期下跌趋势确立，投资者可于此时卖出股票。

2015年11月4日，该股股价向上突破60日均线时，股价仍位于120日均线下方，这说明此时该股仍未摆脱下降趋势。

对比图5-5和图5-6可以发现，采用周期越长的均线，相关技术指标发出的卖出或买入信号越滞后。

2. 中短线下降趋势识别

中短线下降趋势，是指股价在某一较短时间段内持续下跌的一种趋势形态。与长线下降趋势相比，中短线下降趋势持续时间较短。

判断一只股票是否进入中短线下降趋势，可以通过以下几项指标进行判断。

（1）20 日均线。

一只股票处于或即将进入中短线下降趋势，需要满足以下三个条件。

第一，20 日均线向右下方倾斜或自顶部拐头向下。

第二，股价 K 线位于 20 日均线下方。

第三，股价反弹未有效向上突破 20 日均线。

（2）DIFF 快线

DIFF 快线向右下方倾斜，即处于下降态势中。

（3）MACD 柱线

MACD 柱线位于 0 轴下方，即呈绿柱。

通常情况下，满足以上三个条件时，可以认定股价处于下降趋势中，如图 5-7 所示。

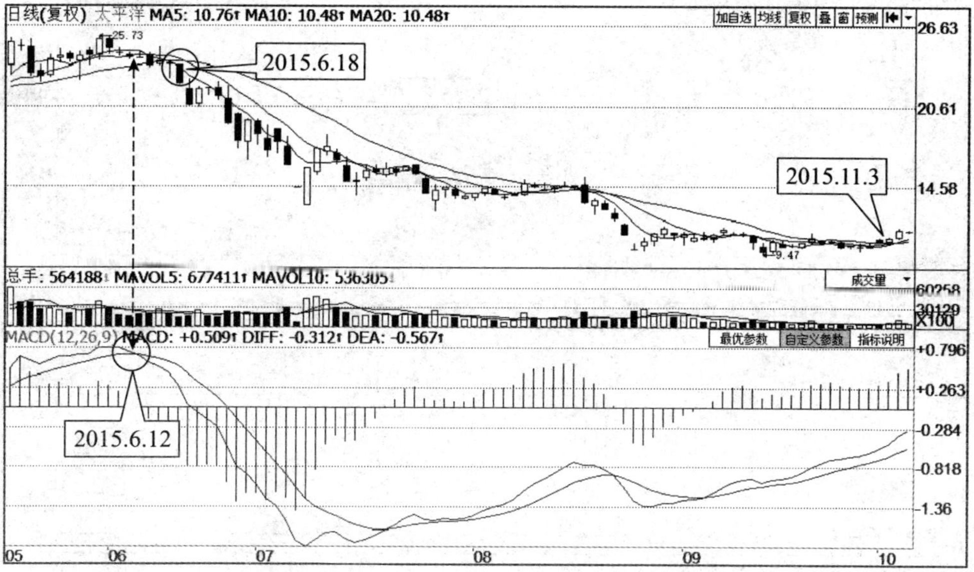

图 5–7 太平洋（601099）下降趋势走势图

如图 5-7 所示，太平洋的股价在 2015 年上半年启动了一波震荡上涨行情。随后，从 2015 年 6 月开始，逐渐出现筑顶迹象，并开始进入下降趋势。

MACD 指标也随之震荡下降。2015 年 6 月 12 日， DIFF 快线率先跌破 DEA 慢线，形成高位死叉。这说明股价走势呈弱势，短线投资者可以选择先卖出部分股票。

6 月 18 日，太平洋的股价 K 线向下跌破了 20 日均线，且 20 日均线出现拐头向下迹象。这说明该股中短期呈弱势，投资者宜卖出手中股票。

此轮下跌持续了半年左右的时间，期间该股股价曾多次反弹，但反弹至 20 日均线位置时，因受到均线的阻力再度下跌。一直到 2015 年 11 月 3 日，股价才重新站到 20 日均线上方。

喜欢超短线操盘的投资者，也可以将 20 日均线换成 10 日均线，其他技术指标不变。这样在股价下跌过程中参与反弹的机会更多，获利可能更高，不过也可能因此使交易本金受到巨大的风险。

如图 5-8 所示，太平洋的股价在 2015 年上半年启动了一波震荡上涨行情，并在 2015 年 5 月出现了筑顶迹象。

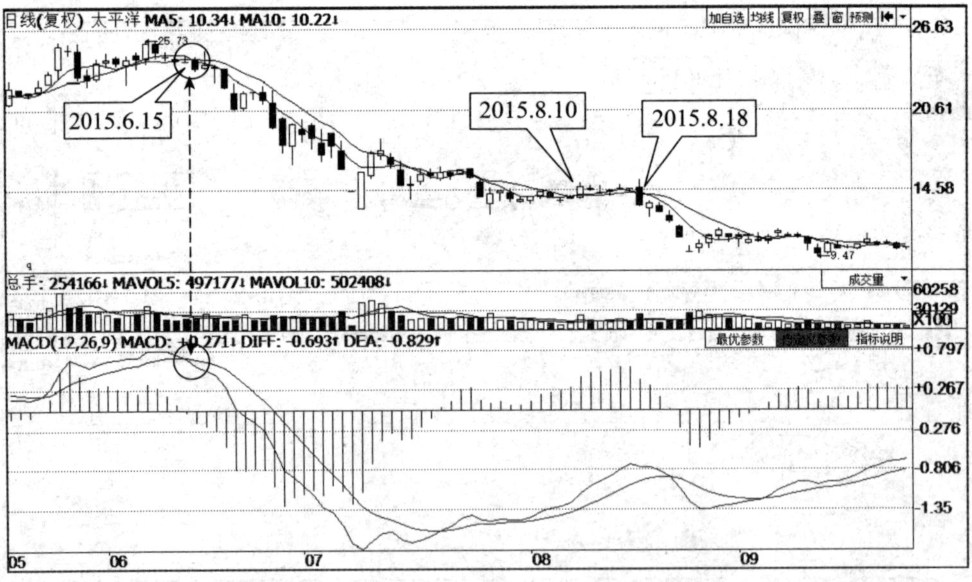

图 5-8 太平洋（601099）下降趋势走势图

6 月 15 日，该股股价 K 线向下跌破了 10 日均线，且 10 日均线出现拐头向下形态，这说明股价短线走势处于弱势。与此同时，DIFF 快线向下穿越 DEA 慢线形成高位死叉。至此股价中短期下降趋势确立，投资者可于此时卖出股票。

2015 年 8 月 10 日，该股股价向上突破 10 日均线，同时 DIFF 快线拐头向上，这说明此波段下降趋势结束。随后的 8 月 18 日，股价 K 线再度跌破 10 日均线，且 DIIF 快线拐头向下，说明该股有一个下降趋势来临。

对比图 5-7 和图 5-8 可以看出，以 10 日均线为基础判断的下降趋势更短，能够提前发出卖出指令，并提前锁定收益，但也会将很多次反弹看成趋势结束。

由此可见，任何一种技术分析手段都是收益与风险并存的。要想获得更高的收益，就必须承担更大的风险。

第二节 MACD 指标与顶部、底部识别

顶部出货，底部入场，是每个投资者努力实现的目标。尽管 MACD 指标无法百分之百地帮助投资者达成这个目标，但运用得当，确实可以接近这个目标。

一、利用 MACD 指标识别顶部

股市中，风险与机遇是相伴而来的。当股价进入顶部区域后，往往上升速度会加快，以吸引更多投资者接盘，而主力则悄悄地出货。其后则是完成筑顶过程，股价由上涨转为下跌。

1. 顶部特征

顶部是一轮行情的高点区域，一旦形成顶部，股价将很难再次突破。每轮波段行情运行到顶部位置时，都会呈现出一些固有的特征。投资者如果能够熟练掌握这些特征，就能提前卖出股票，回避风险。

一般情况下，波段顶部有如下几个特征。

（1）对利好消息麻木。

利好消息是指那些对股价上涨有推动作用的消息，例如年报好于预期、有分红或者配股、企业接到大订单等。一般情况下，股票的股价在利好消息公布后都会有一波上涨行情。

在股价逐渐上升的过程中，如果一只股票不断有利好发布，势必会推动股价不断地上涨。如果市场对利好的反应越来越淡，到最后即使有利好也抵挡不住源源不断的抛盘时，说明庄家已经开始利用利好出货了，该股短期顶部可能已经形成，投资者宜卖出股票观望。

如图 5-9 所示，天房发展的股价从 2011 年 1 月底开始启动，发动了一波上涨行情。在股价上涨过程中，成交量逐渐增大，说明流入资金逐渐增多。同时也可以发现，该股并未发布任何利好消息。

图 5-9 天房发展（600322）日 K 线走势图

到了 2011 年 3 月 29 日，该股公布了年报，营业收入比上年同期增长 69.9%。但股价对于发布的亮丽年报并没有给予积极的响应，相反却收出了一根下跌的阴线。这说明市场很可能前期已经知道了这一消息，庄家在利好消息发布时选择了出货。投资者发现股价无法上行，就应该预见到该股短期顶部可能已经来临，未来将要下跌，最好选择卖出该股。

（2）时间接近极限。

由于时间转折周期规律频繁地发生作用，因此一些落到斐波那契周期线上的日期都应该特别注意，如 5 天、8 天、13 天、21 天、34 天、55 天等。投资者每隔一段时间就要考虑时间转折的可能性。

如图 5-10 所示，上证指数从 2011 年 1 月 26 日起展开了一波上涨行情。以此日为基数，应用斐波那契周期线（一般炒股软件中的“画线”工具一栏中都有这一工具，投资者只要点击“画线”工具下的该工具，然后选择基准日期，拖动鼠标就可以得到如图 5-10 所示的斐波那契周期线了）。从图 5-10 中可以看到，在上涨后的第 13 天、34 天、55 天，行情都出现了转折的异动，由此可见时间转折周期的准确性。

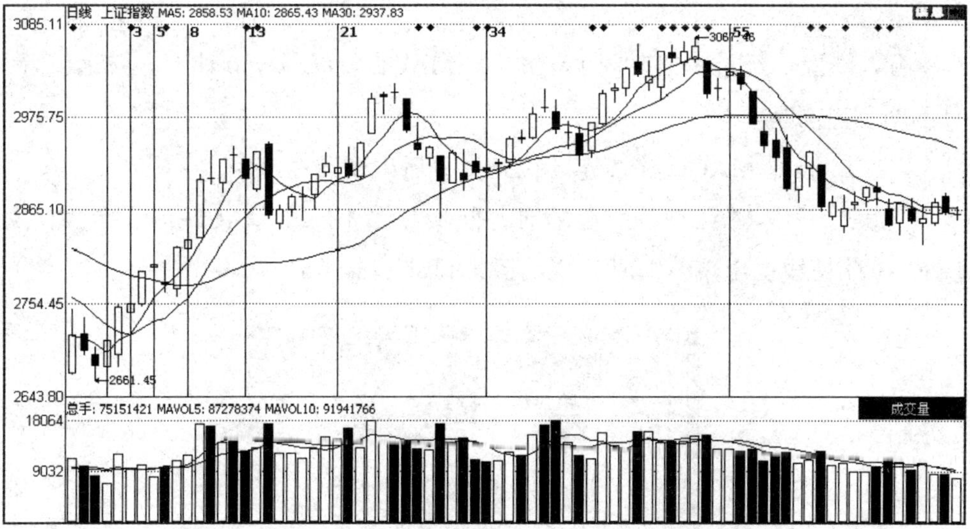

图 5-10 上证指数（1A0001）日 K 线走势图

（3）热点和题材混乱。

热点股和题材股往往是大盘向上的推动力量，尤其是一些大盘股，对指数的推动作用更加明显。例如，像中石油、中石化、中国银行之类的大盘股发动上涨行情，那么整个大盘指数也会出现上涨行情。

一般情况下，一段时间内，市场都会有持续关注的热点股和题材股，这就保证了整个市场积极向上地运行。但是如果到了波段的顶部位置，就会出现这样一种情况：市场热点切换非常快，上午还在炒作地产股，下午就改水电股了。这说明市场没有明确的热点，也是热点难以持续的一种表现。这种情况往往预示大盘短期顶部即将来临，投资者此时最好选择回避。

2. 利用 MACD 指标识别顶部

一只股票出现了顶部特征，并不意味着股价立即见顶了。此时投资者还可以结合 MACD 指标缩小对顶部区域的判断，并作出股票卖出决策。

一般情况下，可以利用 MACD 指标，通过以下两种方法识别顶部。

（1）日线与 3 日线 MACD 柱线共振。

通过日线 MACD 柱线与 3 日线 MACD 柱线共振，识别股价顶部的要点如下。

第一，股价经过一段时间的上涨后，MACD 柱线位于 0 轴上方较远位置，且不断创出新高。

第二，日线 MACD 柱线连续拉升多日后出现萎缩迹象。

第三，日线 MACD 柱线萎缩时，同步对比 3 日线 MACD 柱线走势，发现 MACD 柱线也出现萎缩时，说明股价顶部基本形成。

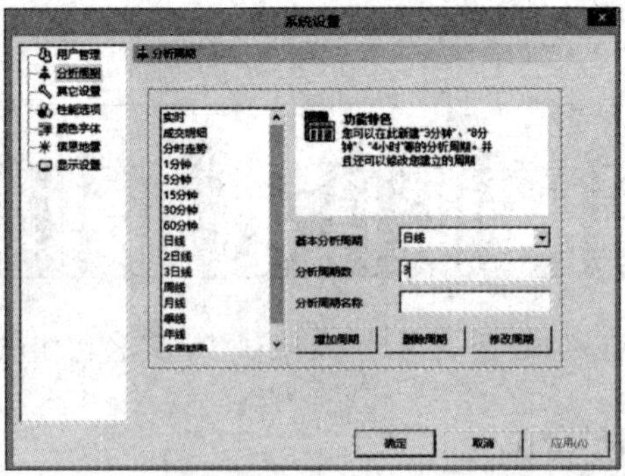

图 5–11 系统设置（同花顺版）

投资者可按以下方法调出 3 日线（以同花顺为例）：点击炒股软件“工具”菜单下的“系统设置”，调出“分析周期”栏目，然后将“基本分析周期”调整为“日线”，将“分析周期数”设置为“3”，再为其设置一个名词即可，如图 5-11 所示。

下面来看一下同方股份的案例，如图 5-12、图 5-13 所示。

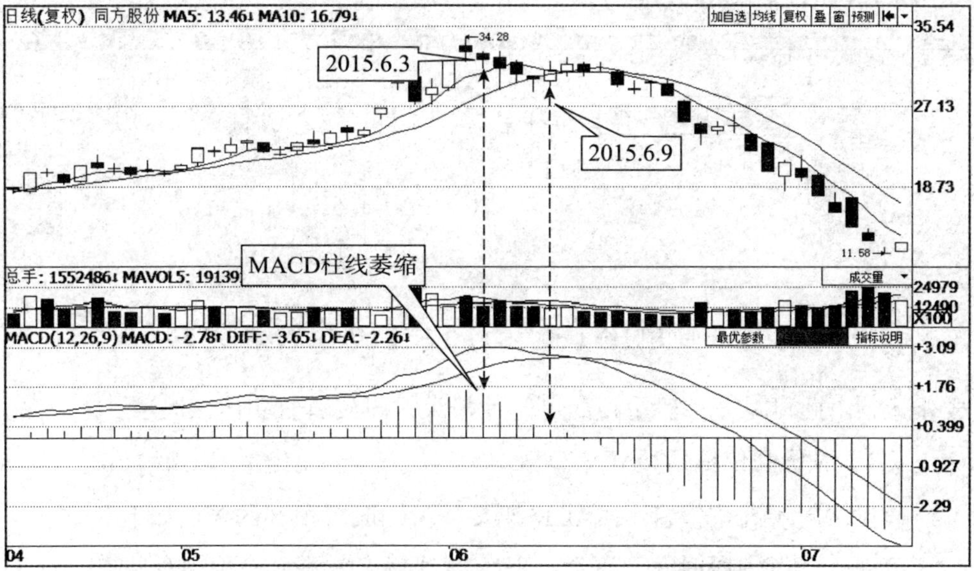

图 5-12 同方股份（600100）日线 MACD 柱线走势图

如图 5-12 所示，2015 年上半年，同方股份的股价一路上涨，并在 5 月底 6 月初出现筑顶迹象。通过观察该股日线 MACD 柱线图可以发现，2015 年上半年，MACD 柱线一直位于 0 轴上方，这说明该股股价走势极为强势。

随着股价的快速上涨，MACD 柱线也出现了快速伸长。不过 6 月 3 日，该股股价出现回调时，MACD 柱线也同步萎缩。投资者必须对这种情况保持警惕，并调出该股的 3 日线 MACD 走势图，如图 5-13 所示。

通过对 3 日线 MACD 走势图的观察可知，该股从 6 月 9 日开始 MACD 柱线出现了萎缩。与此同时，日线 MACD 柱线已经下降至 0 轴附近，这说明该股走弱的可能性非常大。此时 DIFF 快线自上而下即将跌破 DEA 慢线形

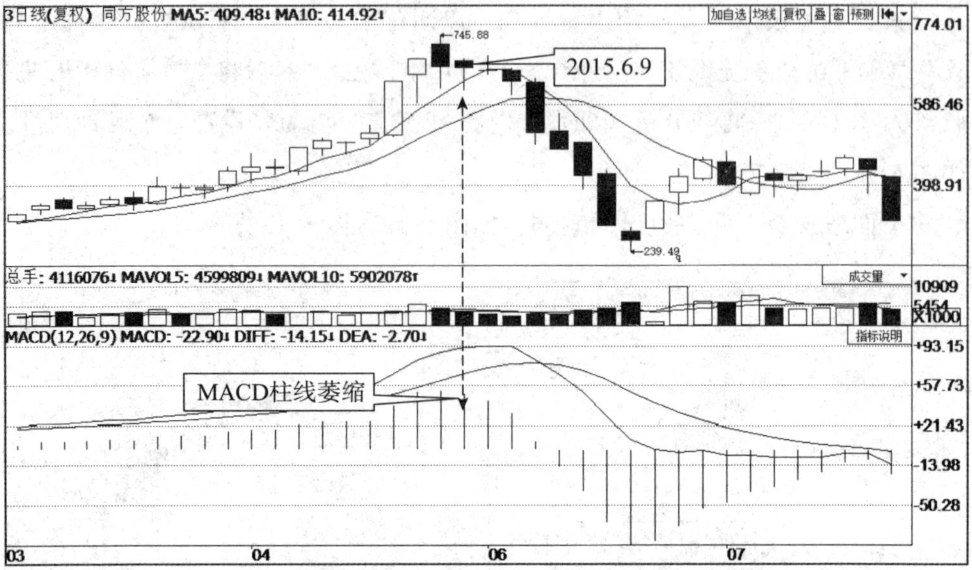

图 5–13 同方股份（600100）3 日线 MACD 柱线走势图

成死叉，由此可见，该股筑顶的可能性极大，投资者宜卖出该股。

（2）股价高位横盘，MACD 死叉。

通过“股价高位横盘，MACD 死叉”识别股价顶部的要点如下。

第一，经过一段时间上涨后，股价出现疲态，进入高位横盘状态，且未跌破重要支撑线。

第二，股价横盘过程中，DIFF 快线结束上升态势，转为下降趋势，且很快与 DEA 慢线形成高位死叉。

第三，在股价高位横盘期间，成交量也保持一种较高水平，说明主力一边在控制股价，另一方面在悄悄地出货。

下面看一下钢构工程的案例，如图 5-14 所示。

如图 5-14 所示，2015 年上半年，钢构工程的股价一路上涨，并在 5 月底 6 月初时显示出筑顶迹象。2015 年 6 月 1 日，该股股价到达阶段高点后开始出现回调，并减弱了上攻的力度。尽管其后该股股价持续高位盘整，并又创出了新高，但 DIFF 快线却持续走低，并在 6 月 8 日向下跌破了 DEA 慢线，形成高位死叉。

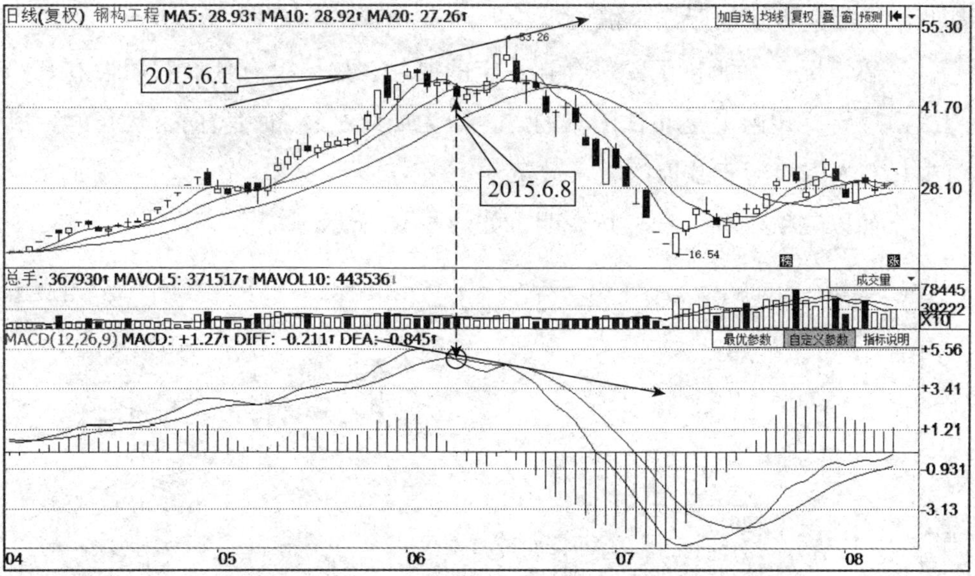

图 5-14 钢构工程（600072）MACD 指标走势图

通过观察该股股价走势和 DIFF 快线的走势，还可以发现两者之间存在明显的背离情况，这都说明此时该股正处于筑顶阶段。股价高位盘整期间，成交量并未出现明显的放量或缩量情况，这说明主力隐蔽出货的概率很大。在死叉出现时，投资者宜卖出全部或部分股票。

二、利用 MACD 指标识别底部

波段底部是一轮行情的低点区域，一旦形成，股价将迅速反转向上。因此，当每轮波段运行到底部位置时，都会呈现出一些固有的特征。投资者如果能够熟练掌握这些特征，就能提前买入股票，获取盈利。

1. 波段底部特征

一般情况下，波段底部具有如下几个特征。

（1）有实质性利好消息发布。

有人说，中国股市实质上就是政策市、消息市。也就是说，股市的涨跌与相关政策的发布有很大的关系。如 2008 年“4 万亿投资计划”出台，直接扭转了股市下跌的脚步，推动股市反转向上。最近两年相关产业规划的出台，都刺激了相应板块的股票上涨。

一般情况下，股价下跌都存在一定的惯性，如果没有什么实质性利好的刺激，想要反转向上是非常困难的。正因为如此，每当大盘向下运行时，股市中总有人寄希望于政府的救市政策。

下面以三峡水利为例进行说明，如图 5-15 所示。

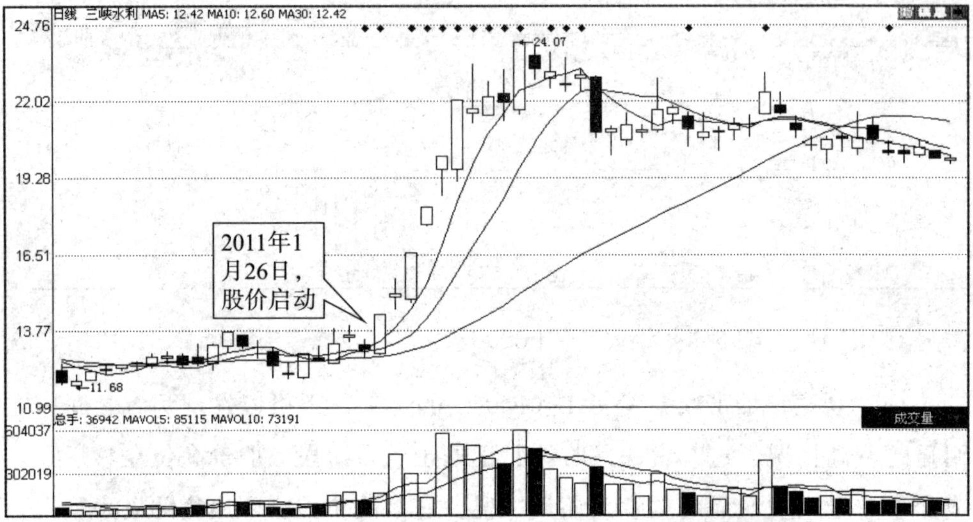

图 5-15 三峡水利（600116）日 K 线走势图

2011 年中央一号文件是《关于加快水利改革发展的决定》，文件中特别提出要大力加强水利建设工作。由于这一文件对水利板块构成实质性利好，于是以三峡水利为代表的水利股发动了一波上涨行情。

中央一号文件 1 月 29 日正式发布，但是在股市中，任何消息都有先知先觉者。三峡水利的股价从 1 月 26 日就开始突破了长期盘整价位，开始向上运行，由此掀起了一波上涨行情。

在中央一号文件发布后，投资者立即买入该股，实际上也是来得及的。因为 1 月 29 日三峡水利刚刚启动，这时股价仍处于波段底部，并未出现大的涨幅。

在这里投资者应该注意，如果利好公布时股价已经出现过大涨幅，就需要慎重考虑，以免落入庄家的诱多陷阱。

（2）夸大利空。

大盘或个股出现连续大幅下跌之后，投资者就会出现对消息的恐惧情绪，过分夸大利空的作用，有时甚至将利好消息都理解成利空了。当市场中人人都充满恐惧情绪时，往往市场底部就要真正来临了。

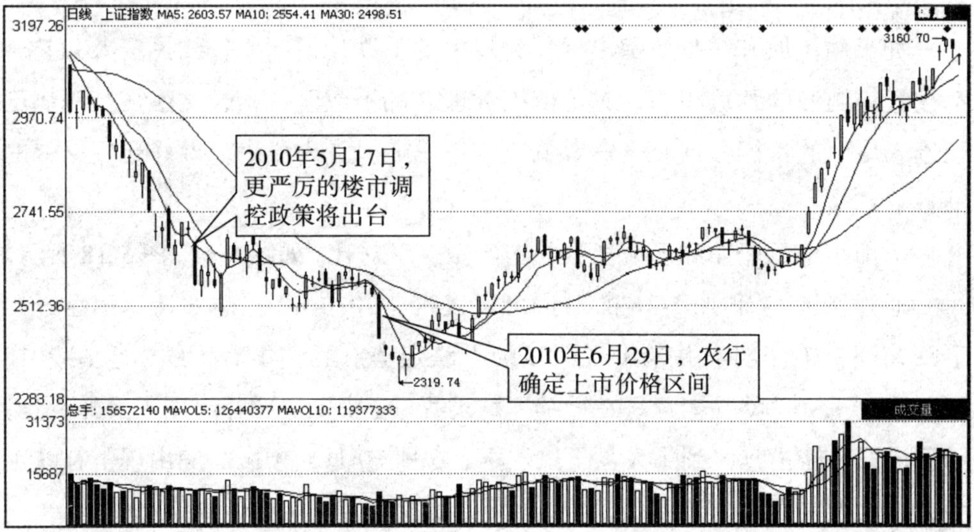

图 5–16 上证指数（1A0001）日 K 线走势图

大盘指数从 2010 年 4 月 16 日起一路向下狂跌，各类利空消息满天飞，有时一个传闻就能构成一个大大的利空。

2010 年 5 月 16 日，市场传闻更严厉的楼市调控政策将出台。于是 5 月 17 日股价开始暴跌，大盘重挫超过 5%。2010 年 6 月 29 日，大盘又因为农行确定发行价格区间而再次暴跌。

此时，大盘已经到了风声鹤唳的地步，好像承担不起任何风吹草动了，但是大盘指数却在 2010 年 7 月 2 日见底后悄然反弹。

由此可见，如果市场中所有投资者都充满了恐惧，大盘此时往往就会出现“柳暗花明又一村”的感觉。投资者一定要牢记巴菲特那句话，“在别人恐惧时贪婪，在别人贪婪时恐惧”。也就是说，在市场充满恐惧时，市场的底部就会悄然来到。投资者这时买入股票，往往会给自己带来不错的收益。

（3）绩优股和高价股开始下跌。

一般情况下，绩优股和高价股都是基金重仓股，在跌势刚刚启动阶段，基金往往都会维护手中的股票价格。也就是说，在跌势刚刚开始阶段，尽管市场上大多数股票都会出现下跌走势，但绩优股和高价股是不会下跌的，或者下跌幅度很小。

如果绩优股和高价股都出现了大规模的下跌，说明中长线投资者和基金都被气势汹汹的跌势吓倒，对价值投资理念都不敢坚持了，这往往是跌势已经进入尾声的特征。这时投资者就应该考虑适时进入股市，做好迎接反弹的准备了。

下面用中国船舶和上证指数的走势做一下对比，如图5-17、图5-18所示。

通过图5-17和图5-18的对比可以发现，2010年4月16日，大盘开始下跌初期，中国船舶并未出现明显的下跌走势。后期虽有下跌，但在2010年5月10日，也就是大盘还在继续下跌过程中，中国船舶却出现了反弹走势，随后该股一路横盘。到了大盘下跌尾声，6月30日，中国船舶出现了补跌走势，连续大幅下跌。

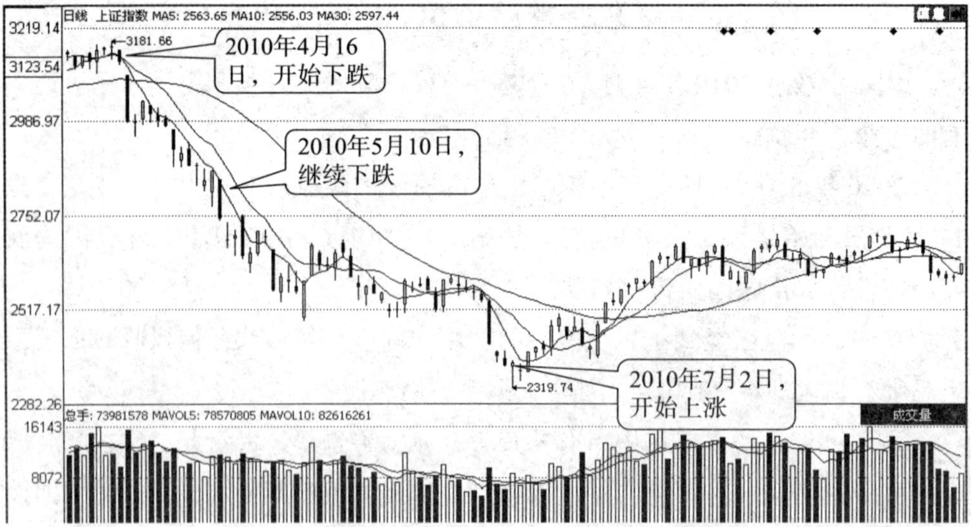

图5-17 上证指数（1A0001）日K线走势图

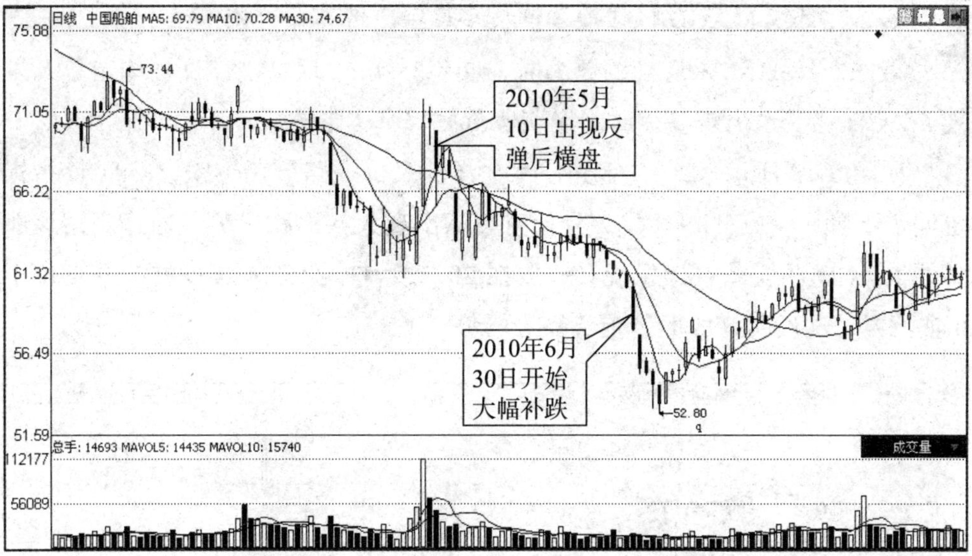

图 5-18 中国船舶（600150）日 K 线走势图

由于中国船舶是基金重仓股，也是绩优兼高价股，所以该股一旦开始补跌，也就预示大盘底部即将来临。大盘指数在 7 月 2 日收出了一根阳十字星，随后展开了一波上涨走势。

由此可见，在判断波段底部时，投资者可以观察一些大盘下跌时并没有出现下跌走势的绩优股或高价股。一旦这些股票开始补跌时，往往意味着大盘将要走出底部区域了，这时就可以大胆买入股票了。

2. 利用 MACD 指标识别底部

一只股票显现出底部特征，并不意味着立即见底了。此时投资者可以结合 MACD 指标，缩小对底部区域的判断，并作出股票买入决策。

一般情况下，利用 MACD 指标，可以通过以下两种方法识别底部。

（1）日线与 3 日线 MACD 柱线共振。

通过日线 MACD 柱线与 3 日线 MACD 柱线共振识别股价底部的要点如下。

第一，股价经过一段时间的下跌后，MACD 柱线位于 0 轴下方较远位置，且不断创出新低。

第二，日线 MACD 柱线连续伸长多日后出现萎缩迹象。

第三，日线 MACD 柱线萎缩时，同步对比 3 日线 MACD 柱线走势，发现 MACD 柱线也出现萎缩时，说明股价底部基本形成。

如图 5-19 所示，2012 年底，太平洋的股价一路震荡下跌，MACD 指标也同步下降，并在 11 月底 12 月初时突然出现大幅下跌走势。通过观察该股日线 MACD 柱线图可以发现，该股在 2012 年 11 月底 MACD 柱线一直位于 0 轴下方，这说明该股股价走势极为弱势。

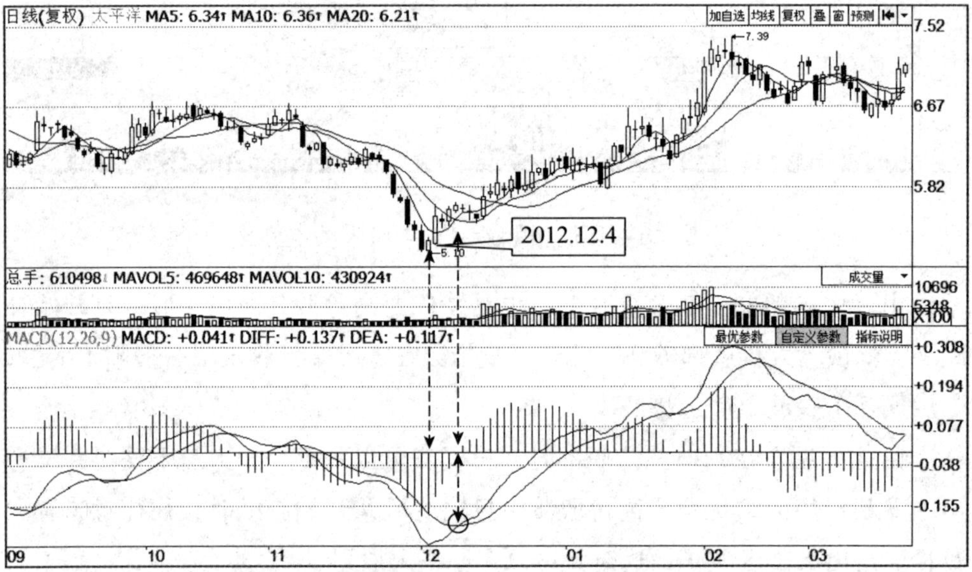

图 5-19 太平洋（601099）股价日线走势图

随着股价的快速下跌，MACD 柱线也出现了快速伸长。12 月 4 日该股股价出现反弹时，MACD 柱线也同步萎缩。投资者必须对这种情况保持警惕，并调出该股的 3 日线 MACD 走势图，如图 5-20 所示。

通过对 3 日线 MACD 走势图的观察可知，从 12 月 7 日开始，该股 MACD 柱线出现了萎缩。与此同时，日线 MACD 柱线已经上升至 0 轴附近，这说明该股走强的可能性非常大。此时 DIFF 快线自下而上即将突破 DEA 慢线形成金叉，由此可见，该股筑底的可能性极大，投资者宜建仓该股。

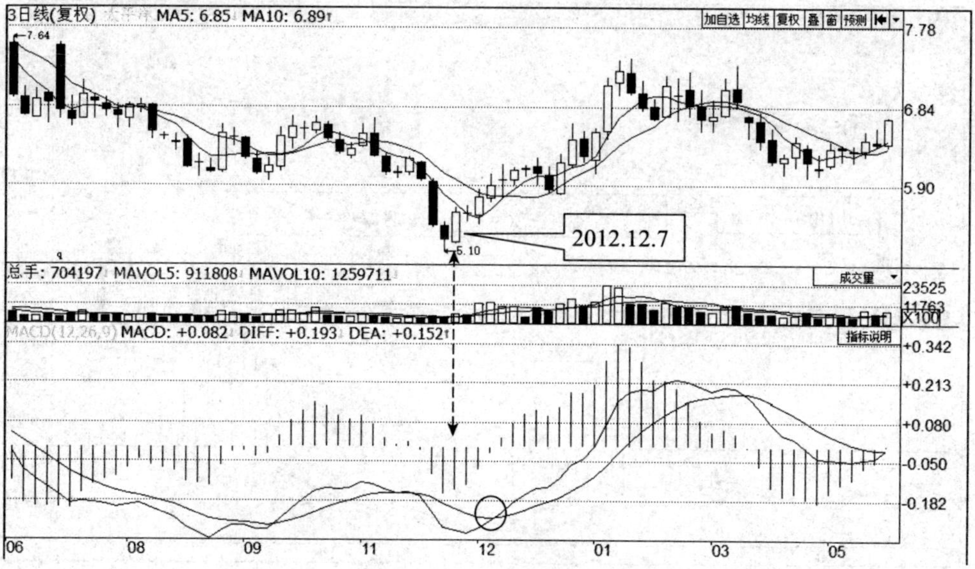

图 5-20 太平洋（601099）股价 3 日线走势图

（2）股价低位横盘，MACD 金叉。

通过“股价低位横盘，MACD 金叉”识别股价底部的要点如下。

第一，股价经过一段时间下跌后出现疲态，呈现低位横盘状态，且未向上突破重要阻力线。

第二，股价横盘过程中，DIFF 快线结束下降态势，转为上升趋势，且很快与 DEA 慢线形成低位金叉。

第三，股价在低位横盘期间，成交量保持较为温和的放量，说明主力一边在控制股价，另一方面在悄悄地建仓。

先来看一下同花顺的案例。

如图 5-21 所示，2015 年下半年，同花顺的股价一路震荡下跌，并在 8 月底 9 月初时显示出筑底迹象。

2015 年 9 月初，该股股价到达阶段低点后，开始出现横盘走势，并减弱了下跌的力度。尽管其后该股股价持续低位盘整，并且又创出了新低，但 DIFF 快线却持续走高，并在 9 月 10 日向上突破了 DEA 慢线，形成低位金叉。

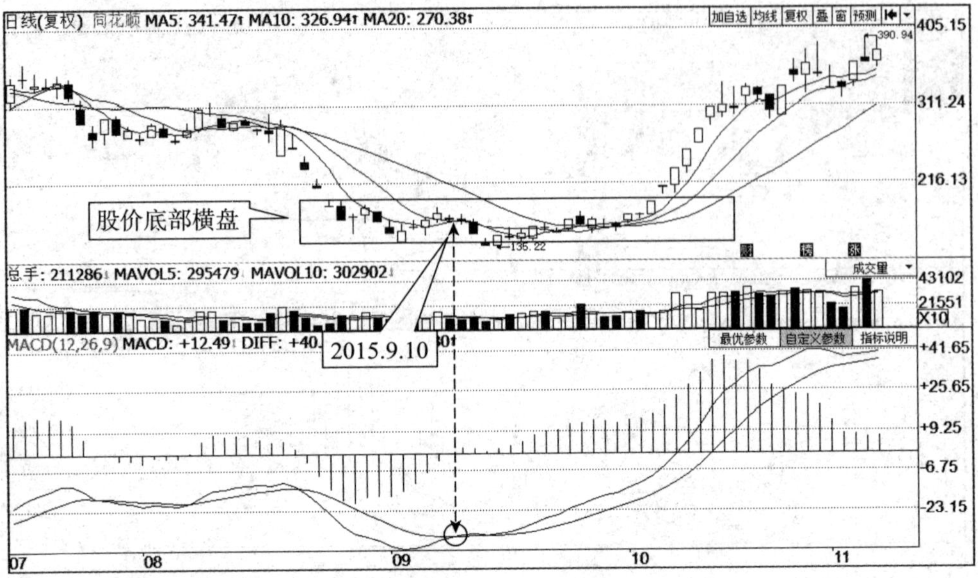

图 5-21 同花顺（600072）MACD 指标走势图

通过观察该股股价走势和 DIFF 快线的走势，还可以发现两者之间存在明显的背离情况，这都说明此时该股正处于筑底阶段。股价低位盘整后期，成交量又出现温和放大迹象，说明主力隐蔽建仓的概率很大。金叉出现时，投资者可以少量买入该股。

第六章

以 MACD 指标为核心构建交易系统

建立完善的交易系统并严格执行，是专业投资者必须具备的素养。然而很多散户，尤其是新进入股市的股民，却很少能够为每次交易设计完整的交易计划。

第一节 利用 MACD 指标设计交易系统

前面介绍了 MACD 指标的各种用法以及实战操作技巧，但是要落实到实战层面，还需要有一套完整的交易系统。

一、交易系统基本构造

通常情况下，一套完整的交易系统至少包括三个基本要件，即市场环境与投资偏好控制、交易执行控制以及资金仓位控制。

1. 市场环境与投资偏好控制

市场环境与投资偏好控制，要求投资者首先识别当前的市场环境，并根据市场环境确定交易模式和股票投资标的。

（1）市场环境。

这里的市场环境主要是指整个股票市场所处的大势氛围，即目前股市处于上升趋势、下跌趋势还是盘整趋势。

对于投资者来说，当股市处于上升趋势时，入场交易获利的可能性会非常大；反之，当股市处于下跌趋势时，入场交易获利的可能性则会很低。

如图 6-1 所示，从 2014 年 10 月开始，上证指数从 2200 点附近启动上涨行情，一路上涨至 5100 点位置。在此期间，投资者如果选择买入个股并持股不动，那么盈利的可能性非常之高。如果能够在 3000 点以下买入股票，翻番的概率同样非常高。

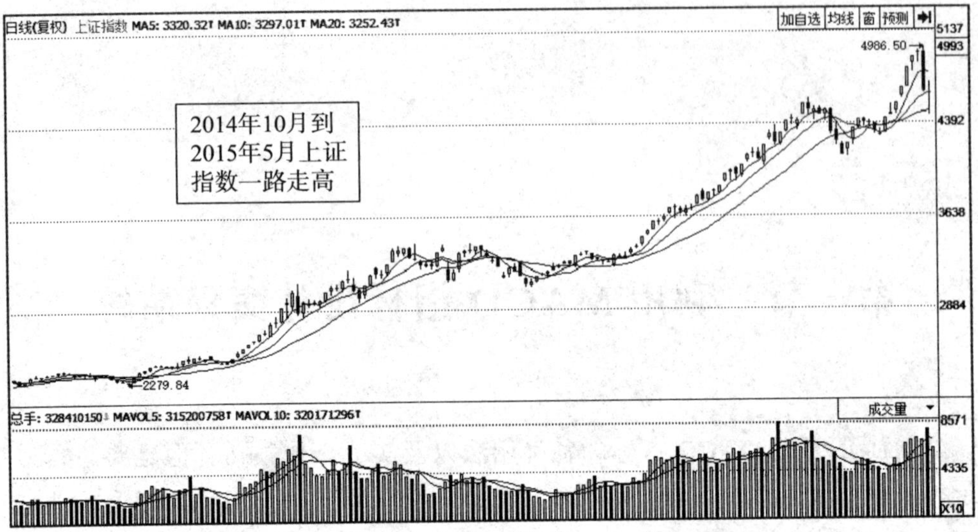

图 6-1 上证指数（1A0001）日 K 线走势图

（2）交易模式。

交易模式是指投资者根据对市场大势的判断和个人偏好设置的交易路径。这些交易模式既包括按周期划分的长线持股、波段交易、短线投机，也包括抢反弹、左侧交易与右侧交易等。

（3）股票投资标的。

股票投资标的是指投资者根据对市场大势的判断、选择的交易模式，结合个人偏好确定的备选投资股票。通常情况下，交易模式不同，所选的投资标的也会有所区别。例如长线持股的交易模式适合选择绩优股，抢反弹时则适合选择短期热门的小盘股等。

2. 交易执行控制

交易执行控制是整个交易系统的核心，是指投资者对整个交易过程进行的详细规划。交易执行控制包括如下细节。

（1）入场方法及条件。

入场点的选择，对于交易成败和投资者心理都有重要的影响。通常情况下，投资者可以通过大盘环境和个股走势双重方法设置入场条件。如当大盘向好时，股价向上突破 10 日均线，且 MACD 指标金叉买入等。

初次买入股票时，尽量控制好仓位，不宜全仓进入，以免判断失误，给自己的本金带来风险。

（2）加仓方法及条件。

买入股票后，当股票突破某一重要阻力位或回调遇某支撑位支撑再度上升时，可以考虑适当加仓。加仓无须一次到位，可分批次进行。原则上，前期加仓量可以大一些，股价上涨到高位时，加仓宜谨慎。

（3）减仓方法及条件。

买入股票后，当股票运行趋势与预期不一致，即遇到某一重要阻力位或出现回调时，可考虑适当减仓。与加仓相似，减仓也可分批次进行。

（4）设定止损。

由于短线操作讲究快进快出，所以很多时候设定的卖出条件就可以作为止损条件。但有时也会不一致，这时就需要另设止损位。如买入条件为 MACD 指标金叉，卖出条件为 MACD 指标死叉，这时就需要设定止损位为 MACD 指标死叉。

（5）止盈设定。

为了确保短线盈利能够及时兑现，在短线操作前，必须确定明确的盈利目标。一旦目标达成，就可以全部或部分撤离目标股了。

一般情况下，止盈条件设定为有明显的卖出信号出现时，也可以设定为具体的盈利目标值，如 10%、20% 等。

3. 资金仓位控制

资金仓位控制主要包括对整体仓位和个股所占仓位控制、预留资金控制等。

（1）整体仓位控制。

投资者可将总仓位水平线划分为空仓、30% 线、50% 线、70% 线、满仓五个水平。鉴于股市中没有绝对安全的时间，因而满仓持股是尽量应该避免的。

通常情况下，当股市处于上升趋势时，可以适当提升仓位水平。反之，当股市处于下跌趋势时，应降低仓位水平，直至空仓。

（2）单只股票仓位占比。

通常情况下，单只股票的仓位占比不应超过30%。当然，如果资金量很小，可以突破这一限制。

控制单只股票的仓位占比，本意是要分散风险。如果资金量太小，就失去分散风险的意义了。

（3）预留资金比例控制。

预留资金的比例，因投资者个人投资偏好和风险承受能力的不同而异，一般不应少于20%。

牛市时，可以直接设定在20%的水平。熊市时，则要提高预留资金的比例。即使是一次非常强劲的反弹，也要保证预留资金不低于30%。投入预留资金时，还要做好资金回收计划。

二、建立基于MACD指标的交易系统案例

基于MACD指标的交易系统包括如下几项。

1. 入场条件

基于MACD指标的入场交易条件包括如下几项。

（1）大盘环境。

大盘处于以下几种环境之一可以入场交易。

第一，大盘处于上升趋势中，即所对应的MACD指标中，DIFF快线和DEA慢线处于0轴上方。

第二，大盘处于下跌反弹过程中，即大盘指数对应的MACD指标，DIFF快线和DEA慢线虽位于0轴下方，但已经处于拐头向上趋势，且DIFF快线位于DEA慢线上方。

（2）个股情况。

拟买入股票同时满足以下条件可入场交易。

第一，个股股价K线位于30日均线上方，且均线向右上方倾斜。这说

明股价处于上涨态势中。短线或超短线投资者可将 30 日线换为 10 日线或 20 日线。

第二，MACD 指标位于 0 轴上方，或虽处于 0 轴下方，但自底部拐头向上。

第三，MACD 指标发出明确的买入信号，如底部金叉或其他买入形态。投资者可参考前面介绍的 MACD 实战操作技术。

2. 仓位及加仓、减仓控制

基于 MACD 指标的买入及加仓方法包括以下几种。

第一，初次买入。初次买入的仓位与股价所面临的风险成反比关系，即风险越大，仓位越低；反之，则可加大仓位。原则上，初次买入的仓位占计划买入总仓位的比重不能超过 50%。

第二，加仓控制。股价处于上涨过程中，若 DIFF 快线自下而上穿越 0 轴，则可以考虑加仓买入。若 DIFF 快线位于 0 轴上方，随股价的回调也同步回调，但遇到 DEA 慢线支撑再度上升，则可考虑加仓买入。加仓量原则上不能超过计划买入总仓位的 30%。

第三，减仓控制。卖出或止损位未到，但股价已经出现下跌，DIFF 快线出现拐头向下或向下跌破 0 轴时，可以考虑减仓操作。减仓比重要结合当时所面临的风险确定。

3. 止损位设置

基于 MACD 指标设置的止损位包括以下几项。

第一，MACD 指标死叉。

第二，MACD 指标跌破 0 轴。

第三，MACD 柱线萎缩等。

4. 止盈位设置

基于 MACD 指标设置的止盈位包括以下几项。

第一，MACD 指标死叉。

第二，MACD 指标跌破 0 轴。

第三，MACD 柱线萎缩。

第四，DIFF 快线向下拐头等。

下面以中航动力为例，详细介绍一下基于 MACD 指标的交易系统。

2015 年上半年，股市整体向好，大盘一路快速上涨，不断创下阶段新高，此时属于有利于中短线交易的机会。下面来看一下中航动力的走势。

如图 6-2 所示，中航动力的股价在 2015 年 2 月底开始有结束盘整迹象。投资者若想入场交易该股票，可制定如下交易计划。

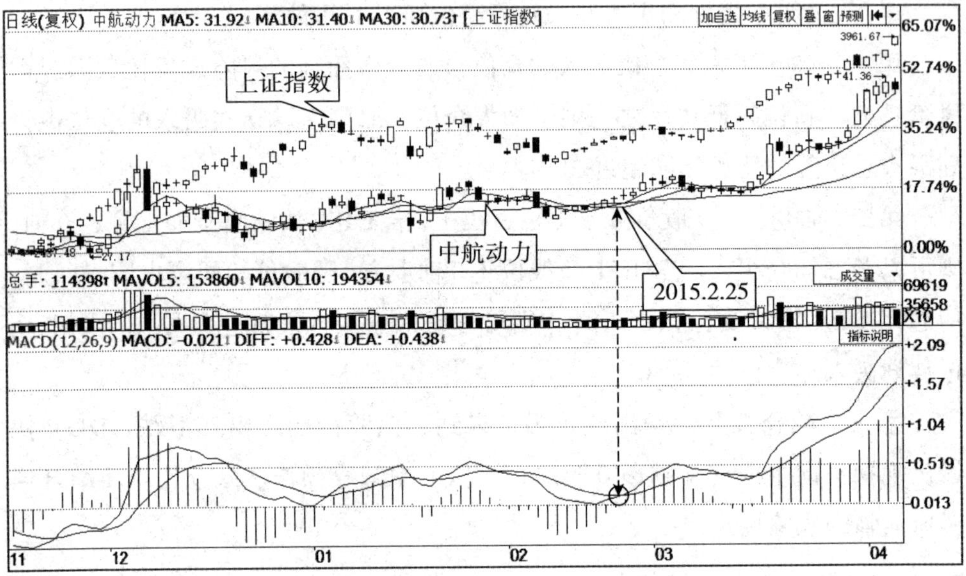

图 6-2 中航动力（600893）MACD 指标走势图

（1）买入条件。

第一，股价 K 线位于 30 日均线上方，且 30 日均线拐头向上。

第二，DIFF 快线自下而上穿越 DEA 慢线，形成黄金交叉，且交叉点位于 0 轴上方。

（2）仓位设置。

第一，总体仓位设置。鉴于当时央企改革属于热门品种，且大盘涨势优于中航动力，未来该股存在补涨的可能，投资者可将总仓位的 30% 用于购入中航动力。

第二，鉴于当时大盘向好，且 DIFF 快线处于 0 轴上方，可适当提升初次建仓时的持股比例。拟定初次入场比例为拟投入该股总资金量的 50%。

（3）加仓点设置。

DIFF 快线回调不破 DEA 慢线（若买入时 DIFF 快线位于 0 轴下方，可将第一加仓点设置在 DIFF 快线向上突破 0 轴）。

（4）减仓点设置。

DIFF 快线出现高位死叉，减仓。

DIFF 快线跌破 0 轴，清仓。

（5）止损位设置。

DIFF 快线跌破 0 轴。

（6）止盈位设置。

DIFF 快线出现高位死叉，减仓。

DIFF 快线跌破 0 轴，清仓。

下面来看一下具体案例。

如图 6-3 所示，中航动力的 DIFF 快线于 2015 年 2 月 25 日出现黄金交叉，且交叉点位于 0 轴上方。此时股价 K 线位于 30 日均线上方，30 日均线拐头向上，这说明此时该股呈强势，满足入场交易条件，投资者可执行第一次买入操作。

2015 年 3 月 17 日，该股股价回调遇 30 日均线后再度上升，同时 DIFF 快线回调遇 DEA 慢线支撑再度上攻，此时属于比较好的加仓点。

2015 年 5 月 5 日，处于上涨行情的中航动力出现回调，DIFF 快线自上而下穿越 DEA 慢线，形成高位死叉。此时 DIFF 快线仍位于 0 轴上方，30 日均线仍处于上升趋势，投资者可考虑少量减仓。

5 月 15 日，DIFF 快线重新上穿 DEA 慢线形成黄金交叉，激进的投资者可将减仓的筹码买回。

6 月 3 日，中航动力的 DIFF 快线再度自上而下穿越 DEA 慢线，形成高位死叉，此时属于比较可靠的减仓点。此时对照成交量走势可以看出，当股价形成第二个高点时，成交量并未出现新高，也就是说，此时属于量价背离。鉴于当时顶部特征已经显现，投资者可将大部分股票减仓或直接清仓。

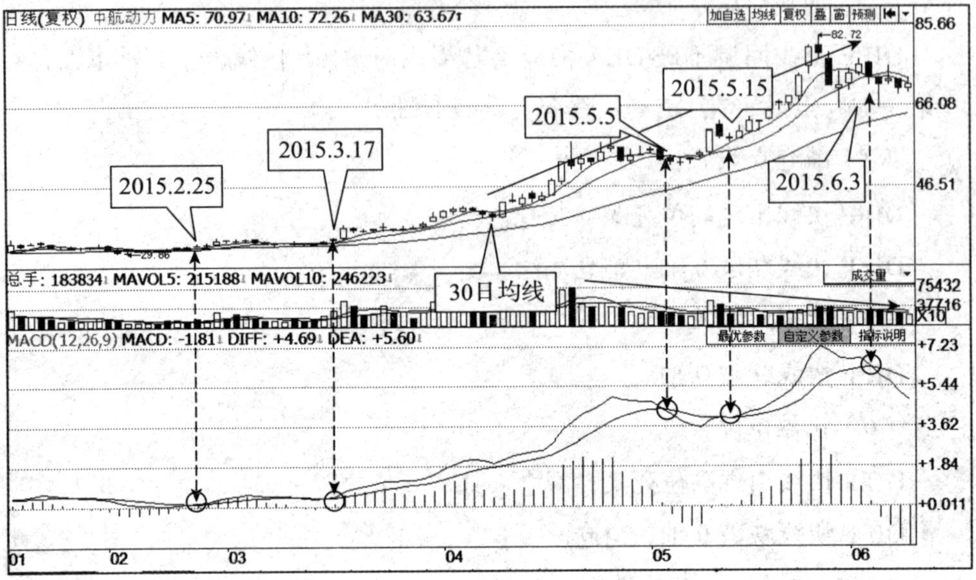

图 6-3 中航动力（600893）MACD 指标走势图

第二节 MACD 指标与波段交易系统

波段操作是指投资者在股价较低时买入股票，在价格较高时卖出股票。理论上，最低价买入、最高价卖出是波段操作的最高境界，然而在现实中，没有人能够做到如此精准地交易。不过通过努力改善自己的交易系统，利用 MACD 指标回避风险较大的交易机会，还是可以实现从波段交易中获利的。

如图 6-4 所示，卫宁软件的股价在 2014 年 5 月到 2015 年 3 月期间走出了一波震荡上升行情。在股价震荡上升过程中，出现了几次调整。按照波段操作方法以及 MACD 指标金叉买入、死叉卖出的方法，可以将该股走势图划分为四个交易时段，即图中阴影部分。

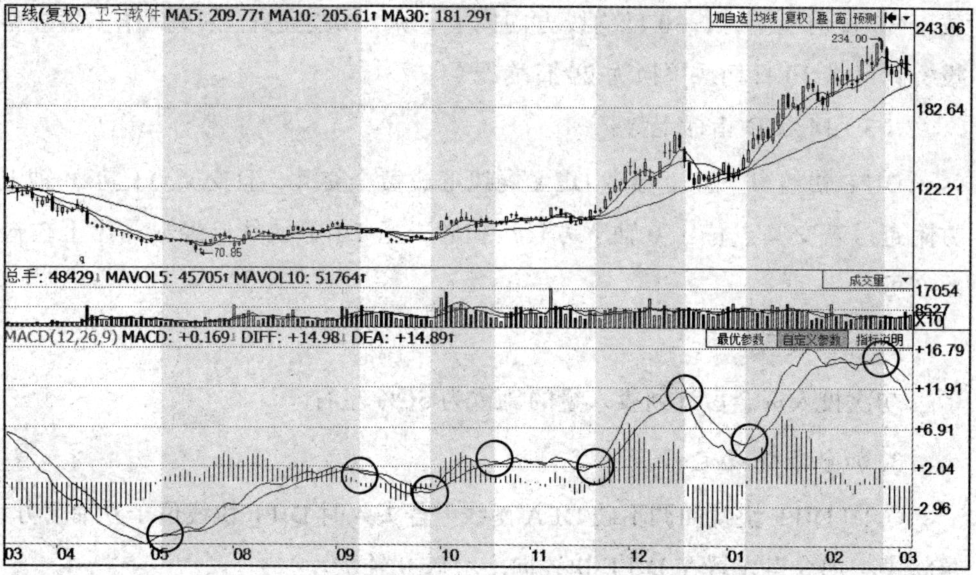

图 6-4 卫宁软件（300253）波段走势图

通过对图 6-4 的观察可以看出，第一个波段和第二个波段虽然可能实现盈利，但盈利空间极为有限，由于持股时间较长，占用的资金机会成本也较高。第三个波段和第四个波段明显盈利空间增大，属于投资者波段操作的理想之选。

一、构建基于 MACD 指标的波段交易系统

构建基于 MACD 指标的波段交易系统，就是要尽可能地屏蔽图 6-4 中第一次和第二次波段操作，准确地抓住第三个和第四个上涨波段。为了实现这一目标，可以将基于 MACD 指标的波段操作交易系统进行如下设计。

1. 买入条件设定

（1）大盘环境。

中短线良好的大盘环境是进行波段操作的前提。若大盘指数位于 30 日均线上方，30 日均线方向向上，可以认定此时属于较佳的操作环境（激进型投资者可以将 30 日均线更换为 20 日均线）。

（2）个股趋势。

个股处于超跌反弹或上升趋势中，是波段操作成功的保证。若个股股价

位于30日均线上方，30日均线方向向上，则可认定适宜波段操作（激进型投资者可将30日均线更换为20日均线）。

（3）MACD指标走势。

DIFF快线自下而上穿越DEA慢线形成黄金交叉，且交叉点位于0轴上方附近。若交叉点位于0轴下方较近位置，且DIFF快线已经显露出上攻迹象亦可。

2. 仓位设置

初次投入资金占计划投入量的比重为50%左右。

3. 加仓条件设定

（1）DIFF快线回调不破DEA慢线（若买入时DIFF快线位于0轴下方，可将第一加仓点设置在DIFF快线向上突破0轴）。

（2）DIFF快线与DEA慢线形成死叉后，很快又再度形成金叉。

4. 减仓条件设定

DIFF快线与DEA慢线形成死叉。

5. 止损位设置

（1）股价自高位下跌10%（若股票涨势较猛，可适当放宽止损位，如10%～15%；若股价涨势较慢，则应收紧止损位，如5%～8%）。

（2）DIFF快线跌破0轴。

6. 止盈位设置

通常情况下，投资者应该为每次波段操作设置大致的止盈位置。股价到达止盈位后，出现任何卖出信号，可立即清仓止盈。

如涨幅超过50%时，MACD形成高位死叉，应立即清仓（投资者可根据个人偏好，设置盈利比例）。

二、基于MACD指标的波段交易系统案例

下面来看一下星星科技的案例，如图6-5所示。

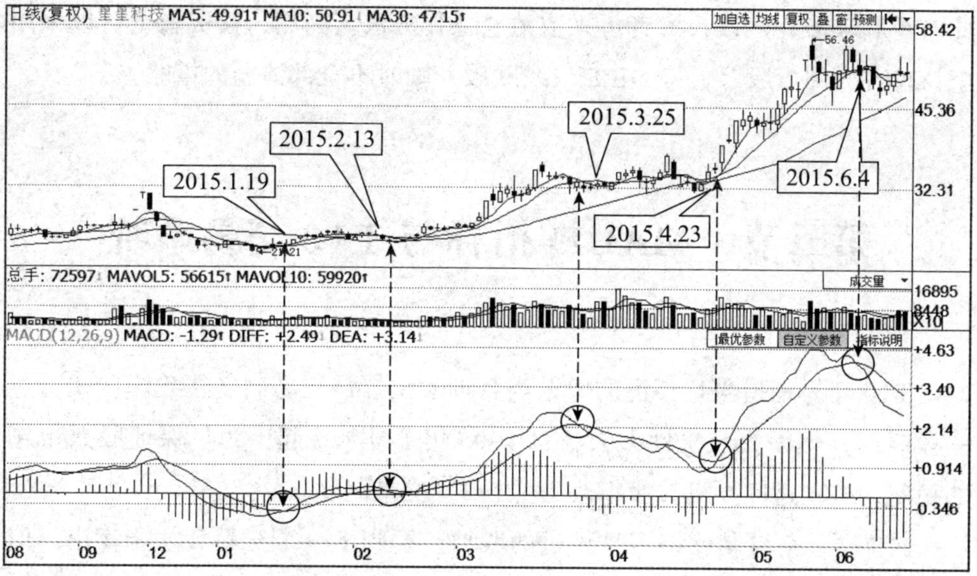

图 6-5 星星科技（300253）波段走势图

如图 6-5 所示，星星科技的股价在 2015 年上半年随着大盘的上涨出现了一波震荡上升走势。该股 MACD 指标在 2015 年 1 月 19 日形成低位金叉，但此交叉点位于 0 轴下方，且股价仍在 30 日均线下方，说明该股上攻的条件并不成熟，投资者可以继续观察。

2015 年 2 月 13 日，该股股价成功上攻 30 日均线，且 MACD 指标再度形成金叉，交叉点位于 0 轴上方附近，属于一个较佳的入场点。投资者可在此时设置完善的交易计划，并入场买入 50% 左右仓位的股票。

3 月 25 日，该股股价出现回调，DIFF 快线向下跌破 DEA 慢线。投资者此时可进行的操作包括：其一，清仓该股，获利 30% 左右；其二，减仓，即减持持有股票数量的 50%。因为此时该股上升幅度并未超过 50%，且 DIFF 快线仍位于 0 轴上方，建议投资者采取减持策略。

4 月 23 日，该股再度上攻，MACD 指标形成二度金叉，这属于比较典型的买入信号，投资者可在此时加大仓位买入该股。

6 月 4 日，处于顶部震荡形态的该股 MACD 指标形成高位金叉。鉴于此时盈利较多，建议投资者可采取清仓操作方法。当然，投资者也可以采用坚持持有大部分股票，待 DIFF 快线跌破 0 轴时再全部清仓的策略。

第三节　MACD 指标与 T+0 交易系统

T+0 交易是指当日买进的股票当日即卖出。该交易制度在我国曾实行过一段时间，但因为投机性太大，自 1995 年 1 月 1 日起，为了保证股票市场的稳定，防止过度投机，股市改为“T+1”交易制度。

“T+1”交易制度即当日买进的股票，要到下一个交易日才能卖出。但是沪深交易所对资金仍然实行“T+0”制度，即当日卖出股票回笼的资金，马上就可以买入股票。

尽管现在执行的仍是“T+1”交易制度，但如果投资者能够运用一些技巧，也可实现“T+0”操作。

基于目前的交易制度，可实现“T+0”交易的方式主要包括两种，即顺向“T+0”交易和逆向“T+0”交易。

一、基于 MACD 指标的顺向“T+0”交易系统

顺向“T+0”交易是指投资者持有一定数量的某只股票后，在某一天交易时段内，认为该股将上涨，那么就可以买入同一股票，待其上涨到一定高度后，将原来持有的同一品种的股票全部卖出，从而在一个交易日内实现低买高卖，并借此获取差价利润。

下面用一个例子来说明顺向“T+0”交易过程。

一位投资者手中持有 1000 股价值 11 元的股票和 1 万元现金。在某一交易日，股价下跌到 10 元位置，此时投资者认为该股当天有可能会出现一波上涨行情，于是便用手中的资金以 10 元价格买入 1000 股该股股票（手续费、佣金忽略不计）。

收盘前，该股上涨到11元位置，投资者就可以将以前持有的1000股股票抛出，而将当日买入的1000股股票留在手中。

这就相当于投资者当天花10元买入了1000股股票，又在当天以11元的价格将1000股股票卖出，自己手中持有的1000股股票数量没变，而资金却多出了1000元。这就是一次成功的顺向“T+0”交易。

顺向“T+0”交易要求投资者手中必须持有部分股票和现金，否则难以实现顺向“T+0”交易。如果投资者满仓被套，则无法进行“T+0”交易。

基于MACD指标的顺向“T+0”交易系统包括以下要件。

1. 大盘有震荡向上趋势

投资者要进行顺向“T+0”交易，必须保证大盘趋势震荡向上。

这里对大盘有两个要求。

一是方向必须向上。如果方向向下，将带动个股下跌，也就无法完成顺向“T+0”交易。

二是必须有充足的震荡空间。大盘震荡必将带动个股出现震荡，从而有利于“T+0”交易的完成。

也就是说，大盘指数所对应的DIFF快线方向向上，且MACD柱线呈红色，正处于向上伸长的过程中。

2. 个股运行趋势向上

投资者不能看到个股下跌，就认为该股一定会重新上涨。只有上涨趋势已经明显了，才能开始顺向“T+0”交易行动。

股价对应的DIFF快线正处于上升途中，且MACD柱线呈红色，处于向上伸长过程中。这一条件非常重要。若MACD柱线开始萎缩，则不具备进行顺向“T+0”的交易条件。

此时，若DIFF快线与DEA慢线刚刚完成0轴附近的黄金交叉更好。

3. 分时线（1分钟线）呈突破形态

当个股满足以上两个条件时，若分时线（或1分钟K线）对应的DIFF

快线与 DEA 慢线在 0 轴附近出现黄金交叉，则可考虑买入该股。

4. 卖出执行

分时线（或 1 分钟 K 线）对应的 DIFF 快线与 DEA 慢线出现高位死叉时，是卖出该股的最佳时机。有时处于强势上涨中的股票并不会出现高位死叉，这时投资者只需选择一个较高价格卖出股票即可。

若买入股票后股价开始下跌，那么当 DIFF 快线跌破 0 轴时，就应该卖出止损。

5. 严守操盘纪律

投资者执行的是“T+0”交易，因而一定要保证当天买入的股票当天卖出，不能留到下一个交易日。

下面来看一下光大证券的案例，如图 6-6 所示。

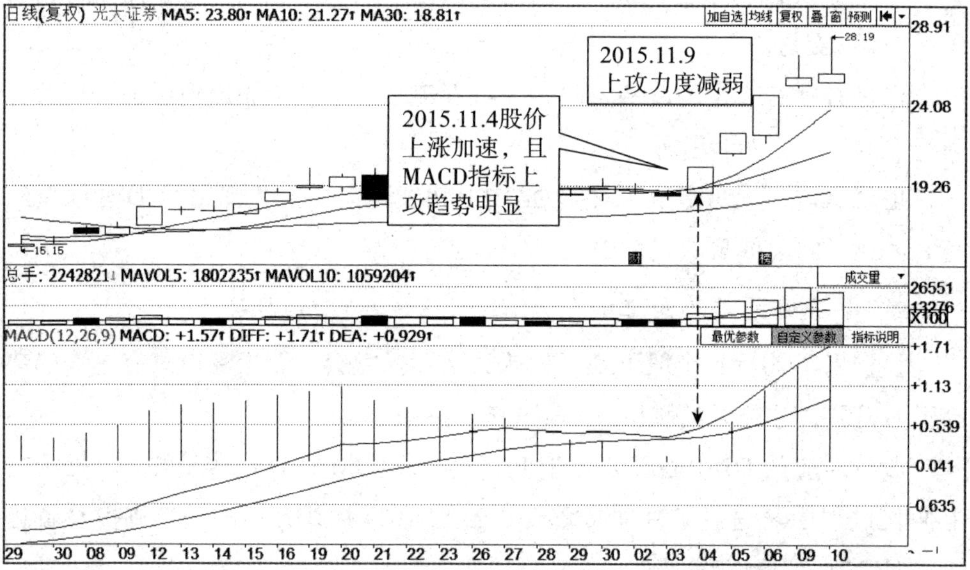

图 6–6 光大证券（601788）日 K 线 MACD 指标走势图

如图 6-6 所示，自 2015 年 11 月 4 日开始，大盘在券商股的带动下出现一波快速拉升行情。到了 11 月 9 日，光大证券的上攻势能有所不足，投资者可在此时择机执行“T+0”操作。

此时满足的条件包括：

第一，大盘短线启动上攻。

第二，个股正处于快速上涨阶段，且 DIFF 快线位于 0 轴上方，MACD 柱线呈红色并处于伸长途中。

手中持有光大证券股票的投资者，可在 11 月 10 日实施顺向“T+0”交易。该日股价分时走势图如图 6-7 所示。

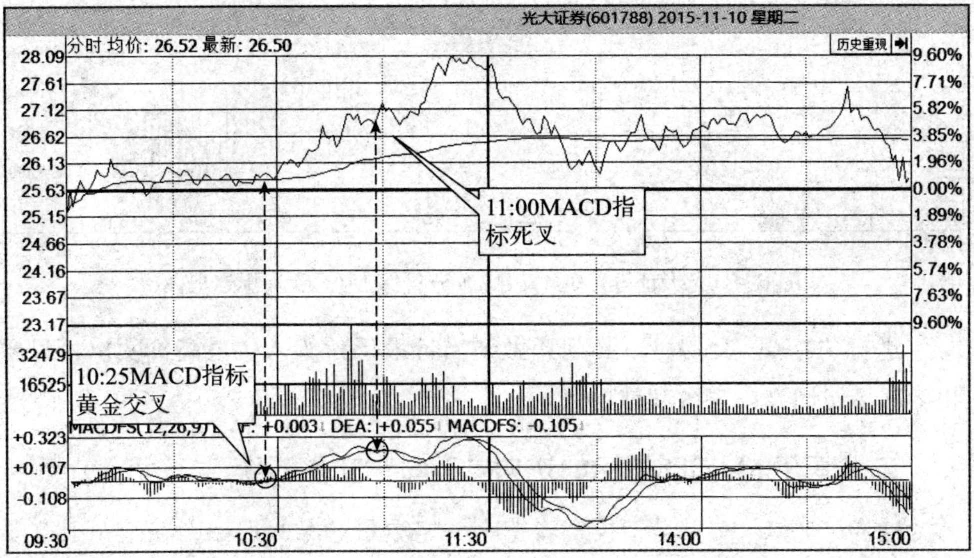

图 6–7　光大证券（601788）分时线 MACD 指标走势图

如图 6-7、图 6-8 所示，光大证券的股价分时线和 1 分钟 K 线对应的 DIFF 快线，在 11 月 10 日开盘后一直横盘于 0 轴上方。这说明该股股价处于强势横盘过程中，投资者宜保持观察，随时准备买入该股。

10:25，该股股价向上突破均价线，且 DIFF 快线自下而上突破 DEA 慢线，形成黄金交叉。该交叉点位于 0 轴上方附近位置，属于含金量极高的金叉，投资者可在此时追涨买入。

11:00，该股上攻过程中出现回调整理，DIFF 快线向下跌破 DEA 慢线，形成高位死叉。投资者宜卖出前期持有的该股，从而完成一次顺向“T+0”交易。

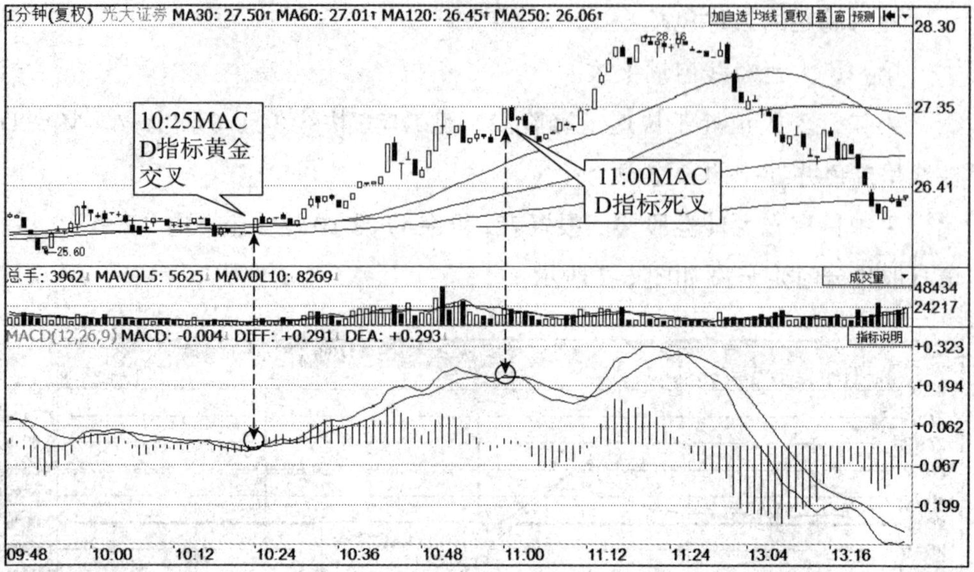

图 6-8 光大证券（601788）1 分钟线 MACD 指标走势图

进行“T+0”交易，不必刻意做到当日最低价买入、最高价卖出，只要扣除交易费用有一定盈利就可以。

二、基于 MACD 指标的逆向“T+0”交易系统

逆向“T+0”交易是指投资者持有一定数量的某只股票，在某一天交易时段内，认为该股将下跌，那么就可以卖出全部或部分股票。待其下跌到一定价位后，将原来持有的同一品种的股票全部买回，从而在一个交易日内实现高卖低买，并借此获取差价利润。

下面用一个例子来说明逆向“T+0”交易过程。

一位投资者手中持有 1000 股价值 11 元的股票。在某一交易日，股价上涨到 12 元位置，此时投资者认为该股当天有可能会出现一波下跌行情，于是便将手中的 1000 股股票全数卖出，获得 12000 元现金（手续费、佣金忽略不计）。

收盘前，该股下跌到 11 元位置，投资者就可以将以前卖出的 1000 股股票买回。这样自己手中还是 1000 股股票，而资金却多出了 1000 元。这就是

一次成功的逆向“T+0”交易。

逆向“T+0”交易要求投资者手中必须持有一定数量的股票，但不必持有现金。投资者即使满仓被套，也可进行逆向“T+0”交易。

基于MACD指标的逆向“T+0”交易系统包括以下要件。

1. 大盘有震荡向下趋势

投资者要进行逆向“T+0”交易，必须保证大盘趋势是震荡向下的。

这里对大盘有两个要求。

一是必须方向向下。如果方向向上，将带动个股上涨，也就无法完成逆向“T+0”交易。

二是必须有足够的震荡空间。大盘震荡必将带动个股出现震荡，从而有利于交易的完成。

也就是说，大盘指数对应的DIFF快线方向向下，且MACD柱线呈绿色，正处于向下伸长过程中。

2. 个股运行趋势向下

投资者不能看到个股上涨，就认为该股一定会重新下跌。只有下跌趋势已经明显了，投资者才能开始逆向“T+0”交易行动。

股价对应的DIFF快线正处于下降途中，且MACD柱线呈绿色，处于向下伸长过程中。这一条件非常重要。若MACD柱线开始萎缩，则不具备进行逆向“T+0”交易的条件。

此时若DIFF快线与DEA慢线刚刚完成高位死亡交叉更好。

3. 1分钟线呈下降趋势

当个股满足以下两个条件时之一时，可以考虑卖出该股。

第一，分时线（或1分钟K线）对应的DIFF快线与DEA慢线在高位死亡交叉。

第二，分时线（或1分钟K线）对应的DIFF快线自底部反弹向上，遇0轴阻力再度向下并与DEA慢线形成死亡交叉。

4. 买回执行

股价已经下跌至较低位置时，就是买回该股的最佳时机。

处于下跌途中的股票，DIFF 快线与 DEA 慢线形成低位金叉时，不能构成赎回条件。只有 DIFF 快线与 DEA 慢线的金叉位于 0 轴附近，或 DIFF 快线成功突破 0 轴时，才是赎回股票的时机。

卖出股票后，若股价开始上涨，那么当 DIFF 快线重新向上突破 DEA 慢线，在 0 轴附近形成黄金交叉时，就应该赎回该股，承认操作失败。

5. 严守操盘纪律

投资者要进行的是逆向 T+0”交易，因而一定要保证当天卖出的股票当天赎回，不能留到下一个交易日。

下面来看一下哈药股份的案例，如图 6-9 所示。

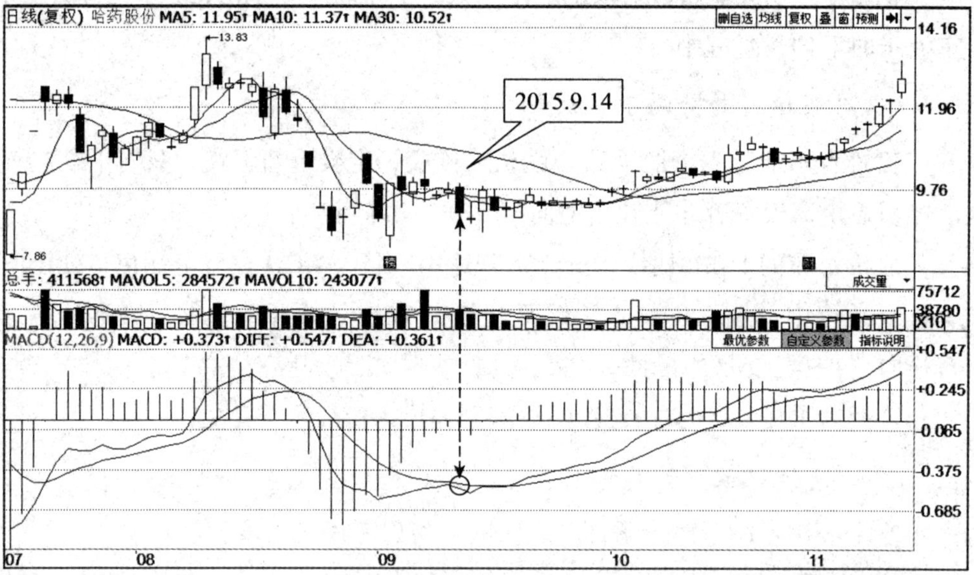

图 6-9 哈药股份（600664）日 K 线 MACD 走势图

如图 6-9 所示，自 2015 年 7 月初开始，大盘在经历了一波暴跌之后，出现了修复反弹走势。哈药股份经过一段时间的筑底后，出现缓慢回升态势。

到了 9 月 14 日，哈药股份的上攻势能有所不足，且 DIFF 快线上攻到

DEA 慢线位置，很可能会遇到 DEA 慢线的阻力作用而下跌。投资者可在此时择机执行“T+0”操作。

此时满足的条件包括：

第一，大盘反弹遇阻。

第二，个股正处于反弹中，且股价遇到均线阻力，DIFF 快线遇 DEA 慢线阻碍，MACD 柱线连续萎缩至 0 轴附近后重新向下伸长，这说明股价下跌的可能性非常大。

手中持有哈药股份股票的投资者，可在 9 月 14 日实施逆向“T+0”交易。该日股价分时走势图如图 6-10、图 6-11 所示。

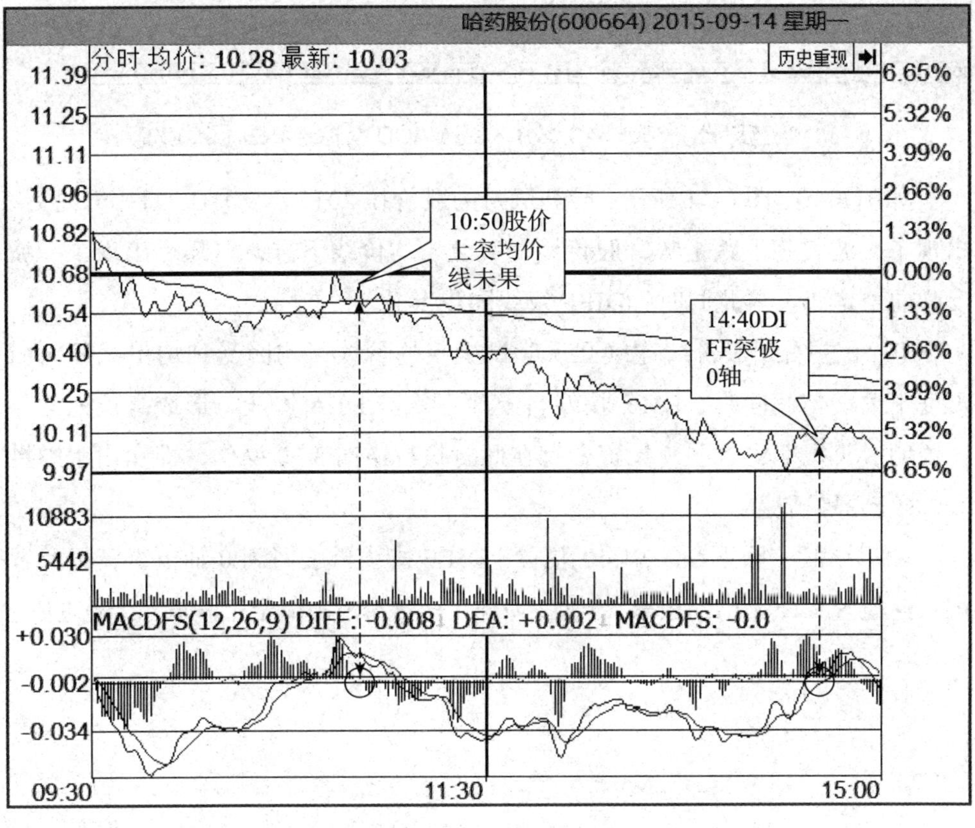

图 6-10 哈药股份（600664）分时线 MACD 指标走势图（2015.9.14）

图 6-11 哈药股份（600664）1 分 K 线 MACD 指标走势图（2015.9.14）

如图 6-10、图 6-11 所示，哈药股份的股价在 2015 年 9 月 14 日平开之后，出现了一波震荡下跌走势，股价线一直位于均价线下方，但随后出现了一波反弹向上走势。与此同时，DIFF 快线同步上升。

10:50 左右，股价线连续几次尝试上攻均价线，均因受到均价线压制而再度下跌。与此同时，DIFF 快线自上而下跌破 DEA 慢线，形成高位死叉。这说明股价短期将走弱，投资者宜在此时执行逆向 T+0 操作，即卖出手中持有的哈药股份股票。

随后该股一路下跌。14:40 左右，DIFF 快线再度回到 0 轴上方，投资者可在此位置买回卖出的股票。至此，逆向 T+0 操作完成，全天获利 4 个点左右。

第四节　MACD 指标与左侧、右侧交易系统

左侧交易与右侧交易，是股市中常见的两种交易模式，如图 6-12 所示。

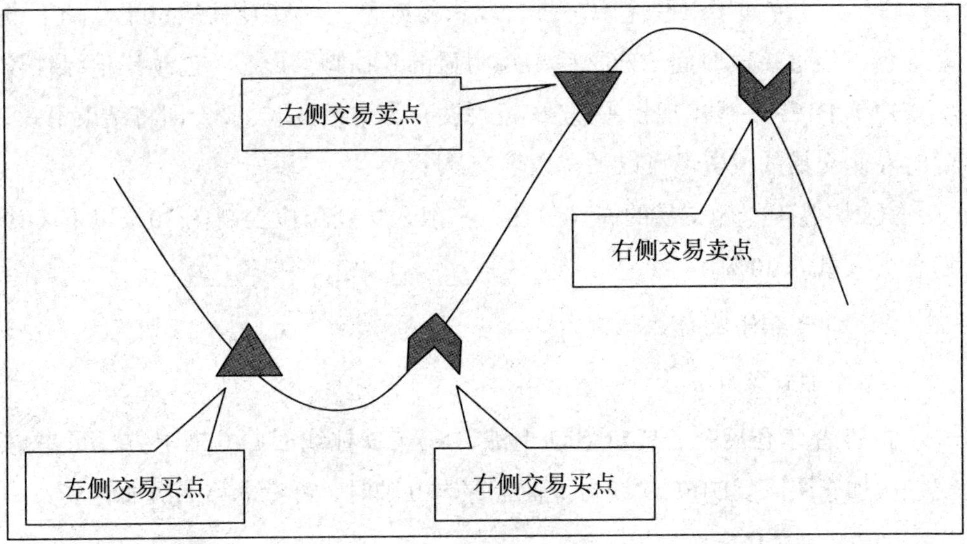

图 6-12　左侧交易与右侧交易

左侧交易是指在一个操作周期内，在股价下跌至波谷前买入股票，并在股价上涨至高峰前卖出的一种交易模式。

右侧交易是指在一个操作周期内，在股价走出波谷后买入股票，并在股价顶部形成后卖出股票的一种交易模式。

左侧交易模式强调对股价预判的及时性，即尽量做到在最低点前买入，在最高点前卖出。右侧交易模式则强调对股价真实运行趋势的确认，即当股价趋势走出低谷时买入，在股价顶部已经形成时卖出。

从本质上来说，两种交易模式并没有高低上下之分，投资者可以根据个

人的投资偏好、性格做出适宜的选择。

一、MACD 指标左侧交易系统

基于 MACD 指标的左侧交易系统，是指以 MACD 指标为基础，设置买入卖出触发点位的一套交易系统。

该系统主要由以下几个部分构成。

1. 买入条件及仓位控制

（1）股价处于下跌途中，且出现企稳迹象。MACD 柱线位于 0 轴下方呈绿色，经过一段时间的伸长后出现明显的“抽脚”形态（连续三根绿柱依次变短），DIFF 快线出现拐头迹象。这说明空方力量减弱，股价即将结束下跌，此时左侧交易的投资者可以考虑入场交易了。

（2）鉴于左侧交易的高风险性，一般入场仓位应控制在 30% 以下（计划总买入量的 30%）。

2. 加仓条件及仓位控制

（1）加仓条件。

投资者建仓后，若股价启动上涨，MACD 柱线回归 0 轴上方，可考虑第一次加仓买入。DIFF 快线自下而上穿越 0 轴时，可考虑第二次加仓买入。

（2）加仓仓位。

第一次加仓仓位控制在 30% 以下（计划投入资金量的 30%）。

第二次加仓仓位控制在 30% 以下（计划投入资金量的 30%）。

剩余资金留作备用金，除非遇到特别好的机会，否则不再加仓。

3. 卖出条件

（1）MACD 柱线位于 0 轴上方呈红色，经过一段时间的伸长后，出现明显“缩头”形态（连续三根红柱依次变短）。这说明多方力量减弱，股价即将结束上涨，此时左侧交易的投资者可卖出持有股票的 50%。

（2）DIFF 快线自上而下与 DEA 慢线形成高位死叉，可清空所持有的股票。

4. 止损条件

MACD 柱线的绿柱出现“抽脚”形态后并未继续收缩，而是重新伸长且长度超过“抽脚”前的柱线。DIFF 快线重新下降，则说明判断错误，投资者宜卖出止损。

基于 MACD 指标的左侧交易系统，如图 6-13 所示。

如图 6-13 所示，兴业银行的股价在 2015 年 1 月初经历了一波震荡下跌行情。在股价不断下跌过程中，MACD 指标跌至谷底后不再下跌，MACD 柱线开始“抽脚”，这说明空方力量有所不足。

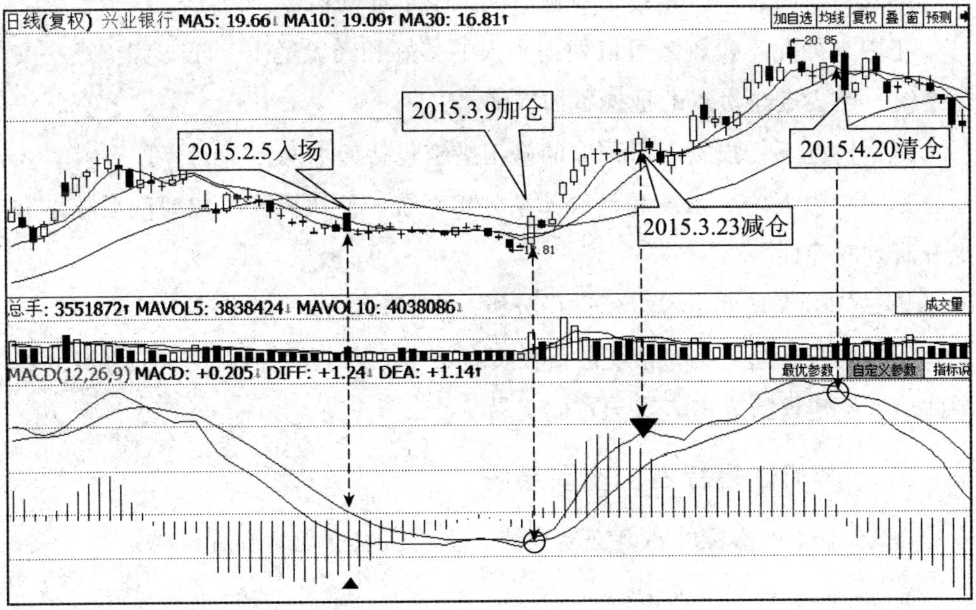

图 6-13 兴业银行（601166）MACD 指标走势图

2 月 5 日，MACD 柱线已经连续三个交易日“抽脚”，擅长左侧交易的投资者可以考虑建仓该股。

随后，该股又经历了一波震荡调整，股价创下了新低。不过 MACD 指标并未创新低，投资者可以继续持股。

2015 年 3 月 9 日，该股股价有向上启动迹象，DIFF 快线自下而上穿越

DEA 慢线，形成低位黄金交叉，投资者可在此时进行第一次加仓。

3 月 23 日，该股股价在上涨途中出现回调，MACD 柱线连续三个交易日出现“缩头”迹象，投资者可卖出一半股票。

4 月 20 日，该股 DIFF 快线自上而下穿越 DEA 慢线形成高位死叉，投资者可在此时清仓。至此，一个完整的左侧交易正式完成。

通过对图 6-13 案例的分析可以看出，基于左侧交易系统的交易活动往往存在如下问题。

第一，买入过早，有可能被套在半山腰位置。

第二，卖出过早，错过了股价后期大幅上涨的机会。

正因为如此，投资者可以根据个人的偏好和经验适度修正、完善这一交易系统，使买点与卖点的把握更加准确。

通常情况下，投资者可采取的修正措施包括如下两点。

第一，引入均线系统和量价关系分析系统，使买入和卖出时间后移，并提升研判准确性。

第二，引入其他技术指标进行分析，使买入信号更加准确。

一般而言，左侧交易系统需要投资者具备更专业的知识，更丰富的经验，因此笔者不建议新入市者参与左侧交易。

二、MACD 指标右侧交易系统

基于 MACD 指标的右侧交易系统，主要由以下几个部分构成。

1. 买入条件及仓位控制

（1）股价处于上涨途中，MACD 柱线位于 0 轴上方呈红色，若 DIFF 快线与 DEA 慢线在 0 轴上方附近出现黄金交叉最佳。

（2）右侧交易入场仓位可以根据市场情况适当调整，一般应控制在 40% 以下（计划投入资金量的 40%）。

2. 加仓条件及仓位控制

（1）加仓条件。

投资者建仓后，若股价持续上涨，DIFF 快线出现回调，遇 DEA 慢线支撑再度上涨，则可考虑加仓买入。

若 DIFF 快线与 DEA 慢线在高位出现二次黄金交叉，可考虑第二次加仓买入。

（2）加仓仓位。

第一次加仓仓位控制在 40% 以下（计划投入资金量的 40%）。

第二次加仓仓位控制在 20% 以下（计划投入资金量的 20%）。

3. 卖出条件

（1）DIFF 快线自上而下与 DEA 慢线形成高位死叉，可卖出大部分持仓股票（具体比例应根据股价上涨幅度决定，上涨幅度越大，卖出比例越大）。

（2）DIFF 快线自上而下穿越 0 轴，则清空该股。

4. 止损条件

DIFF 快线自上而下跌破 0 轴，则坚决止损。

基于 MACD 指标的右侧交易系统，如图 6-14 所示。

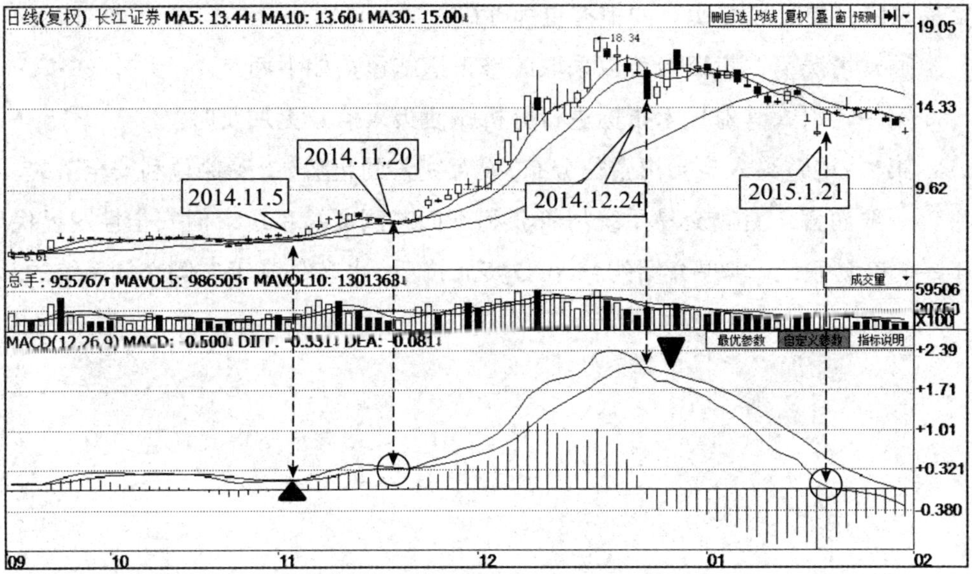

图 6-14　长江证券（000783）MACD 指标走势图

如图 6-14 所示，长江证券的股价在 2014 年 11 月到 2015 年 1 月期间经历了一波震荡上涨行情。2014 年 11 月 5 日，该股股价突破短期均线，DIFF 快线与 DEA 慢线在 0 轴上方附近形成黄金交叉，预示股价将大幅拉升，投资者宜建仓该股。

11 月 20 日，该股 DIFF 快线回调至 DEA 慢线位置后再度上涨，此时投资者可加仓买入。

12 月 24 日，该股已经连续几个交易日下跌，DIFF 快线与 DEA 慢线形成高位死叉，但是股价涨幅已大，投资者宜将手中大部分股票卖出。

2015 年 1 月 21 日，该股 DIFF 快线跌破 0 轴，投资者宜清仓该股。

通过对图 6-14 案例的分析可以看出，基于右侧交易系统的交易活动往往存在如下问题。

第一，买入过晚，买入时股价上升幅度较大。

第二，卖出过晚，错过了最佳卖出机会。

正因为如此，投资者可以根据个人的偏好和经验，适度修正、完善这一交易系统，使买点与卖点的把握更加准确。

通常情况下，投资者可以采取的修正措施包括如下两点。

第一，引入其他技术指标进行分析，使买入信号更加及时。

第二，调整买入与卖出仓位分布，设置完善的止盈位，确保盈利安全落袋。

一般而言，右侧交易系统尽管获利不如左侧交易系统，但安全性明显优于左侧交易系统。本书介绍的 MACD 实战技巧，也多是基于右侧交易系统的。

投资理财类书目

序号	书名	作者	定价
1	布林线指标入门与实战精解	刘振清	35.00
2	MACD 指标入门与实战精解	刘振清	35.00
3	KDJ 指标入门与实战精解	刘振清	35.00
4	一本书读懂互联网投资理财	蔡余杰	38.00
5	玩转技术指标：九种技术指标精讲	金 铁	45.00
6	新手炒股快速入门与技巧	刘振清	38.00
7	银行理财产品全攻略	薄志红	35.00
8	决战牛熊：股市获利之道	曹明成 谭 文	35.00
9	短线出击：股市快速获利战术	麻道明	49.00
10	聚沙成塔：T+0 交易绝杀技	江南小隐	35.00
11	短线实战操盘技巧	伟 晴	42.00
12	一买就涨：买在底部的 101 个起涨信号	付 刚	38.00
13	一卖就赚：卖在顶部的 123 个卖出信号	刘 平	38.00
14	短线追涨与低吸技术	金 铁	38.00
15	实战交易密码之走向盈利	陈志文	45.00
16	吃定庄家	曹明成 谭 文	39.80
17	量价关系精要	徐子城	28.00
18	股票画线技术入门与实战	刘振清	38.00
19	股价结构：趋势与轨道	华 强	35.00
20	K 线操盘学	麻道明	58.00
21	如何做股票交易	杰西·利弗莫尔	20.00
22	从零开始炒股票	徐子城	35.00
23	江恩理论入门、精通与实战	景生辉	28.00
24	缠中说禅：教你炒股票	王培峰	48.00
25	如何看懂技术指标	麻道明	38.00
26	个股期权投资指南	付上金	32.00
27	索罗斯 32 个投机信条	孙恩棣	28.00
28	巴菲特 76 条投资准则	孙恩棣	28.00
29	波浪时空体系	王军凯	32.00
30	超级牛股操盘术	李 闻	48.00
31	发现身边的成长股	王春玮	35.00
32	股价结构：压力与支撑	华 强	35.00
33	趋势定位	付上金	35.00
34	量价精研	邢孝寒	32.80
35	K 线阳线战法	麻道明	39.00
36	K 线阴线战法	麻道明	39.00
37	零起点期货投资一本通	黄 金	28.00
38	零起点基金投资一本通	黄 金	29.80
39	零起点股票投资一本通	黄 金	35.00
40	股市交易特技	时空老人	38.00
41	夜话交易谋略	股峰求道	32.00
42	如何看懂分时图	江南小隐	28.00
43	易经演股法之个股攻略	第六感觉	35.00
44	艾略特波浪理论入门、精通与实战	景生辉	28.00
45	趋势与拐点交易法	戈 岩	35.00

续表

46	家庭投资理财规划一本通	雷　冰	35.00
47	股票易占交易系统	劳剑勇	35.00
48	实战擒庄	张　文	35.00
49	筹码实战分析	刘晓杰	28.00
50	趋势技术分析	邱立波	36.00
51	专业操盘原理	景生辉	38.00
52	背离技术分析	江南小隐	29.80
53	小女人理财锦囊	游凌燕	28.00
54	理财产品全攻略	罗显良	38.00
55	股票投资资金管理与止损止盈技巧	雷　冰	32.00
56	谁是股市赢家	梦　兮	25.00
57	春林涨停战法	张春林	29.80
58	龙头股实战技巧	张　文　赵振国	35.00
59	均线技术分析	邱立波	38.00
60	易经演股法	第六感觉	35.00
61	现货黄金投资技巧	邢孝寒	28.00
62	系统化交易——A 交易系统久赢真经	黄　根	39.00
63	缠论解析：缠中说禅技术理论图解	江南小隐	23.00
64	实战交易密码	陈志文	35.00
65	股票投资的 24 个关键财务指标	雷　冰	35.00
66	K 线技术分析	邱立波	38.00
67	破译 K 线图中的密码	江南小隐	38.00
68	你最想要的投资学	张潇云　徐　刚	25.00
69	四维操盘：基于价量时空分析的实战操盘技术	邢孝寒	29.80
70	波段操作实战精解	雷　冰	35.00
71	精准判断买卖点：炒股就这一招	曹千阳	38.00
72	崩溃点战术：基于市场心理分析的交易技术	铸剑先生	39.80
73	新手炒股也赚钱：量价实战技法	帝都操盘手	29.80
74	K 线综合实战分析	雷　冰	48.00
75	赢在股市 24 堂课	索氏门人	28.00
76	磁区理论：识别最佳买卖时机和位置的分析技术	江南小隐	38.00
77	告别亏损：从持续亏损到稳健盈利的修炼法则	冼　剑	38.00
78	顺势而为：道氏理论趋势指标交易系统	时空老人	35.00
79	炒股智赢秘诀：基于主力动向分析的操盘新法	邢　星	38.00
80	股票买卖信号	鲁周伦	38.00
81	实战技术精解	郭延明	36.00
82	超级翻倍：操作系统应用实战技巧	陈志文	36.00
83	量价实战分析	范江京	36.00
84	实战操盘之绝佳买卖时机	郝鸿雁	35.00
85	实战买卖点	范江京	36.00
86	看图炒股：股市实战操作技巧	王　剑	19.80
87	短线实战选股技巧	李意坚	35.00
88	短线实战看盘技巧	郝鸿雁	35.00
89	实战看盘	范江京	38.00
90	跟庄细节：跟庄获利实战技法	范江京	38.00
91	短线实战技法	范江京	29.80
92	擒庄实战技法——跟庄操作 18 招	曹明成　谭　文	36.00
93	股市 K 线实战技法	范江京	29.80